2021 年版全国一级建造师执业资格考试案例分析专项突破

公路工程管理与实务案例分析专项突破

全国一级建造师执业资格考试案例分析专项突破编写委员会　编写

中国建筑工业出版社

图书在版编目（CIP）数据

公路工程管理与实务案例分析专项突破／全国一级建造师执业资格考试案例分析专项突破编写委员会编写．—北京：中国建筑工业出版社，2021.5
2021年版全国一级建造师执业资格考试案例分析专项突破
ISBN 978-7-112-26027-0

Ⅰ.①公… Ⅱ.①全… Ⅲ.①道路工程-工程管理-资格考试-自学参考资料 Ⅳ.①U415.1

中国版本图书馆CIP数据核字（2021）第057142号

本书根据考试大纲的要求，以历年实务科目实务操作和案例分析真题的考试命题规律及所涉及的重要考点为主线，收录了2011—2020年度全国一级建造师执业资格考试实务操作和案例分析真题，并针对历年实务操作和案例分析真题中的各个难点进行了细致的讲解，从而有效地帮助考生突破固定思维，启发解题思路。

同时以历年真题为基础编排了大量的典型实务操作和案例分析习题，注重关联知识点、题型、方法的再巩固与再提高，着力培养考生对"能力型、开放型、应用型和综合型"试题的解答能力，使考生在面对实务操作和案例分析考题时做到融会贯通、触类旁通，顺利通过考试。

本书可供参加全国一级建造师执业资格考试的考生作为复习指导书，也可供工程施工管理人员参考。

责任编辑：田立平　张国友　牛　松
责任校对：焦　乐

2021年版全国一级建造师执业资格考试案例分析专项突破
公路工程管理与实务案例分析专项突破
全国一级建造师执业资格考试案例分析专项突破编写委员会　编写
*
中国建筑工业出版社出版、发行（北京海淀三里河路9号）
各地新华书店、建筑书店经销
北京建筑工业印刷厂制版
北京建筑工业印刷厂印刷
*

开本：787毫米×1092毫米　1/16　印张：15½　字数：376千字
2021年5月第一版　　2021年5月第一次印刷
定价：**38.00**元
ISBN 978-7-112-26027-0
（37216）

版权所有　翻印必究
如有印装质量问题，可寄本社图书出版中心退换
（邮政编码 100037）

前　言

为了帮助广大考生在短时间内掌握考试中的重点和难点，迅速提高应试能力和答题技巧，更好地适应考试，我们组织了一批优秀的一级建造师考试领域的权威专家，根据现行考试大纲要求，以历年考试命题规律及所涉及的重要考点为主线，精心编写了这套《2021年版全国一级建造师执业资格考试案例分析专项突破》丛书。

本套丛书共分5册，涵盖了一级建造师执业资格考试的5个专业科目，分别是：《建筑工程管理与实务案例分析专项突破》《机电工程管理与实务案例分析专项突破》《市政公用工程管理与实务案例分析专项突破》《公路工程管理与实务案例分析专项突破》《水利水电工程管理与实务案例分析专项突破》。

本套丛书具有以下特点：

要点突出——本套丛书对每一章的要点进行归纳总结，帮助考生快速抓住重点，节约学习时间，更加有效地掌握基础知识。

布局清晰——每套丛书分别从进度、质量、安全、成本、合同、现场等方面，将历年真题进行合理划分，并配以典型习题。有助于考生抓住考核重点，各个击破。

真题全面——本套丛书收录了2011—2020年度全国一级建造师执业资格考试实务操作和案例分析真题，便于考生掌握考试的命题规律和趋势，做到运筹帷幄。

一击即破——针对历年真题中的各个难点，进行细致的讲解，从而有效地帮助考生突破固定思维，启发解题思路。

触类旁通——以历年真题为基础编排的典型习题，着力加强"能力型、开放型、应用型和综合型"试题的开发与研究，注重关联知识点、题型、方法的再巩固与再提高，加强考生对知识点的进一步巩固，做到融会贯通、触类旁通。

为了配合考生的备考复习，我们配备了专家答疑团队，开通了答疑QQ群984295660、933201669（加群密码：助考服务），以便及时解答考生所提的问题。

由于本书编写时间仓促，书中难免存在疏漏之处，望广大读者不吝赐教。

目 录

全国一级建造师执业资格考试答题方法及评分说明 ……………………………………… 1
本科目常考的标准、规范及法规 …………………………………………………………… 4
第一章　公路工程施工技术 ………………………………………………………………… 5
　2011—2020年度实务操作和案例分析题考点分布 ……………………………………… 5
　要点归纳 …………………………………………………………………………………… 8
　历年真题 …………………………………………………………………………………… 14
　　实务操作和案例分析题一［2020年真题］ …………………………………………… 14
　　实务操作和案例分析题二［2020年真题］ …………………………………………… 16
　　实务操作和案例分析题三［2020年真题］ …………………………………………… 18
　　实务操作和案例分析题四［2020年真题］ …………………………………………… 20
　　实务操作和案例分析题五［2019年真题］ …………………………………………… 23
　　实务操作和案例分析题六［2019年真题］ …………………………………………… 25
　　实务操作和案例分析题七［2019年真题］ …………………………………………… 26
　　实务操作和案例分析题八［2018年真题］ …………………………………………… 29
　　实务操作和案例分析题九［2018年真题］ …………………………………………… 30
　　实务操作和案例分析题十［2018年真题］ …………………………………………… 33
　　实务操作和案例分析题十一［2018年真题］ ………………………………………… 35
　　实务操作和案例分析题十二［2017年真题］ ………………………………………… 37
　　实务操作和案例分析题十三［2017年真题］ ………………………………………… 40
　　实务操作和案例分析题十四［2016年真题］ ………………………………………… 43
　　实务操作和案例分析题十五［2016年真题］ ………………………………………… 45
　　实务操作和案例分析题十六［2015年真题］ ………………………………………… 46
　　实务操作和案例分析题十七［2015年真题］ ………………………………………… 48
　　实务操作和案例分析题十八［2015年真题］ ………………………………………… 50
　　实务操作和案例分析题十九［2014年真题］ ………………………………………… 53
　　实务操作和案例分析题二十［2013年真题］ ………………………………………… 55
　　实务操作和案例分析题二十一［2013年真题］ ……………………………………… 57
　　实务操作和案例分析题二十二［2013年真题］ ……………………………………… 59
　　实务操作和案例分析题二十三［2012年真题］ ……………………………………… 61
　　实务操作和案例分析题二十四［2011年真题］ ……………………………………… 63
　　实务操作和案例分析题二十五［2011年真题］ ……………………………………… 64
　典型习题 …………………………………………………………………………………… 66
　　实务操作和案例分析题一 ……………………………………………………………… 66

实务操作和案例分析题二 ·· 68
实务操作和案例分析题三 ·· 69
实务操作和案例分析题四 ·· 71
实务操作和案例分析题五 ·· 72
实务操作和案例分析题六 ·· 73
实务操作和案例分析题七 ·· 75
实务操作和案例分析题八 ·· 76
实务操作和案例分析题九 ·· 77
实务操作和案例分析题十 ·· 79
实务操作和案例分析题十一 ··· 80
实务操作和案例分析题十二 ··· 82
实务操作和案例分析题十三 ··· 83
实务操作和案例分析题十四 ··· 84
实务操作和案例分析题十五 ··· 85
实务操作和案例分析题十六 ··· 87
实务操作和案例分析题十七 ··· 88
实务操作和案例分析题十八 ··· 89
实务操作和案例分析题十九 ··· 91
实务操作和案例分析题二十 ··· 92
实务操作和案例分析题二十一 ·· 93
实务操作和案例分析题二十二 ·· 94
实务操作和案例分析题二十三 ·· 95
实务操作和案例分析题二十四 ·· 96

第二章　公路工程施工进度管理 ·· 99
2011—2020年度实务操作和案例分析题考点分布 ·· 99
要点归纳 ·· 99
历年真题 ·· 104
实务操作和案例分析题一〔2020年真题〕 ·· 104
实务操作和案例分析题二〔2017年真题〕 ·· 106
实务操作和案例分析题三〔2013年真题〕 ·· 109
实务操作和案例分析题四〔2012年真题〕 ·· 111
典型习题 ·· 114
实务操作和案例分析题一 ·· 114
实务操作和案例分析题二 ·· 115
实务操作和案例分析题三 ·· 117
实务操作和案例分析题四 ·· 119
实务操作和案例分析题五 ·· 120
实务操作和案例分析题六 ·· 121
实务操作和案例分析题七 ·· 122

实务操作和案例分析题八 124
第三章　公路工程施工质量管理 126
　2011—2020年度实务操作和案例分析题考点分布 126
　要点归纳 127
　历年真题 131
　　实务操作和案例分析题一［2018年真题］ 131
　　实务操作和案例分析题二［2015年真题］ 135
　　实务操作和案例分析题三［2012年真题］ 137
　典型习题 138
　　实务操作和案例分析题一 138
　　实务操作和案例分析题二 140
　　实务操作和案例分析题三 141
　　实务操作和案例分析题四 142
　　实务操作和案例分析题五 143
　　实务操作和案例分析题六 143
　　实务操作和案例分析题七 144
第四章　公路工程施工安全管理 147
　2011—2020年度实务操作和案例分析题考点分布 147
　要点归纳 148
　历年真题 153
　　实务操作和案例分析题一［2019年真题］ 153
　　实务操作和案例分析题二［2016年真题］ 154
　　实务操作和案例分析题三［2014年真题］ 156
　　实务操作和案例分析题四［2014年真题］ 158
　　实务操作和案例分析题五［2012年真题］ 159
　　实务操作和案例分析题六［2011年真题］ 161
　典型习题 163
　　实务操作和案例分析题一 163
　　实务操作和案例分析题二 164
　　实务操作和案例分析题三 165
　　实务操作和案例分析题四 166
　　实务操作和案例分析题五 167
　　实务操作和案例分析题六 168
　　实务操作和案例分析题七 170
　　实务操作和案例分析题八 171
　　实务操作和案例分析题九 172
　　实务操作和案例分析题十 173
　　实务操作和案例分析题十一 174

第五章 公路工程施工成本管理 ··· 176
2011—2020年度实务操作和案例分析题考点分布 ··· 176
要点归纳 ··· 176
历年真题 ··· 179
实务操作和案例分析题一［2019年真题］ ··· 179
实务操作和案例分析题二［2017年真题］ ··· 182
实务操作和案例分析题三［2015年真题］ ··· 184
典型习题 ··· 187
实务操作和案例分析题一 ··· 187
实务操作和案例分析题二 ··· 189
实务操作和案例分析题三 ··· 190
实务操作和案例分析题四 ··· 192
实务操作和案例分析题五 ··· 194
实务操作和案例分析题六 ··· 195

第六章 公路工程施工合同管理 ··· 197
2011—2020年度实务操作和案例分析题考点分布 ··· 197
要点归纳 ··· 197
历年真题 ··· 200
实务操作和案例分析题［2014年真题］ ··· 200
典型习题 ··· 203
实务操作和案例分析题一 ··· 203
实务操作和案例分析题二 ··· 205
实务操作和案例分析题三 ··· 206
实务操作和案例分析题四 ··· 208

第七章 公路工程施工现场管理 ··· 209
2011—2020年度实务操作和案例分析题考点分布 ··· 209
要点归纳 ··· 210
历年真题 ··· 214
实务操作和案例分析题一［2017年真题］ ··· 214
实务操作和案例分析题二［2016年真题］ ··· 216
实务操作和案例分析题三［2016年真题］ ··· 218
实务操作和案例分析题四［2014年真题］ ··· 220
实务操作和案例分析题五［2013年真题］ ··· 222
实务操作和案例分析题六［2012年真题］ ··· 224
实务操作和案例分析题七［2011年真题］ ··· 226
典型习题 ··· 227
实务操作和案例分析题一 ··· 227
实务操作和案例分析题二 ··· 229
实务操作和案例分析题三 ··· 231

实务操作和案例分析题四 ……………………………………………………………… 232
实务操作和案例分析题五 ……………………………………………………………… 233
实务操作和案例分析题六 ……………………………………………………………… 235
实务操作和案例分析题七 ……………………………………………………………… 235
实务操作和案例分析题八 ……………………………………………………………… 236
实务操作和案例分析题九 ……………………………………………………………… 237
实务操作和案例分析题十 ……………………………………………………………… 238

全国一级建造师执业资格考试答题方法及评分说明

全国一级建造师执业资格考试设《建设工程经济》《建设工程项目管理》《建设工程法规及相关知识》三个公共必考科目和《专业工程管理与实务》十个专业选考科目（专业科目包括建筑工程、公路工程、铁路工程、民航机场工程、港口与航道工程、水利水电工程、矿业工程、机电工程、市政公用工程和通信与广电工程）。

《建设工程经济》《建设工程项目管理》《建设工程法规及相关知识》三个科目的考试试题为客观题。《专业工程管理与实务》科目的考试试题包括客观题和主观题。

一、客观题答题方法及评分说明

1. 客观题答题方法

客观题题型包括单项选择题和多项选择题。对于单项选择题来说，备选项有4个，选对得分，选错不得分也不扣分，建议考生宁可错选，不可不选。对于多项选择题来说，备选项有5个，在没有把握的情况下，建议考生宁可少选，不可多选。

在答题时，可采取下列方法：

（1）直接法。这是解常规的客观题所采用的方法，就是考生选择认为一定正确的选项。

（2）排除法。如果正确选项不能直接选出，应首先排除明显不全面、不完整或不正确的选项，正确的选项几乎是直接来自考试教材或者法律法规，其余的干扰选项要靠命题者自己去设计，考生要尽可能多排除一些干扰选项，这样就可以提高选择出正确答案的概率。

（3）比较法。直接把各备选项加以比较，并分析它们之间的不同点，集中考虑正确答案和错误答案关键所在。仔细考虑各个备选项之间的关系。不要盲目选择那些看起来、读起来很有吸引力的错误选项，要去误求正、去伪存真。

（4）推测法。利用上下文推测词义。有些试题要从句子中的结构及语法知识推测入手，配合考生平时积累的常识来判断其义，推测出逻辑的条件和结论，以期将正确的选项准确地选出。

2. 客观题评分说明

客观题部分采用机读评卷，必须使用2B铅笔在答题卡上作答，考生在答题时要严格按照要求，在有效区域内作答，超出区域作答无效。每个单项选择题只有1个备选项最符合题意，就是4选1。每个多项选择题有2个或2个以上备选项符合题意，至少有1个错项，就是5选2~4，并且错选本题不得分，少选，所选的每个选项得0.5分。考生在涂卡时应注意答题卡上的选项是横排还是竖排，不要涂错位置。涂卡应清晰、厚实、完整，保持答题卡干净整洁，涂卡时应完整覆盖且不超出涂卡区域。修改答案时要先用橡皮擦将原涂卡处擦干净，再涂新答案，避免在机读评卷时产生干扰。

二、主观题答题方法及评分说明

1. 主观题答题方法

主观题题型是实务操作和案例分析题。实务操作和案例分析题是通过背景资料阐述一个项目在实施过程中所开展的相应工作，根据这些具体的工作提出若干小问题。

实务操作和案例分析题的提问方式及作答方法如下：

（1）补充内容型。一般应按照教材将背景资料中未给出的内容都回答出来。

（2）判断改错型。首先应在背景资料中找出问题并判断是否正确，然后结合教材、相关规范进行改正。需要注意的是，考生在答题时，有时不能按照工作中的实际做法来回答问题，因为根据实际做法作为答题依据得出的答案和标准答案之间存在很大差距，即使答了很多，得分也很低。

（3）判断分析型。这类型题不仅要求考生答出分析的结果，还需要通过分析背景资料来找出问题的突破口。需要注意的是，考生在答题时要针对问题作答。

（4）图表表达型。结合工程图及相关资料表回答图中构造名称、资料表中缺项内容。需要注意的是，关键词表述要准确，避免画蛇添足。

（5）分析计算型。充分利用相关公式、图表和考点的内容，计算题目要求的数据或结果。最好能写出关键的计算步骤，并注意计算结果是否有保留小数点的要求。

（6）简单论答型。这类型题主要考查考生记忆能力，一般情节简单、内容覆盖面较小。考生在回答这类型题时要直截了当，有什么答什么，不必展开论述。

（7）综合分析型。这类型题比较复杂，内容往往涉及不同的知识点，要求回答的问题较多，难度很大，也是考生容易失分的地方。要求考生具有一定的理论水平和实际经验，对教材知识点要熟练掌握。

2. 主观题评分说明

主观题部分评分是采取网上评分的方法来进行，为了防止出现评卷人的评分宽严度差异对不同考生产生的影响，每个评卷人员只评一道题的分数。每份试卷的每道题均由2位评卷人员分别独立评分，如果2人的评分结果相同或很相近（这种情况比例很大）就按2人的平均分为准。如果2人的评分差异较大超过4~5分（出现这种情况的概率很小），就由评分专家再独立评分一次，然后用专家所评的分数和与专家评分接近的那个分数的平均分数为准。

主观题部分评分标准一般以准确性、完整性、分析步骤、计算过程、关键问题的判别方法、概念原理的运用等为判别核心。标准一般按要点给分，只要答出要点基本含义一般就会给分，不恰当的错误语句和文字一般不扣分，要点分值最小一般为0.5分。

主观题部分作答时必须使用黑色墨水笔书写作答，不得使用其他颜色的钢笔、铅笔、签字笔和圆珠笔。作答时字迹要工整、版面要清晰。因此书写不能离密封线太近，密封后评卷人不容易看到；书写的字不能太粗、太密、太乱，最好买支极细笔，字体稍微书写大点、工整点，这样看起来工整、清晰，评卷人也愿意多给分。当本页不够答题要占用其他页时，在下面注明：转第×页；因为每个评卷人仅改一题，若转到另一页评卷人可能就看不到了。

主观题部分作答应避免答非所问，因此考生在考试时要答对得分点，答出一个得分点就给分，说的不完全一致，也会给分，多答不会给分的，只会按点给分。不明确用到什么规范的情况就用"强制性条文"或者"有关法规"代替，在回答问题时，只要有可能，就在答题的内容前加上这样一句话：根据有关法规或根据强制性条文，通常这些是得分点之一。

主观题部分作答应言简意赅，并多使用背景资料中给出的专业术语。考生在考试时应相信第一感觉，往往很多考生在涂改答案过程中，"把原来对的改成错的"这种情形有很多。在确定完全答对时，就不要展开论述，也不要写多余的话，能用尽量少的文字表达出正确的意思就好，这样评卷人看得舒服，考生自己也能省时间。如果答题时发现错误，不得使用涂改液等修改，应用笔画个框圈起来，打个"×"即可，然后再找一块干净的地方重新书写。

本科目常考的标准、规范及法规

1. 《建设工程施工合同（示范文本）》GF—2017—0201
2. 《公路工程施工安全技术规范》JTG F90—2015
3. 《公路工程质量检验评定标准》JTG F80
4. 《公路桥涵施工技术规范》JTG/T 3650—2020
5. 《公路土工试验规程》JTG 3430—2020
6. 《公路水运工程安全生产监督管理办法》
7. 《公路桥梁和隧道工程施工安全风险评估指南（试行）》
8. 《公路工程标准施工招标文件》
9. 《公路工程设计变更管理办法》

第一章 公路工程施工技术

2011—2020年度实务操作和案例分析题考点分布

考点 \ 年份	2011年	2012年	2013年	2014年	2015年	2016年	2017年	2018年	2019年	2020年
路基填方结构及路基填料的选择及应用					●				●	●
路堤施工技术							●			
填石路堤施工技术							●		●	
路床及高路堤施工技术										●
路基雨期施工技术要点			●							
台背与墙背填筑施工技术										
挖方路基施工要点					●					
新旧路基连接部处治技术要点										●
软土地基处理施工技术	●								●	
竖向排水体及塑料排水板施工流程			●							
粉喷桩施工规定										●
植物防护	●									
浆砌片石护面墙耳墙的设置与路基防护								●		
挡土墙的施工流程与施工技术						●			●	
滑坡防治的工程措施									●	
设计交桩及导线点复测				●						
路堑段的施工工艺流程	●									
路基纵向开裂甚至形成错台的原因										●
无机结合料稳定材料的配合比设计流程							●			
碎石层作用	●									
无机结合稳定材料基层与沥青面层之间的处理									●	
沥青路面结构的种类及其路面结构图					●			●		

续表

考点 \ 年份	2011年	2012年	2013年	2014年	2015年	2016年	2017年	2018年	2019年	2020年
工程路面结构设计示意图							●			
沥青路面分类										●
封层的作用					●					
土工布的作用			●							
粘层施工技术		●								
沥青路面透层施工的技术								●		
封层的施工技术									●	
脱空板、不均匀沉降板的工艺流程		●								
路面碎石化前的处理					●					
路面碎石化施工的要点					●					
沥青路面改建的施工技术								●		
水泥混凝土路面施工技术						●				
滑模摊铺施工的施工技术及要求						●				
纵缝设置与施工	●									
中央分隔带防水层材料的选用			●							
中央分隔带施工技术要求			●							
桩基施工工艺及要点				●				●		
直尺与路面的最大间隙及平整度的测量						●				
主桥拼装及顶推架设施工主要作业工序								●		
钢桥安装与顶推施工要点								●		
支架的设计与施工										●
模板安装注意要点					●					
混凝土施工的一般规定及混凝土浇筑					●					●
先张法									●	●
盖挖法与明挖法的优缺点及施工费用的对比							●			
盖挖法的施工流程							●			
转孔泥浆循环系统施工							●			
混凝土灌注的施工要点				●						
预应力张拉的技术要点		●			●					

续表

考点 \ 年份	2011年	2012年	2013年	2014年	2015年	2016年	2017年	2018年	2019年	2020年
用移动支架逐孔现浇施工（移动模架法）的工序					●					
移动模架的构造					●					
上部结构箱梁移动模架法施工要点					●					
挂篮的组成及其结构形式				●						
挂篮投入施工应完成的工序				●						
悬臂浇筑施工工艺与应注意的要点	●			●		●				
临时固结措施						●				
缆索吊装的适用范围及施工工序									●	
索塔施工方法及主要设备			●							
预应力锚索施工工艺流程		●				●				
箱梁预拱度出现较大偏差的原因						●				
钻孔灌注桩断桩的防治措施	●									
公路隧道围岩分级										●
隧道地质超前预报方法	●									
隧道的洞身类型及其适用条件						●				
量测数据处理与应用	●									
台阶法开挖						●		●		
全断面开挖的适用				●				●		
隧道工程施工安全步距要求及初期支护					●				●	
预裂爆破和光面爆破的工艺特点			●						●	
隧道施工工序	●									
小净距隧道施工										●
超前小导管的预注浆施工流程					●					
初期支护										●
复合式衬砌断面示意图						●				
隧道涌水处理方法						●				
隧道施工中的防排水措施			●							
施工排水的要点			●							

7

续表

考点\年份	2011年	2012年	2013年	2014年	2015年	2016年	2017年	2018年	2019年	2020年
瓦斯地段施工特点		●								
特殊路段的处理				●						
预测塌方常用的方法		●								
预测和预防塌方的施工处理措施		●		●						
图纸会审的主要内容		●								
技术交底	●					●				
技术交底记录的内容						●				
工地试验外委管理										●

【专家指导】

公路工程施工技术主要涉及路基工程、路面工程、桥梁工程、隧道工程和交通工程等方面。施工技术的相关内容是本书考核的要点所在，也是命题人进行实务操作和案例分析题考核的聚集点所在。各工程的施工技术要点、施工工艺、施工方法及施工工序是重中之重，要重点掌握避免丢分。

要 点 归 纳

1. 路基常用爆破方法【重要考点】

（1）光面爆破：在开挖限界的周边，适当排列一定间隔的炮孔，在有侧向临空面的情况下，用控制抵抗线和药量的方法进行爆破，使之形成一个光滑平整的边坡。

（2）预裂爆破：在开挖限界处按适当间隔排列炮孔，在没有侧向临空面和最小抵抗线的情况下，用控制药量的方法，预先炸出一条裂缝，使拟爆体与山体分开，作为隔震减震带，起保护开挖限界以外山体或建筑物和减弱地震对其破坏的作用。

（3）微差爆破：两相邻药包或前后排药包以若干毫秒的时间间隔（一般为15～75ms）依次起爆，称为微差爆破，亦称毫秒爆破。

（4）定向爆破。

2. 高路堤施工技术【重要考点】

路基填土边坡高度大于20m的路堤称为高路堤。高路堤填料宜优先采用强度高、水稳性好的材料，或采用轻质材料。受水淹、水浸的部分，应采用水稳性和透水性均好的材料。

3. 粉煤灰路堤施工技术【重要考点】

粉煤灰可用于各级公路路堤填筑，不得用于高速公路、一级公路的路床和二级公路的上路床。粉煤灰路堤一般由路堤主体部分、护坡和封顶层以及隔离层、排水系统等组成，其施工步骤与土质路堤施工方法相类似，仅增加了包边土和设置边坡盲沟等工序。

4. 台背与墙背填筑施工技术【重要考点】

台背与墙背填筑施工要求：

（1）二级及二级以上公路应按设计做好过渡段，过渡段路堤压实度应不小于96%；二级以下公路的路堤与回填的联结部，应预留台阶。

（2）台背和锥坡的回填宜同步进行。

（3）台背与墙背1.0m范围内回填宜采用小型夯实机具压实。

（4）分层压实厚度宜不大于150mm，填料粒径宜小于100mm，涵洞两侧回填填料粒径宜小于50mm，压实度应不小于96%。

（5）部位狭窄时，可采用低强度等级混凝土、浆砌片石等材料回填。

（6）涵洞两侧应对称分层回填压实。

（7）回填部分的路床宜与路堤路床同步填筑。

（8）台背与墙背回填，应在结构物强度达到设计强度的75%以上时进行。

台背与墙背筑填料要求：填料宜采用透水性材料、轻质材料、无机结合料稳定材料等，崩解性岩石、膨胀土不得用于台背与墙背填筑。

5. 新路基填筑【重要考点】

（1）低路堤处治

在路基填筑时，如有必要，可铺设土工布或土工格栅，以加强路基的整体强度及板体作用，防止路基不均匀沉降而产生反射裂缝。

（2）高路堤处治

施工中为了确保路基稳定，减少路基工后沉降，对高路堤拓宽可采取粉喷桩、砂桩、塑料排水体、碎石桩等处理措施，并配合填筑轻型材料。在高路堤的处治过程中，不宜单独采用只适合于浅层处治以及路基填土较低等情况的换填砂石或加固土处治。

6. 粉喷桩施工规定【重要考点】

（1）提升钻杆、喷粉搅拌时，应使钻头反向边旋转、边喷粉、边提升，提升速度宜为0.5~0.8m/min；当钻头提升至距离地面0.3~0.5m时，可停止喷粉。

（2）应随时记录喷粉压力、瞬时喷粉量和累计喷粉量、钻进速度、提升速度等有关参数的变化。当遇停电、机械故障等原因致使喷粉中断时，必须复打，复打重叠桩段长度应大于1m。当粉料储存容器中剩余粉量不足一根桩的用量加50kg时，应在补加后开钻施工下一根桩。

（3）出现沉桩时，孔洞深度在1.5m以内的，可用8%的水泥土回填夯实；孔洞深度超过1.5m的，可先将孔洞用素土回填，然后在原位补桩，补桩长度应超过孔洞深度0.5m。

7. 路基纵向开裂甚至形成错台的原因分析【重要考点】

（1）清表不彻底，路基基底存在软弱层或坐落于古河道处。

（2）沟、塘清淤不彻底，回填不均匀或压实度不足。

（3）路基压实不均。

（4）旧路利用路段，新旧路基结合部未挖台阶或台阶宽度不足。

（5）半填半挖路段未按规范要求设置台阶并压实。

（6）使用渗水性、水稳性差异较大的土石混合料时，错误地采用了纵向分幅填筑。

（7）高速公路因边坡过陡、行车渠化、交通频繁振动而产生滑坡，最终导致纵向开裂。

8. 无机结合料稳定材料基层与沥青面层之间的处理【重要考点】
（1）在沥青面层施工前1～2d内，应清理基层顶面。
（2）应彻底清除基层顶面养护期间的覆盖物。
（3）应采用人工清扫、小型清扫车、空压机以及洒水冲刷等方式将基层表面的浮浆清理干净，并应符合下列规定：
①基层表面达到无浮尘、无松动状态。
②清理出小坑槽时，不得用原有基层材料找补。
③清理出较大范围松散时，应重新评定基层质量，必要时宜返工处理。
（4）在基层表面干燥的状态下，可洒铺透层油。透层油宜采用稀释沥青、煤沥青或乳化沥青。

9. 沥青路面分类【高频考点】
（1）按技术品质和使用情况分类：沥青混凝土路面；沥青碎石路面；沥青贯入式；沥青表面处治。
（2）按组成结构分类：密实－悬浮结构；骨架－空隙结构；密实－骨架结构。
（3）按矿料级配分类：密级配沥青混凝土混合料；半开级配沥青混合料；开级配沥青混合料；间断级配沥青混合料。
上述分类不但要了解类型，还要掌握其性质和适用范围。

10. 水泥路面改造加铺沥青面层【重要考点】
（1）特殊路段的处理：在路面破碎之前对该工程全线可能存在的严重病害的软弱路段进行修复处理，首先清除混凝土路面并开挖至稳定层，然后换填监理工程师认可的材料。
（2）路面碎石化施工：路面破碎时，先破碎路面侧边的车道，然后破碎中部的行车道。两幅破碎一般要保证10cm左右的搭接破碎宽度。
（3）破碎后的压实：压实的主要作用是将破碎路面表面的扁平颗粒进一步压碎，同时稳固下层块料，为新铺沥青面层提供一个平整的表面。破碎后的路面采用Z型压路机振动压实2～3遍，测标高进行级配碎石调平，检测平整度，光轮压路机振动压实3～4遍。压实速度不超过5km/h。

11. 水泥稳定土基层裂缝的主要防治方法【重要考点】
（1）改善施工用土的土质，采用塑性指数较低的土或适量掺加粉煤灰或掺砂。
（2）控制压实含水量，需要根据土的性质采用最佳含水量，含水量过高或过低都不好。
（3）在能保证水泥稳定土强度的前提下，尽可能采用低的水泥用量。
（4）一次成型，尽可能采用慢凝水泥，加强对水泥稳定土的养护，避免水分挥发过大。养护结束后应及时铺筑下封层。
（5）设计合理的水泥稳定土配合比，加强拌合，避免出现粗细料离析和拌合不均匀现象。

12. 模板与支架的一般要求【重要考点】
模板背面应设置主肋和次肋作为其支承系统，主肋和次肋的布置应根据模板的荷载和刚度要求进行。次肋的配置方向应与模板的长度方向相垂直，应能直接承受模板传递的荷载，其间距应按荷载数值和模板的力学性能计算确定；主肋应承受次肋传递的荷载，且应能起到加强模板结构的整体刚度和调整平直度的作用，支架或支撑的着力点应设置在主肋上。

13. 后张法预应力孔道压浆及封锚【重要考点】

（1）水泥应采用性能稳定、强度等级不低于42.5的低碱硅酸盐或低碱普通硅酸盐水泥，外加剂应与水泥具有良好的相容性，且不得含有氯盐、亚硝酸盐或其他对预应力筋有腐蚀作用的成分。

（2）矿物掺合料的品种宜为Ⅰ级粉煤灰、粒化高炉矿渣粉或硅灰。膨胀剂宜采用钙矾石系或复合型膨胀剂，不得采用以铝粉为膨胀源的膨胀剂或总碱量0.75%以上的高碱膨胀剂。

（3）压浆时，对曲线孔道和竖向孔道应从最低点的压浆孔压入；对水平直线孔道，可以任意一端的压浆孔压入；对结构或构件中以上下分层设置的孔道，应按先下层后上层的顺序进行压浆。同一管道的压浆应连续进行，一次完成。

14. 公路隧道围岩分级【重要考点】

公路隧道围岩分级中涉及的围岩或土体主要定性特征以及围岩基本质量指标BQ都是需要熟练掌握的要点。

15. 小净距隧道施工【重要考点】

小净距隧道是指隧道间的中间岩墙厚度小于分离式独立双洞的最小净距（根据《公路隧道设计规范 第一册 土建工程》JTG 3370.1—2018要求，见表1-1）的特殊隧道布置形式。

分离式独立双洞的最小净距　　　表1-1

围岩级别	Ⅰ	Ⅱ	Ⅲ	Ⅳ	Ⅴ	Ⅵ
最小净距（m）	$1.0\times B$	$1.5\times B$	$2.0\times B$	$2.5\times B$	$3.5\times B$	$4.0\times B$

注：B——隧道开挖断面的宽度。

16. 公路隧道初期支护【重要考点】

（1）干喷法是将水泥、砂、石在干燥状态下拌合均匀，用压缩空气送至喷嘴并与压力水混合后进行喷射的方法。因喷射速度大，粉尘污染及回弹情况较严重，质量不稳定，很多地方已禁止使用干喷法施工。

（2）湿喷法是将水泥、砂、石和水按比例拌合均匀，用湿喷机压送至喷嘴进行喷射的方法。湿喷法的粉尘和回弹量少，喷射混凝土的质量容易控制，但对喷射机械要求较高，机械清洗和故障处理较麻烦。目前施工现场湿喷法使用的较多。

（3）钢支撑具有承载能力大的特点，常常用于软弱破碎或土质隧道中，并与锚杆、喷射混凝土等共同使用。钢支撑按其材料的组成，可分为钢拱架和格栅钢架。

（4）锚喷支护是目前通常采用的一种围岩支护手段，包括锚杆支护、喷射混凝土支护、喷射混凝土锚杆联合支护、喷射混凝土钢筋网联合支护、喷射混凝土与锚杆及钢筋网联合支护、喷钢纤维混凝土支护、喷钢纤维混凝土锚杆联合支护，以及上述几种类型加设型钢（或钢拱架）而成的联合支护。

17. 公路隧道施工安全步距要求【重要考点】

隧道安全步距是指隧道仰拱或二次衬砌到掌子面的安全距离，安全步距主要由隧道围岩级别决定。根据《公路工程施工安全技术规范》JTG F90—2015，公路隧道施工安全步距的要求如下：

（1）仰拱与掌子面的距离，Ⅲ级围岩不得超过90m，Ⅳ级围岩不得超过50m，Ⅴ级及以上围岩不得超过40m。

（2）软弱围岩及不良地质隧道的二次衬砌应及时施作，二次衬砌距掌子面的距离Ⅳ级围岩不得大于90m，Ⅴ级及以上围岩不得大于70m。

18. 工地试验外委管理【重要考点】

（1）工地试验室超出母体检测机构授权范围的试验检测项目和参数应进行外委，外委试验应向项目建设单位报备。

（2）接受外委试验的检测机构应取得《公路水运工程试验检测机构等级证书》（含相应参数），通过计量认证（含相应参数）且上年度信用等级为B级及以上。工地试验室应将接受外委试验的检测机构的有关证书复印件存档备查。

（3）外委试验取样、送样过程应进行见证。工地试验室应对外委试验结果进行确认。

（4）工程建设项目的同一合同段中的施工、监理单位和检测机构不得将外委试验委托给同一家检测机构。

19. 导线复测、水准点复测与加密【重要考点】

（1）设计控制桩交接

由建设单位组织，监理单位参加，设计单位对施工单位进行现场交接桩工作，对设计平面控制桩和高程控制桩等逐一进行现场确认接收，做好交接签认记录，并进行必要的桩位保护。

（2）设计控制桩贯通复测

根据设计控制桩的精度等级要求，编制平面、高程控制点施工复测方案，控制点加密测量方案，对设计平面控制桩及高程控制桩进行贯通复测，对丢失或损坏的控制桩点进行补设（或由设计补设），并与相邻标段的设计控制桩进行联测（不少于两个桩点），当复测成果与设计不相符时，应及时与设计沟通解决。完成后编制复测成果报告书，经监理、设计签字确认后使用。

（3）导线、水准点的复测、加密

根据施工测量的需要，确定在设计控制网点的基础上进行加密或重新布设测量控制网点，相邻加密桩点保证通视且间距不宜超过300m。

20. 施工监测中的测量工作【重要考点】

（1）高填深挖路基监测测量工作内容：

1）高填方路基监测

① 稳定性监测：对路基原地表沉降、边桩位移测量。

② 沉降量监测：对中桩、路肩、平台、坡脚等沉降量观测。

③ 地表水平位移量监测。

④ 挡墙位移监测：观测点埋设在挡墙顶面。

2）深挖路堑监测

① 边坡变形观测：变形观测墩埋设于断面边坡坡口线外2m。

② 施工安全监测：监测点埋设于各级开挖平台坡脚处。

（2）深基坑监测测量工作内容

深基坑监测项目应根据基坑工程监测等级、支护结构特点、施工工艺以及变形控制要求有针对性地确定，开挖阶段深基坑监测中的测量工作一般包括：顶部水平位移、顶部沉降观测、立柱垂直位移、邻近建（构）筑物沉降；邻近地下管线水平及竖向位移。

（3）监控量测方案经审批后方可实施；委托第三方监测单位实施监控量测时，应设专人负责管理。

21. 施工测量复核【重要考点】

（1）贯通测量及控制网测量不得少于两遍，并进行换手测量，测量成果必须经项目总工审核、监理工程师复核确认方可采用。

（2）特大桥、大桥、隧道、线路曲线要素等重要工点，定位坐标及主要控制标高等测量内业准备计算资料必须采用不同方法进行计算核对，且经项目总工审核后方可用于现场测量。其他工程定位及标高测量内业计算资料必须经过测量负责人审核后方可用于现场测量。

（3）所有施工放样测量必须进行换手复核测量。施工定位复核测量时，必须采用控制网不同的导线边。水准测量必须从一个水准点出发，完成测量后，至另一个水准点进行闭合。

（4）现场测量数据处理计算资料必须换人复核。测量技术交底资料，必须由测量负责人和分管的主管工程师复核，工程技术部长审核后方可进行现场交底。

22. 工地试验室人员管理【重要考点】

（1）工地试验室应加强试验检测人员考勤管理，确保日常工作有效开展。

（2）工地试验室应保持试验检测人员相对稳定，因特殊情况确需变动的，应由母体检测机构报经建设单位同意，并向项目质监机构备案。

（3）工地试验室应将试验检测人员的姓名、岗位、照片等信息予以公开。试验检测人员进行作业时应统一着装并挂牌上岗。

（4）工地试验室应重视试验检测人员劳动保护工作。

（5）工地试验室应制订全员学习培训计划，定期或不定期地组织学习有关政策、质量体系文件、标准规范规程以及试验检测操作技能、职业素养等知识，不断提高试验检测人员综合能力和水平。

（6）工地试验室应按照规定及时对试验检测人员进行年度信用评价。

23. 工地试验室设备管理【重要考点】

（1）工地试验室应制定仪器设备管理制度，一般应包括采购、验收、检定/校准、使用维护、故障处理、核实降级与质量处理、仪器设备档案管理等制度。

（2）仪器设备经检定/校准或功能检验合格后方可投入使用。工地试验室应编制仪器设备的检定/校准计划，通过检定/校准和功能检验等方式对仪器设备进行量值溯源管理。

（3）仪器设备在检定/校准周期内如存在修理、搬运、移动等情况，应重新进行检定/校准。对于性能不稳定、使用频率高和进行现场检测的仪器设备，以及在恶劣环境下使用的仪器设备应进行期间核查。

（4）仪器设备应实施标识管理，分为管理状态标识和使用状态标识。

（5）在使用仪器设备过程中，相关人员应注意人身和设备安全，使用完毕应切断电源、清扫现场，保持仪器设备的清洁。使用仪器设备时应按要求填写使用记录。

历 年 真 题

实务操作和案例分析题一［2020年真题］

【背景资料】

某施工单位承建一分离式双向六车道高速公路山岭隧道工程，其起讫桩号为K19+720～K21+450，全长1730m。隧道两端洞口100m范围内为偏压浅埋段，其围岩级别为V级。隧道洞口开挖断面宽度为13.5m，左右洞口中心线间距为50m。隧道左右洞地质情况相同。隧道最大埋深为80m，隧道纵断面示意图如图1-1所示。该隧道设计支护结构为复合式衬砌（即初期支护＋混凝土二次衬砌）。

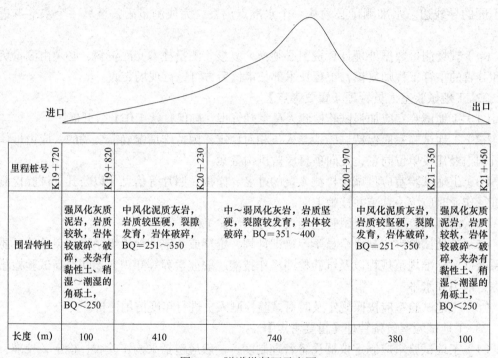

里程桩号	K19+720	K19+820	K20+230	K20+970	K21+350	K21+450
围岩特性	强风化灰质泥岩，岩质较软，岩体较破碎，夹杂有黏性土、稍湿～潮湿的角砾土，BQ<250	中风化泥质灰岩，岩质较坚硬，裂隙发育，岩体破碎，BQ=251～350	中～弱风化灰质岩，岩质坚硬，裂隙较发育，岩体较破碎，BQ=351～400	中风化泥质灰岩，岩质较坚硬，裂隙发育，岩体破碎，BQ=251～350	强风化灰质泥岩，岩质较软，岩体较破碎，夹杂有黏性土、稍湿～潮湿的角砾土，BQ<250
长度（m）	100	410	740	380	100

图1-1 隧道纵断面示意图

开工前，有关单位根据围岩特性对该隧道各段围岩的级别进行了核实，并计算了各级围岩段占全隧长的百分比。

在隧道施工过程中进行了安全质量检查，发现施工单位存在如下错误做法：

（1）初期支护施工过程中，喷射混凝土采用干喷工艺；

（2）对于隧道底部超挖部分采用洞碴回填；

（3）仰拱和底板混凝土强度达到设计强度75%，允许车辆通行；

（4）二次衬砌距Ⅳ级围岩掌子面的距离为100m。

【问题】

1. 该隧道是否属于小净距隧道？说明理由。

2. 写出图1-1中BQ的中文名称。判断K20+230～K20+970段、K20+970～K21+350段围岩级别。计算Ⅳ级围岩总长占全隧长度的百分比（小数点后保留1位）。

3. 逐条修改安全质量检查过程中发现的错误做法。

4. 施工单位的错误做法中,哪两条属于重大安全事故隐患(用编号表示)?从单位和项目两个层次分别写出重大安全事故隐患排查治理第一责任人。

【解题方略】

1. 本题考核的是小净距隧道。小净距隧道是指隧道间的中间岩墙厚度小于分离式独立双洞的最小净距(根据《公路隧道设计规范 第一册 土建工程》JTG 3370.1—2018要求,见表1-2)的特殊隧道布置形式。

分离式独立双洞的最小净距　　　　　表1-2

围岩级别	Ⅰ	Ⅱ	Ⅲ	Ⅳ	Ⅴ	Ⅵ
最小净距(m)	1.0×B	1.5×B	2.0×B	2.5×B	3.5×B	4.0×B

注:B——隧道开挖断面的宽度。

根据背景资料围岩级别为Ⅴ级,表1-2可得3.5×B。

2. 本题考核的是公路隧道围岩分级。本小题解题依据见表1-3。

公路隧道围岩分级　　　　　表1-3

围岩级别	围岩或土体主要定性特征	围岩基本质量指标BQ
Ⅰ	坚硬岩(饱和抗压极限强度R_b>60MPa),岩体完整,巨块状或巨厚层状整体结构	>550
Ⅱ	坚硬岩(R_b>30MPa),岩体较完整,块状或厚层状结构较坚硬岩,岩体完整,块状整体结构	550~451
Ⅲ	坚硬岩,岩体较破碎,巨块(石)碎(石)状镶嵌结构较坚硬岩或较软硬质岩,岩体较完整,块状体或中厚层状结构	450~351
Ⅳ	坚硬岩,岩体破碎,碎裂(石)结构较坚硬岩,岩体较破碎—破碎,镶嵌碎裂结构较软岩或软硬岩互层,且以软岩为主,岩体较完整—较破碎,中薄层状结构 土体: (1)压密或成岩作用的黏性土及砂性土; (2)黄土(Q_1,Q_2); (3)一般钙质、铁质胶结的碎、卵石土、大块石土	350~251
Ⅴ	较软岩,岩体破碎; 软岩,岩体较破碎—破碎; 极破碎各类岩体,碎、裂状、松散结构; 一般第四系的半干硬—硬塑的黏性土及稍湿至潮湿的一般碎、卵石土、圆砾、角砾土及黄土(Q_3,Q_4)。非黏性土呈松散结构,黏性土及黄土呈松软结构	<250
Ⅵ	软塑状黏性土及潮湿、饱和粉细砂层、软土等	

结合背景资料图1-1中BQ的值与表1-3对应即可得出等级。Ⅳ级围岩对应的总长也就显而易见了。

3. 本题考核的是公路隧道支护与衬砌。(1)干喷法因喷射速度大,粉尘污染及回弹情况较严重,质量不稳定,很多地方已禁止使用干喷法施工。湿喷法的粉尘和回弹量少,喷射混凝土的质量容易控制,但对喷射机械要求较高,机械清洗和故障处理较麻烦。目前施工现场湿喷法使用的较多。(2)隧道底部(包括仰拱),超挖在允许范围内应采用与衬砌相同强度等级混凝土浇筑。

4.本题考核的是安全生产事故隐患排查治理职责与公路工程重大事故隐患清单。公路工程重大事故隐患清单详见考试用书表1B420052。施工单位法定代表人、项目经理是安全生产事故隐患排查治理的第一责任人，对管理范围内安全生产事故隐患排查治理工作负全面负责。

【参考答案】

1.属于小净距隧道。

理由：因围岩级别为Ⅴ级，根据规范规定，Ⅴ级围岩分离式独立双洞的最小净距为 $3.5B=3.5\times13.5=47.25m>(50-13.5)m=36.5m$，所以属于小净距隧道。

2.BQ中文名称：围岩基本质量指标。

K20+230~K20+970段围岩级别为Ⅲ级，K20+970~K21+350段围岩级别为Ⅳ级。

Ⅳ级围岩总长与全隧长度的百分比：$(380+410)/1730\times100\%\approx45.7\%$。

3.安全质量检查过程中发现的错误做法修改如下：

（1）初期支护施工过程中，喷射混凝土采用湿喷（潮喷）工艺。

（2）对于隧道底部超挖部分应采用与衬砌（仰拱）相同强度等级混凝土浇筑。

（3）仰拱和底板混凝土强度达到设计强度100%，方允许车辆通行。

（4）二次衬砌距Ⅳ级围岩掌子面的距离不大于90m。

4.（1）和（4）属于重大安全事故隐患。

重大安全事故隐患排查治理第一责任人：

单位：施工单位法定代表人；

项目：项目经理。

实务操作和案例分析题二［2020年真题］

【背景资料】

某桥上部为3×25m预应力钢筋混凝土连续箱梁，下部为圆柱式墩，桩基础。桥面宽度为8.5m，桥面纵坡3.5%，双向横坡1.5%，桥梁高度24m。地基土层从上到下依次为杂填土、砂岩。施工过程中发生了如下事件：

事件1：项目经理部决定采用盘扣式支架搭设满堂支架浇筑连续箱梁，支架搭设高度24m，宽度9m，并按规定设置纵、横、平面斜杆，经支架设计验算确定了布置间距并委托第三方验算。专项施工方案编制完成后，经项目总工程师签字并加盖项目经理部公章，报总监理工程师签字盖章后即组织施工。

事件2：项目经理部按照专项施工方案完成地基处理、支架搭设、模板、钢筋和预应力管道安装，经监理工程师现场对模板、钢筋和预应力管道检查验收后浇筑箱梁底板和腹板混凝土。

事件3：箱梁混凝土分两次浇筑，第一次浇筑底板和腹板，第二次浇筑顶板。第一次浇筑混凝土时纵向由高处向低处浇筑，横向对称浇筑，气温最高达32℃，经过30h完成混凝土浇筑。待第一次浇筑混凝土完成，开始洒水养护时发现，先浇筑部分混凝土顶面出现裂缝。

事件4：本桥箱梁为C40混凝土，低松弛钢绞线，夹片式锚具。施工单位在张拉压浆过程中采取了如下做法：

（1）预应力张拉程序为：0→σ_{con}（持荷5min锚固）。
（2）在水泥浆中加入铝粉膨胀剂。
（3）压浆自高处向低处进行。

【问题】

1. 事件1中，支架工程是否属于超过一定规模的危大工程？专项施工方案实施前还应完善哪些手续？
2. 事件1中，支架搭设高宽比是否满足相关规定？如果不满足，说明理由和应采取的处理措施。
3. 事件2中，浇筑混凝土之前遗漏了哪些验收程序和工序？
4. 说明事件3中混凝土产生裂缝的主要原因。
5. 逐条判断事件4中施工单位的做法是否正确？若不正确，写出正确做法。

【解题方略】

1. 本题考核的是专项方案与技术交底。
完善的手续：
（1）专项施工方案应当由施工单位技术负责人审核签字、加盖单位公章，并由总监理工程师签字、加盖执业印章。
（2）施工单位应当组织召开专家论证会对专项施工方案进行论证。
2. 本题考核的是支架的设计与施工。支架的高宽比宜小于或等于2，当高宽比大于2时，宜扩大下部架体尺寸或采取其他构造措施。
3. 本题考核的是浇筑混凝土工序。本题根据实际工作进行作答即可。
4. 本题考核的是混凝土的浇筑。正确做法：应从低处向高处进行浇筑。正确做法：应从低处向高处进行浇筑。混凝土的运输、浇筑及间歇的全部时间不得超过表1-4的规定。当需要超过时应预留施工缝。

混凝土的运输、浇筑及间歇的全部允许时间（min） 表1-4

混凝土强度等级	气温不高于25℃	气温高于25℃
≤C30	210	180
>C30	180	150

注：当混凝土中掺有促凝剂或缓凝剂时，其允许时间应根据试验结果确定。

根据表1-4，气温高于25℃时，C30以上混凝土浇筑时间不应大于150min。故存在养护不及时。

5. 本题考核的是先张法预应力筋张拉程序。先张法预应力筋张拉程序见表1-5。

先张法预应力筋张拉程序 表1-5

预应力筋种类		张拉程序
钢丝、钢绞线	夹片式等具有自锚性能的锚具	普通松弛预应力筋：0→初应力→1.03σ_{con}（锚固） 低松弛预应力筋：0→初应力→σ_{con}（持荷5min锚固）
	其他锚具	0→初应力→1.05σ_{con}（持荷5min）→0→σ_{con}（锚固）
热轧带肋钢筋		0→初应力→1.05σ_{con}（持荷5min）→0.9σ_{con}→σ_{con}（锚固）

膨胀剂宜采用钙矾石系或复合型膨胀剂，不得采用以铝粉为膨胀源的膨胀剂。

【参考答案】

1. 属于超过一定规模的危大工程。

应完善的手续有：施工单位技术负责人（或总监理工程师）签字（或审批）并加盖单位公章，报总监理工程师审批后，再组织专家论证（或评审）。

2. 不满足规范规定。

理由：因支架搭设高度24m，宽度9m，支架高宽比为24/9＝2.67，根据规范，支架高宽比宜小于或等于2，所以不满足规范规定。

采取措施：加宽支架、加抗风绳、增加支架稳定性。

3. 浇筑混凝土之前遗漏的程序和工序：

（1）支架地基处理完后的检测验收。

（2）支架拼装完后的验收。

（3）支架预压。

4. 原因1："第一次浇筑混凝土时纵向由高处向低处浇筑"错误。

原因2：养护不及时（或浇筑时间过长，"气温最高达32℃，经过30h完成混凝土浇筑"错误）。

5. 事件4中施工单位的做法正确与否的判断即正确做法如下：

（1）错误。正确做法：预应力张拉程序为：0→初应力→σ_{con}（持荷5min锚固）。

（2）错误。正确做法：膨胀剂宜采用钙矾石系或复合型膨胀剂。

（3）错误。正确做法：压浆应按先下层后上层的顺序进行（由低处往高处压浆）。

实务操作和案例分析题三［2020年真题］

【背景资料】

某施工单位承建某高速公路K11＋320～K30＋180段改扩建工程，由双向四车道扩建为双向六车道，施工过程中发生了如下事件：

事件1：K13＋826～K14＋635段为填方路段，边坡高度最低为20.6m，最高为24.8m。路床填筑时，每层最大压实厚度宜不大于（A）mm，顶面最后一层压实厚度应不小于（B）mm。

事件2：本工程填方量大，借方困难，部分填料含水量较大，需掺灰处理，经反复试验，掺灰土的CBR值在6%～7%之间。

事件3：本工程K22＋300～K23＋100为高填路堤，其新拓宽部分局部路段穿越软土地基，设计采取了粉喷桩对软基进行处理。

事件4：K25＋550～K30＋180段有若干鱼塘，水深低于2m，塘底淤泥厚度最大不超过0.8m，软土层厚度大于4m，小于8m；施工单位拟采取抛石挤淤或袋装砂井处理软基。

事件5：扩建路面工程与原设计路面结构层一致，通车后不久，巡查发现某软基填方区间新旧路面结合部有一条长约80m、宽约1.5mm的纵向裂缝。业主召集路基、路面等技术专家对纵向裂缝进行论证及原因分析。专家会议结论是：该80m路段路面材料及工艺控制均无缺陷，沥青路面扩建与旧路面结合部质量良好，裂缝产生与路面施工无关。裂缝产生的主要原因是由路基施工引起的……

【问题】
1. 事件1中，本段填土路基是否属于高路堤？说明理由。分别写出A、B的数值。
2. 事件2中，掺灰土能否作为上路床填料？说明理由。
3. 事件3中，粉喷桩处理软基的主要目的有哪些？
4. 事件4中，两种软基处理方案哪种较合理？说明理由。
5. 写出事件5中裂缝产生的两条主要原因。

【解题方略】
1. 本题考核的是路床及高路堤施工技术。路基填土边坡高度大于20m的路堤称为高路堤。路床填筑，每层最大压实厚度宜不大于300mm，顶面最后一层压实厚度应不小于100mm。
2. 本题考核的是路堤填料最小承载比。高速公路上路床的CBR应≥8%。
3. 本题考核的是粉喷桩处理软基的主要目的。施工中为了确保路基稳定，减少路基工后沉降，对高路堤拓宽可采取粉喷桩、砂桩、塑料排水体、碎石桩等处理措施，并配合填筑轻型材料。
4. 本题考核的是软土地基处理施工技术。竖向排水体适用于深度大于3m的软土地基处理。
5. 本题考核的是路基纵向开裂甚至形成错台的原因。路基纵向开裂甚至形成错台的原因有：
（1）清表不彻底，路基基底存在软弱层或坐落于古河道处。
（2）沟、塘清淤不彻底，回填不均匀或压实度不足。
（3）路基压实不均。
（4）旧路利用路段，新旧路基结合部未挖台阶或台阶宽度不足。
（5）半填半挖路段未按规范要求设置台阶并压实。
（6）使用渗水性、水稳性差异较大的土石混合料时，错误地采用了纵向分幅填筑。
（7）高速公路因边坡过陡、行车渠化、交通频繁振动而产生滑坡，最终导致纵向开裂。

【参考答案】
1. 属于高路堤。理由：因K13+826～K14+635段为填方路段，边坡高度最低为20.6m，最高为24.8m。根据相关规范规定，边坡高度大于20m的路堤称为高路堤，所以本段填土路基属于高路堤。
A为300；B为100。
2. 不能作为上路床填料。
理由：灰土的CBR值不符合高速公路上路床CBR值的规定。根据相关规范规定，高速公路上路床的CBR值应≥8%，所以不能作为上路床的填料。
3. 提高地基承载力、确保路基稳定、减少路基工后沉降。
4. 采用袋装砂井合理。
理由：因软土层厚度为4～8m，根据相关规范规定，抛石挤淤适处理软土深度不宜大于3m，袋装砂井适用于深度大于3m的软土地基。
5. 事件5中裂缝产生的两条主要原因：

（1）软基处理不彻底、压实度不足。
（2）旧路利用路段，新旧路基结合部未挖台阶或台阶宽度不足。

实务操作和案例分析题四［2020年真题］

【背景资料】

南方平原地区某一快速通道公路位于滨海区域，气候多雨，公路起讫桩号为K0＋000～K30＋000，线形平顺，双向六车道，无中央分隔带。行车道总宽度为B，每个车道宽度为3.75m。该公路为旧路改建，设计标高为公路中线位置。该工程采用柔性路面面层，基层采用半刚性基层，路面结构设计示意图如图1-2所示。为加强路面横向排水，路面横坡采用改进的三次抛物线型路拱，平均路拱横坡$i=2\%$，路拱大样示意图及其计算公式如图1-3所示。

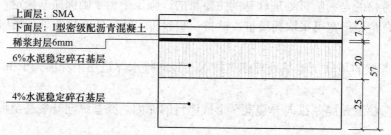

图1-2 路面结构设计示意图

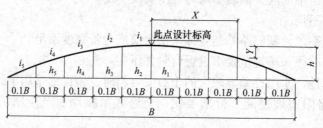

改进的三次抛物线型路拱的计算公式为：

$$Y = \frac{4h}{B^3}X^3 + \frac{h}{B}X$$

式中 B——行车道总宽度（m）；

h——行车道路拱的竖向高度，$h=B\times i/2$（m）；

X——距离行车道中心的横向距离（m）；

Y——对应X值的纵坐标（m）。

图1-3 抛物线型路拱大样示意图

施工过程中发生了如下事件：

事件1：施工单位按公路工程施工标准化的要求，修建了沥青混合料拌合站，占地面积4500m²，配置了1台拌合机、3个沥青罐、冷热集料仓各5个。按施工标准化要求设置了下列标识标牌：拌合站简介牌、混合料配合比牌、材料标识牌、操作规程牌、消防保卫牌、安全警告警示牌。拌合站简介牌应标识的主要内容有：供应主要构造物情况及质量保证证体系。拌合站采用封闭式管理，四周设置围墙及排水沟，入口处设置彩门及值班室。

事件2：施工单位依托母体试验室组建了工地试验室，母体试验室具有交通运输部公路水运工程试验检测机构等级证书中的综合乙级资质证书。为加强工地试验室外委管理，要求外委试验的检测机构应具备相应的资质和条件，工地试验室应将其有关证书复印件存档备案，施工单位还制定了如下管理要求：

（1）工地试验室超出母体检测机构授权范围的试验检测项目和参数，必须进行外委，外委试验应向监理单位报备。

（2）外委试验取样、送样过程应进行见证，工地试验室应对外委试验结果进行确认。

（3）工程建设项目的同一合同段中的施工、监理单位和检测机构应该将外委试验委托给同一家检测机构。

【问题】

1. 写出图1-2中上面层结构的中文名称。图1-2中下面层沥青混凝土的级配有何特点？该层压实后，其剩余空隙率要求满足什么范围？

2. 计算图1-3中的h_3（单位：m，小数点后保留4位）。

3. 事件1中，拌合站简介牌还应标识的内容有哪些？复制表1-6到专用答题卡上，并按表中示例，用直线将"标识标牌名称"与最佳的"设置位置"一一对应连接起来。

拌合站标识、标牌设置　　　　　　　　　　　　　　　　　　表1-6

标识标牌名称	对应关系	设置位置
拌合站简介牌		拌合楼旁
混合料配合比牌		材料堆放处
材料标识牌		场内醒目位置
操作规程牌		拌合站入口处
消防保卫牌		机械设备旁
安全警告警示牌		各作业点

4. 逐条判断事件2中的管理要求是否正确？若不正确，写出正确要求。

5. 写出事件2中外委试验的检测机构应具备的资质和条件。

【解题方略】

1. 本题考核的是沥青路面分类。密级配沥青混凝土混合料：各种粒径的颗粒级配连续、相互嵌挤密实的矿料，与沥青拌合而成，且压实后的剩余空隙率小于10%的混凝土混合料。剩余空隙率为3%～6%（行人道路2%～6%）的是Ⅰ型密实式改性沥青混凝土混合料，剩余空隙率为4%～10%的是Ⅱ型半密实式改性沥青混凝土混合料。

2. 本题考核的是行车道路拱高度计算。考生首先要充分利用背景资料给出的"改进的三次抛物线型路拱的计算公式"，算出$h-Y$即可。

3. 本题考核的是拌合站标识、标牌设置。具体要点详见表1-7。

拌合站标识、标牌设置　　　　　　　　　　　　　　　　　　表1-7

标识名称	标识内容及要求	设置位置
拌合站简介牌	拌合的数量、供应主要构造物情况及质量、安全保障体系等	场地入口处
混凝土配合比牌	—	拌合楼旁
材料标识牌	—	材料堆放处

续表

标识名称	标识内容及要求	设置位置
操作规程	各机械设备操作要求	机械设备旁
消防保卫牌	底部应标有火警电话119	场内
安全警告警示牌	—	各作业点

4. 本题考核的是工地试验外委管理。工地试验室应加强外委试验管理，超出母体检测机构授权范围的试验检测项目和参数应进行外委，外委试验应向项目建设单位报备，故（1）错误。工程建设项目的同一合同段中的施工、监理单位和检测机构不得将外委试验委托给同一家检测机构，故（3）错误。

5. 本题考核的是工地试验外委管理。接受外委试验的检测机构应取得《公路水运工程试验检测机构等级证书》（含相应参数），通过计量认证（含相应参数）且上年度信用等级为B级及以上。

【参考答案】

1. SMA的中文名称为：沥青玛琋脂碎石混合料。

下面层沥青混凝土的级配特点：颗粒级配连续、相互嵌挤密实。

剩余空隙率3%~6%（行车道路2%~6%）。

2. $B = 3.75 \times 6 = 22.5\text{m}$，$h = 22.5 \times 2\%/2 = 0.225\text{m}$，$X = 0.2 \times 22.5 = 4.5\text{m}$。

$Y = \dfrac{4h}{B^3}X^3 + \dfrac{h}{B}X = 4 \times 0.225/22.5^3 \times 4.5^3 + 0.225/22.5 \times 4.5 = 0.0522\text{m}$。

$h_3 = h - Y = 0.225 - 0.0522 = 0.1728\text{m}$。

3. 拌合站简介牌还应标识的内容有：拌合的数量、安全保障体系。

对应关系见表1-8。

拌合站标识、标牌设置　　　　表1-8

标识标牌名称	对应关系	设置位置
拌合站简介牌		拌合楼旁
混合料配合比牌		材料堆放处
材料标识牌		场内醒目位置
操作规程牌		拌合站入口处
消防保卫牌		机械设备旁
安全警告警示牌		各作业点

4. 事件2中的管理要求正确与否的判断即正确要求：

（1）错误。正确要求：外委实验应向项目建设单位报备。

（2）正确。

（3）错误。正确要求：同一合同段中的施工，监理和检测机构不得将外委实验委托给同一家检测机构。

5. 应取得《公路水运工程试验检测机构等级证书》（含相应参数），通过计量认证（含相应参数）且上年度信用等级为B级及以上。

实务操作和案例分析题五 [2019年真题]

【背景资料】

某施工单位承建一山岭重丘区高速公路工程,起讫桩号为K12+200~K27+700,路基设计宽度为24.5m。纵断面设计示意图如图1-4所示,半填半挖横断面示意图如图1-5所示。其中K12+200~K15+600段穿越农田,其间经过几条农用灌溉水渠,水渠的平均宽度约3m,渠底淤泥底标高比农田软土底标高平均低约1.7m,渠位均设涵洞,涵底处理依照设计;结合地质情况,农田软土层平均厚度1.25m,最深不超过3m。由于地方交通道路等级较低,农用水田、旱地宝贵,因此合同约定不许外借土石方填筑路基。

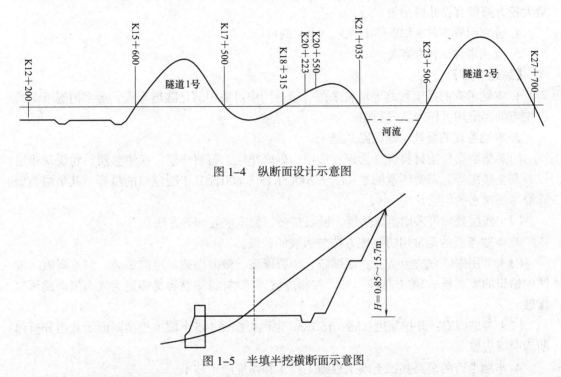

图1-4 纵断面设计示意图

图1-5 半填半挖横断面示意图

施工中发生如下事件:

事件1:施工单位根据全路段原材料情况及K12+200~K15+600段软土厚度,采用了垫层和浅层处理技术进行软土地基处治。

事件2:在施工准备阶段,施工单位经核对设计文件,发现本合同段路基填方总量约35万m³,最大填方高度4.3m,主要集中在K12+200~K15+600;路基挖方总量约9.7万m³,主要集中在K18+315~K21+035,开挖深度0.85~15.7m,山体除少量风化表层外均为硬质石灰岩。

事件3:经现场勘察并查阅图纸,发现K20+223~K20+550为全断面挖方段,最大垂直挖深5.8m,K20+550~K21+035为半填半挖段,最大挖深15.7m;为减少征地并能维持路基稳定,在半填段设计了较常用的重力式挡土墙,它主要依靠圬工墙体的(A)抵抗墙后土体的侧向推力。

事件4:两隧道的主要穿越区段均无明显溶洞,岩石为较坚硬石灰岩,岩体较破碎,属于Ⅲ级围岩段。施工单位在修筑填石路堤时,将填方路段划分为四级施工台阶,分别为:在路基面以下(B)m为第一级台阶,(B)~1.5m为第二级台阶,1.5~(C)m为第三级台阶,(C)m以上为第四级台阶。

事件5:施工单位在本工程路基填筑时采用了自重15t的振动压路机。

【问题】

1. 说明本工程路堤填料来源。

2. 结合工程背景并考虑项目的经济性,写出事件1中本工程适宜采用的两种垫层类型和两种浅层处理方法。

3. 写出适合事件2中挖方路段岩质特点的两种控制爆破方法。结合规范要求,本工程最大挖方路段宜设几级边坡?

4. 分别回答事件3和事件4中A、B、C的内容。

5. 改正事件5中的错误。

【解题方略】

1. 本题考查的是工程路堤填料来源。结合图中可采用的是隧道弃渣。通常情况下,所有挖方的弃土均可作为填方利用。

2. 本题考核的是软土地区路基施工。

(1)垫层类型按材料可分为碎石垫层、砂砾垫层、石屑垫层、矿渣垫层、粉煤灰垫层以及灰土垫层等。需要注意的是K12+200~K15+600段处于隧道口的位置,其垫层类型需要考虑排水的问题。

(2)浅层处理可采用换填垫层、抛石挤淤、稳定剂处理等方法。

3. 本题考查的是常用的爆破方法与边坡的分级。

(1)常用爆破方法包括:光面爆破、预裂爆破、微差爆破、定向爆破、洞室爆破。本题中给出的要点是:"挖方路段"和"控制边坡",这样答案就容易锁定为光面爆破或预裂爆破。

(2)考虑因素:开挖深度0.85~15.7m。也可根据图1-5半填半挖横断面示意图分析判断为两级边坡。

4. 本题考查的是路基挡土墙工程施工技术和路堤施工技术。

(1)事件2中给出了"在半填段设计了较常用的重力式挡土墙",据此可以得知,重力式挡土墙依靠圬工墙体的自重抵抗墙后土体的侧向推力(土压力),以维持土体的稳定。

(2)填石路堤将填方路段划分为四级施工台阶、四个作业区段,按施工工艺流程进行分层施工。四级施工台阶是:在路基面以下0.5m为第一级台阶,0.5~1.5m为第二级台阶,1.5~3.0m为第三级台阶,3.0m以上为第四级台阶。

5. 本题考查的是填石路堤施工要求。压路机宜选用自重不小于18t的振动压路机。

【参考答案】

1. 可利用所有挖方的弃土作为填方利用(K18+315~K21+035挖方的弃土),不足部分用隧道洞渣(隧道1号、2号的弃渣)补足。

2. 事件1中本工程适宜采用的垫层:碎石垫层、石屑垫层。

事件1中本工程适宜采用的浅层处理方法:换填垫层、抛石挤淤。

3. 控制爆破方法:光面爆破、预裂爆破。

最大挖方路段宜设置为两级边坡。
4. A为自重；B为0.5m；C为3.0m。
5. 事件5中的错误：采用自重15t的振动压路机。
正确做法：填石路堤压实机械宜采用自重不小于18t的振动压路机。

实务操作和案例分析题六［2019年真题］

【背景资料】

某施工单位承建某三级公路，公路起讫桩号为K0+000~K12+300，路面结构形式如图1-6所示，图1-6中（A）未采用硬化处理，在沥青混凝土面层和级配碎石基层之间设置下封层。项目地处丘陵地区，周边环境复杂。其中K2+000~K2+600为滑坡地段，该地段多为破碎结构的硬岩或层状结构的不连续地层，路线在滑坡地段以挖方形式通过，经挖方卸载后进行边坡防护。

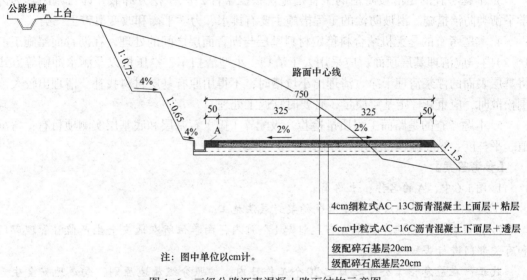

图1-6 三级公路沥青混凝土路面结构示意图

施工单位对滑坡地段施工编制了滑坡防治专项施工方案以及滑坡监测方案，通过了相关专家评审。施工中发生如下事件：

事件1：施工单位针对该项目特点编制了应急预案，在应急预案公布之日起1个月内，向单位所在地安全生产监督管理部门和有关部门进行告知性备案，并提交相关材料。

事件2：滑坡地段采用挖方卸载的防治措施，对该地段边坡采用锚杆加钢筋网再加喷射混凝土进行防护。

事件3：施工单位对级配碎石基层表面做了如下处理：
（1）在沥青面层施工前1~2d内，采用人工清扫方式清理级配碎石基层表面；
（2）当基层表面出现小坑槽时，用原有基层材料找补；
（3）当基层表面出现较大范围松散时，清除掉该范围内全部基层重新铺装。

事件4：级配碎石基层施工完毕后，施工单位会同相关质量检验人员对基层的弯沉、压实度、平整度、横坡等项目进行了实测。

【问题】
1. 写出图1-6中A的名称。下封层施工宜采用什么方法施工?
2. 指出事件1中对应急预案告知性备案做法的错误之处,并改正。
3. 事件2中,滑坡防治措施属于哪类滑坡防治措施?滑坡防治措施还有哪两类?
4. 逐条判断事件3中级配碎石基层表面处理的做法是否正确?并改正。
5. 补充事件4中还需实测的项目,并指出实测项目中的关键项目。

【解题方略】
1. 本题考查的是路肩的种类和封层的施工技术。本题从图中的位置可以判断A为路肩,但是路肩有土路肩和硬路肩之分,加之"未采用硬化处理",故排除硬路肩。
2. 本题考查的是应急预案备案。施工单位应当在应急预案公布之日起20个工作日内,按照分级属地原则,向属地安全生产监督管理部门和有关部门进行告知性备案。本题中错误有两点:(1)1个月内;(2)单位所在地。
3. 本题考查的是滑坡防治的工程措施。根据事件2中,"挖方卸载"即可判断其为力学平衡类防治措施。滑坡防治的工程措施主要有排水、力学平衡和改变滑带土三类。
4. 本题考查的是无机结合料稳定材料基层与沥青面层之间的处理。在沥青面层施工前1～2d内,应清理基层顶面。应采用人工清扫、小型清扫车、空压机以及洒水冲刷等方式将基层表面的浮浆清理干净。清理出小坑槽时,不得用原有基层材料找补。清理出较大范围松散时,应重新评定基层质量,必要时宜返工处理。
5. 本题考查的是路面工程质量检验。级配碎(砾)石基层和底基层实测项目有:弯沉值、平整度、纵断高程、宽度、厚度(△)、横坡。

【参考答案】
1. 图1-6中,A的名称:土路肩。
下封层宜采用层铺法表面处治或稀浆封层法施工。
2. 错误之处:在应急预案公布之日起1个月内,向单位所在地安全生产监督管理部门和有关部门进行告知性备案。
改正:在应急预案公布之日起20个工作日内,按照分级属地原则,向属地安全生产监督管理部门和有关部门进行告知性备案。
3. (1)属于力学平衡类防治措施。
(2)滑坡防治措施还有排水防治措施以及改变滑带土措施。
4. 事件3中级配碎石基层表面处理的做法判断及改正:
(1)正确。
(2)错误,改正:清理出小坑槽时,不得用原有基层材料找补。
(3)错误,改正:清理出较大范围松散时,应重新评定基层质量,必要时宜返工处理。
5. 事件4中需补充的项目:①纵断高程;②宽度;③厚度。
事件4中的关键项目:厚度、压实度。

实务操作和案例分析题七 [2019年真题]

【背景资料】
某施工单位承建了一座桥梁工程。主桥为上承式钢管混凝土拱桥,跨度为220m,左右分幅布置。每幅拱桥由两片拱肋组成，每片拱肋采用钢管混凝土桁架，拱肋桁架主管采用4根钢管，内灌C50混凝土。拱桥位于山间河流水库区域，桥梁设计按Ⅲ级航道净空控制。桥位处谷深峡窄，山体陡峻，呈"V"形，岸坡地段基岩浅埋或者裸露，出露或钻孔揭露的基岩为片麻岩、花岗片麻岩。

施工中发生如下事件：

事件1：施工单位在施工前进行了施工调查，根据桥位处水文、工程地质和地质情况，拟采用缆索吊装主拱施工方案，主拱肋缆索吊装示意图如图1-7所示。

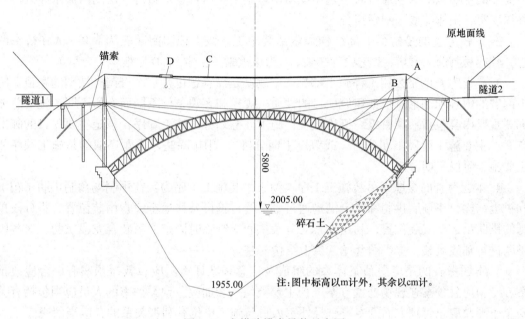

图1-7 主拱肋缆索吊装示意图

事件2：施工单位根据自身资源及技术条件做了施工总体部署。施工总体部署的主要内容为：① 项目的组织机构设置；② 施工任务划分；③（E）；④ 主要项目的施工方案；⑤（F）；⑥ 大型临时设施；⑦ 主要资源配置计划。

主拱肋施工方案中拟采用的缆索吊装主要施工工序为：

拱肋和拱上钢结构加工预制→陆运至桥位附近临时码头→船运分段拱肋至安装位置→（G）→用扣索对分段拱肋临时固定→安装平联单元→吊装其他分段拱肋→各段拱肋轴线调整→（H）→灌注主管内混凝土→安装拱上结构。

事件3：施工单位建立了应急预案体系，编制了应急预案，并进行了评审。

事件4：施工单位对拱肋施工质量进行了控制，钢管拱肋安装实测项目有轴线偏位、拱肋接缝错边、焊缝尺寸、焊缝探伤和高强度螺栓扭矩等。

钢管拱肋安装完成后对拱肋安装进行了分项工程评定。

【问题】

1. 说明事件1施工单位采用缆索吊装方案的理由。
2. 写出图1-7中A、B、C、D对应的设备或结构名称。
3. 写出事件2施工总体部署中E、F对应的内容。

4. 写出事件2拟采用的缆索吊装主要施工工序中G、H的内容。

5. 写出事件3中应急预案体系的组成，应急预案评审人员除桥梁专家外还应包括哪些方面的专家？

6. 补全事件4钢管拱肋安装实测项目中的缺项。根据《公路工程质量检验评定标准》，钢管拱肋安装质量评定合格应满足哪些规定？

【解题方略】

1. 本题考查的是缆索吊装的适用范围。在峡谷或水深流急的河段上，或在通航的河流上需要满足船只的顺利通行时可选用缆索吊装施工。与背景资料的"山间河流水库区域和谷深狭窄，山体陡峻"刚好契合。

2. 本题考查的是桥梁上部结构缆索吊装施工。该类识图问题较为简单，A在桥头两边，较容易判断为索塔，B选项为扣索，C为承重索（主索），D为跑车（天车）。

3. 本题考查的是公路工程施工部署。本题既是简答题也是一个查漏补缺型的题目。施工部署的内容和侧重点根据建设项目的性质、规模和客观条件不同而有所不同。施工总体部署主要内容包括：项目组织机构设置；施工任务划分；施工顺序；拟定主要项目的施工方案；主要施工阶段工期分析（或节点工期分析）。用排除法，本题还缺的是施工顺序和主要施工阶段工期分析。

4. 本题考查的是缆索吊装施工工序。缆索吊装施工工序为：在预制场预制拱肋（箱）和拱上结构，将预制拱肋和拱上结构通过平车等运输设备移运至缆索吊装位置，将分段预制的拱肋吊运至安装位置，利用扣索对分段拱肋进行临时固定，吊装合龙段拱肋，对各段拱肋进行轴线调整，主拱圈合龙，拱上结构安装。

5. 本题考查的是应急预案体系的组成及应急预案评审。应急救援预案有综合应急预案、专项应急预案、现场处置方案三种主要类型。参加应急预案评审的人员应当包括有关安全生产及应急管理方面的专家，且评审人员与施工单位有利害关系的，应当回避。

6. 本题考查的是分项工程的质量评定。关于本小题的第二问的考核要能将其定位在分项工程的质量评定合格应符合的要求处，这样就容易得分了。

【参考答案】

1. 因该桥位于山间河流水库区域，有通航要求，两侧谷深狭窄，山体陡峻，呈"V"型，而缆索吊装施工跨越能力大，水平和垂直运输机动灵活，适用于峡谷或水深流急的河段上，或在通航的河流上需要满足船只的顺利通行的情形，所以施工单位采用了缆索吊装方案。

2. A为缆索吊机塔架，B为扣索，C为承重索，D为跑车。

3. E为施工顺序，F为主要施工阶段工期分析。

4. G为首节段起吊安装就位，H为主拱圈合龙。

5. 应急预案体系组成：（1）综合应急预案；（2）专项应急预案；（3）现场处置方案。
应急预案评审专家：（1）安全生产方面的专家；（2）应急管理方面的专家。

6. 钢管拱肋安装实测项目补充：（1）拱肋高程；（2）对称点相对高差。
质量评定合格应符合下列规定：
（1）基本要求符合相关规范要求；
（2）检验记录应完整，即工程应有真实、准确、齐全、完整的施工原始记录、试验检测数据、质量检验结果等质量保证资料；

（3）实测项目应合格（实测关键项目合格率≥95%，一般项目合格率≥80%）；

（4）外观质量应满足要求。

实务操作和案例分析题八［2018年真题］

【背景资料】

某三级公路，起讫桩号为K0+000～K5+300，双向两车道，路面结构形式为水泥混凝土路面。由于当地旅游经济的发展，此三级公路已发展为重要的旅游支线公路。通车10年后，路面发生局部网状开裂、纵向裂缝等病害。具有相应检测资质的检测单位采用探地雷达、(C)对水泥混凝土板的脱空和结构层的均匀情况、路面承载能力进行检测评估。设计单位根据检测评估结果对该路段进行路面改造方案设计。经专家会讨论，改造路面的结构形式决定采用原水泥混凝土路面破碎后加铺沥青混凝土面层的路面结构形式，如图1-8所示。施工中发生如下事件：

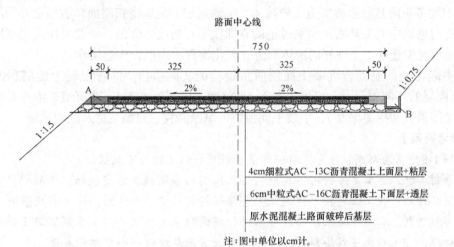

图1-8 三级公路沥青混凝土路面结构图

事件1：改造路段中的K1+000～K1+600为滑坡、落石等不良地质路段，施工单位针对此路段的边坡防护编制了专项施工方案，并组织专家对边坡专项施工方案进行了论证。

事件2：施工单位对破碎后的水泥混凝土路面采用Z型压路机振动压实2～3遍，测标高并进行级配碎石调平，检测平整度。光轮压路机压实3～4遍，压实速度不超过5km/h。

事件3：水泥混凝土路面破碎颗粒粒径满足要求并压实后，施工单位用智能洒布车均匀洒布乳化沥青做透层。洒布施工中发现局部有花白遗漏现象。

事件4：沥青混凝土面层铺装后，施工单位会同监理单位对沥青混凝土路面平整度、弯沉值、渗透系数、抗滑（含摩擦系数和构造深度）、中线平面偏位、纵断高程、路面宽度及路面横坡进行了实测。

【问题】

1. 写出图1-8中A、B以及背景资料中C的名称。
2. 事件1中，施工单位针对不良地质路段编制的专项施工方案应该包括哪些内容？

3. 说明事件2中水泥混凝土路面破碎后进行压实的主要作用。

4. 针对事件3中的花白遗漏处应如何处理？透层油还可选择哪些类型的沥青？

5. 补充事件4中沥青混凝土面层质量检验的实测项目。

【解题方略】

1. 本题考查的是沥青路面施工和路面改建施工。路肩位于车行道外缘至路基边缘。B处的边沟也较容易判断。C选项的名称考核的是加铺沥青面层的路面改建施工方法中的直接加铺法。一般通过人工调查对旧水泥路的病害按段落桩号进行统计，采用探地雷达、弯沉仪对混凝土板的脱空和其结构层的均匀情况、路面承载能力进行检测评价。

2. 本题考查的是不良地质路段专项施工方案的编制内容。专项施工方案应当包括以下内容：工程概况、编制依据、施工计划、施工工艺技术、施工安全保证措施、劳动力计划、计算书及图纸。

3. 本题考查的是破碎后的压实作用。压实的主要作用是将破碎的路面表面的扁平颗粒进一步破碎，同时稳固下层块料，为新铺沥青面层提供一个平整的表面。

4. 本题考查的是路面透层施工的技术。喷洒透层油前应清扫路面，透层油必须洒布均匀，有花白遗漏应人工补洒，喷洒过量的立即撒布石屑或砂吸油，必要时作适当碾压。可以根据基层类型选择渗透性好的液体沥青、乳化沥青、煤沥青作透层油。

5. 本题考查的是沥青混凝土面层质量检验的实测项目。沥青混凝上面层和沥青碎（砾）石面层的实测项目有：厚度（△）、平整度、压实度（△）、弯沉值、渗水系数、抗滑（含摩擦系数和构造深度）、中线平面偏位、纵断高程、路面宽度及路面横坡。

【参考答案】

1. 图1-8中A为路肩；B为边沟；背景资料中C的名称为弯沉仪。

2. 事件1中，施工单位针对不良地质路段编制的专项施工方案包括：工程概况；编制依据；施工计划；施工工艺技术；施工安全保证措施；劳动力计划；计算书及图纸。

3. 事件2中，水泥混凝土路面破碎后进行压实的主要作用：(1) 水泥混凝土路面颗粒进一步破碎；(2) 稳固下层块料；(3) 为新铺沥青面层提供一个平整的表面。

4. 事件3中的路面存在花白遗漏处应人工补洒。

事件3中的该路面透层油还可选择的有：液体沥青和煤沥青。

5. 事件4中，沥青混凝土面层质量检验的实测项目还有：沥青混凝土面层的厚度和压实度。

实务操作和案例分析题九［2018年真题］

【背景资料】

某施工单位承建一山岭隧道工程，该隧道为分离式双向四车道公路隧道，起讫桩号K23+510～K26+235，全长2725m。岩性为砂岩、页岩互层，节理发育，有一条F断层破碎带，地下水较丰富。隧道埋深18～570m，左、右洞间距30m，地质情况相同，围岩级别分布如图1-9所示。

该隧道设计支护结构为复合式衬砌，即：喷锚初期支护＋二次混凝土衬砌，Ⅳ、Ⅴ级围岩设钢支撑和仰拱。本工程合同工期为22个月，施工过程中发生如下事件：

事件1：施工单位决定按进、出口两个工区组织施工，左洞进、出口同时进洞施工，

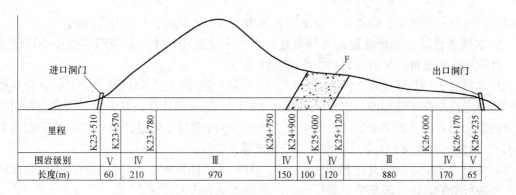

图 1-9 隧道纵断面示意图

采用钻爆法开挖，模板台车衬砌。施工组织设计中，明确了开挖支护月进度指标为：Ⅲ级围岩135m/月，Ⅳ级围岩95m/月，Ⅴ级围岩50m/月；施工准备2个月，左、右洞错开施工，右洞开工滞后左洞1个月，二衬滞后开挖支护1个月，沟槽及路面工期3个月，贯通里程桩号设定在K24+900。在设计无变更情况下，满足合同工期要求，安全优质完成该工程。

事件2：隧道开挖过程中，某些段落施工单位采用环形开挖留核心土法开挖，该方法包括以下工序：①上台阶环形开挖；②核心土开挖；③上部初期支护；④左侧下台阶开挖；⑤右侧下台阶开挖；⑥左侧下部初期支护；⑦右侧下部初期支护；⑧仰拱开挖、支护。部分工序位置如图1-10所示。

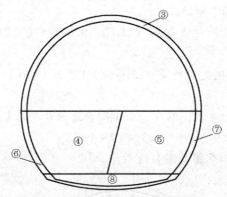

图 1-10 隧道开挖横断面示意图

【问题】

1. 根据背景资料，计算各级围岩总长及所占比例（以百分比表示，四舍五入，小数点后保留一位）。

2. 分别写出适用于该隧道Ⅲ、Ⅳ级围岩的施工方法。

3. 针对事件1，计算隧道施工工期（单位：月，小数点后保留一位）。

4. 针对事件2，复制图1-10至答题卡上，在图中按环形开挖留核心土法补充开挖线，并在图中填写工序①和②的位置；并写出工序①~⑧的正确排序（以"②→③→⑥→……"格式作答）。

【解题方略】

1. 本题考查的是围岩总长及其比例的计算。本题为送分题，根据图示围岩等级分别相加即可得出每一等级围岩的总长，再求出各等级总长所占隧道全长的比例即可。

2. 本题考查的是公路隧道的开挖方法。全断面法适用于Ⅰ～Ⅲ级围岩的中小跨度隧道。台阶法适用于Ⅲ～Ⅴ级围岩的中小跨度隧道。

3. 本题考查的是隧道施工工期的计算。(1) 关于隧道开挖工期的计算，我们首先应想到的是将进口工作区域与出口工作区域开挖支护的工期分别计算，取大值。(2) 需要同时考虑的信息有：施工准备2个月；右洞开工滞后左洞1个月（通过计算可知右洞工期为大值），二衬滞后开挖支护1个月；沟槽及路面工期3个月。

4. 本题考查的是环形开挖预留核心土法。环形开挖预留核心土法是先开挖上台阶成环形，并进行支护，再分部开挖中部核心土、两侧边墙的施工方法。

【参考答案】

1. 各级围岩总长度及所占比例：

（1）Ⅲ级围岩长度＝970＋880＝1850m；

Ⅲ级围岩长度所占比例＝1850/2725≈67.9%。

（2）Ⅳ级围岩长度＝210＋150＋120＋170＝650m；

Ⅳ级围岩长度所占比例＝650/2725≈23.9%。

（3）Ⅴ级围岩长度＝60＋100＋65＝225m；

Ⅴ级围岩长度所占比例＝225/2725≈8.3%。

2. 该隧道围岩的施工方法：

（1）Ⅲ级围岩适宜采用全断面法、台阶法；

（2）Ⅳ级围岩适宜采用台阶法。

3. 隧道进口工作区域开挖支护所需工期：970/135＋(210＋150)/95＋60/50＝12.2个月。

隧道出口工作区域开挖支护所需工期：880/135＋(120＋170)/95＋(100＋65)/50＝12.9个月。

由于进、出口同时进行施工，所以，以工期长者为开挖工期。

隧道施工工期：2＋12.9＋1＋1＋3＝19.9个月。

4. 隧道开挖的横断面示意图如图1-11所示。

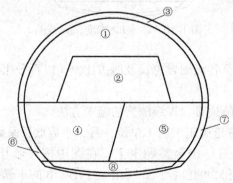

图1-11　隧道开挖的横断面示意图

该隧道采用环形开挖预留核心土法，各工序正确排序为：①→③→②→④→⑥→⑤→⑦→⑧。

实务操作和案例分析题十 [2018年真题]

【背景资料】

某施工单位承建了一条全长1310m横跨一条二级公路与某生态湿地公园景区的钢结构步行桥工程。该桥梁主桥上部结构采用（55＋2×90＋55）m圆筒形镂空钢桁架结构，其外径4.15m，内径3.55m，桥面全宽6.0m。为保护生态湿地环境，节约施工用地，保证施工进度，主桥采用顶推施工方案。引桥为30m跨径的钢箱梁桥，采用分段吊装安装方式。

主桥钢桁梁总长290m，结合现场情况拟将主桥钢桁梁在主桥3-4号墩之间搭设拼装支架逐段拼焊，并在支架上采用步履式智能顶推装置配合竖向千斤顶将钢桁梁顶推至设计位置，最后20m钢桁梁在拼装支架上拼装成整体。

主桥钢桁梁在工厂内制造成构件运至现场，在卧拼胎架上拼焊成圆形小节段，然后用龙门吊运至拼装支架上立拼焊成顶推节段，各顶推钢桁梁节段间主要采用焊接，部分杆件采用焊接与高强度螺栓合用连接。桥面系构件在工厂内制造，运至现场采用焊接与高强度螺栓合用连接成整体。

主桥桥跨与主梁钢桁梁拼装顶推现场布置如图1-12所示。

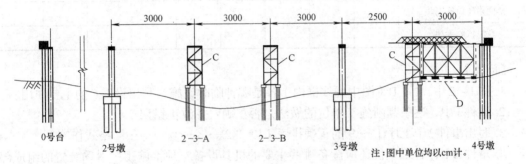

图1-12 主桥桥跨与主梁钢桁梁拼装顶推现场布置图

施工中发生如下事件：

事件1：主桥钢桁梁拼装与顶推架设施工中，施工单位采取了如下做法：

（1）工地焊接前采用钢丝砂轮对焊缝进行除锈，并在除锈后的48h内进行焊接；

（2）高强度螺栓施拧采用扭矩扳手，在作业前后均应进行校正；

（3）当钢桥为焊接与高强度螺栓合用连接时，完成终拧高强度螺栓连接副后应进行焊缝检验；

（4）工地焊接时应设立防风、防雨设施，遮盖全部焊接处；焊接时风力应小于5级，温度应高于5℃，相对湿度应小于85%；

（5）临时墩上必须设置顶推装置；

（6）主梁顶推完成后，永久支座应在落梁后进行安装。

事件2：主桥拼装及顶推架设施工主要作业工序包括：① 钢梁定位与永久支座安装；② 在拼装支架上拼装20m梁段完成全桥拼接；③ 主梁前端安装顶推钢导梁；④ 主桥钢桁梁首节段拼装；⑤ 构件运至现场；⑥ 落梁；⑦ 首节段顶推移梁；⑧ 施工场地准备；⑨ 逐段拼装顶推270m梁段至设计位置。

事件3：主桥拼装及顶推架设施工中，施工单位配备的主要机具设备有：步履式智能顶推装置、竖向顶升千斤顶、移动式起重机、手拉葫芦、钢丝砂轮等。

顶推施工中采用的水平-竖向顶推方式的滑动装置由摩擦垫、滑块（支承块）组成。

事件4：主桥拼装及顶推施工计划总工期为90d，按拼装场地准备（10d）、拼装顶推支架搭设（20d）、钢桁梁拼焊（50d）、钢桁梁顶推（50d）、桥面附属设施安装（50d）、落梁拆除支架（10d）共六个主要工作控制施工，其中拼装场地准备与拼装顶推支架搭设可同时开工，钢桁梁顶推在钢桁梁拼焊10d后方可开始，桥面附属设施安装比钢桁梁顶推推迟10d开工。施工单位拟按表1-9格式绘制主桥拼装及顶推施工横道图。

主桥拼装及顶推施工横道图　　　　　　　　　　　表1-9

项目＼工期（d）	10	20	30	40	50	60	70	80	90
拼装场地准备									
拼装顶推支架搭设									
钢桁梁拼焊									
钢桁梁顶推									
桥面附属设施安装									
落梁拆除支架									

【问题】

1. 图1-12中，C、D（图中虚线框内）各是哪种临时设施？写出设施C的主要作用。

2. 事件1中，逐条判断施工单位的做法是否正确？并改正错误。

3. 写出事件2中工序①～⑨的正确排序（以"②→③→⑥→……"格式作答）。

4. 事件3中，施工单位还应配备哪些主要的机具设备？顶推施工中滑动装置的组成部分还应有哪些？

5. 根据事件4，复制表1-9至答题卡上，并在表中绘制主桥拼装及顶推施工的横道图。

【解题方略】

1. 本题考查的是顶推施工主要临时设施及其机具设备。这是一个实务操作题，结合工作经验即可轻松作答。

2. 本题考查的是钢桥安装与顶推施工的要点。工地焊接前应对接头坡口、焊缝间隙和焊缝板面高低差等进行检查，并应采用钢丝砂轮对焊缝进行除锈，且工地焊接应在除锈后的24h内进行。当钢桥为焊接与高强度螺栓合用连接时，栓接结构应在焊缝检验合格后再终拧高强度螺栓连接副。应牢记，临时墩一般只设滑道而不设顶推装置。

3. 本题考查的是主桥拼装及顶推架设施工主要作业工序。本题中，首先确定⑧→⑤的优先顺序，以及⑨→②的顺序是送分题。永久支座应在落梁前进行安装。①→⑥的排序可以确定。那么⑨→②→①→⑥的顺序也较容易锁定为最后四个工序。

4. 本题考查的是钢桥安装机具设备与梁段顶推施工装置。水平＋竖向千斤顶顶推方式的滑动装置，一般应由摩擦垫、滑块（支承块）、滑板和滑道组成。

5. 本题考查的是施工横道图的绘制。绘制该横道图要充分注意背景资料中给出的各工作的开始时间。

【参考答案】

1. 图1-12中临时设施C为顶推临时墩；图中临时设施D为拼装顶推支架。

图1-12中C即顶推临时墩的主要作用：承担顶推梁段的竖向荷载、减小弯矩、导向作用。

2. 事件1中，施工单位的做法正确与否及改正：

（1）错误。改正：将"并在除锈后的48h内进行焊接"改为"并在除锈后的24h内进行焊接"。

（2）正确。

（3）错误。改正：将"完成终拧高强度螺栓连接副后应进行焊缝检验"改为"应先检验焊缝合格后再终拧高强度螺栓连接副"。

（4）正确。

（5）错误。改正：将"顶推装置"改为"滑道装置"。

（6）错误。改正：将"永久支座应在落梁后进行安装"改为"永久支座应在落梁前进行安装"。

3. 事件2中，工序①~⑨的正确排序为：⑧→⑤→④→③→⑦→⑨→②→①→⑥。

4. 事件3中，施工单位还应配备的主要机具设备：龙门吊、电焊机、扭矩扳手。顶推施工中滑动装置的组成部分还应有滑板、滑道。

5. 根据事件4绘制的主桥拼装及顶推施工的横道图见表1-10。

绘制后的主桥拼装及顶推施工的横道图　　　　　　　　　　　表1-10

项目＼工期(d)	10	20	30	40	50	60	70	80	90
拼装场地准备	■								
拼装顶推支架搭设		■	■						
钢桁梁拼焊				■	■				
钢桁梁顶推						■	■		
桥面附属设施安装								■	
落梁拆除支架									■

实务操作和案例分析题十一　[2018年真题]

【背景资料】

某施工单位承建了一段高速公路路基工程，公路设计车速为100km/h。其中，K18+230~K18+750为路堑，岩性为粉质黏土、粉砂质泥岩，采用台阶式边坡，第一级边坡采用7.5号浆砌片石护面墙，护坡设耳墙一道；其他各级边坡采用C20混凝土拱形护坡，拱形骨架内喷播植草。本路段最大挖深桩号位于K18+520，路基填挖高度为−31.2m，桩号K18+520横断面设计示意图如图1-13所示。

在项目开工前，施工单位根据《交通运输部关于发布高速公路路堑高边坡工程施工安全风险评估指南的通知》，对全线的路堑工程进行了总体风险评估，其中，K18+230~

K18＋750段路堑高边坡总体风险等级为Ⅱ级。

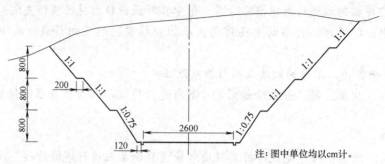

图1-13　K18＋520横断面设计示意图

路堑开挖前，施工单位对原地面进行了复测，并进行了路基横断面边桩放样，边桩放样采用坐标法。设计单位提供的设计文件包括"导线点成果表""直线、曲线及转角表""路基设计表""路基标准横断面图""路基典型横断面设计图""路基横断面设计图""防护工程设计图"等。

路堑开挖过程中，为监测深路堑边坡变形和施工安全，施工单位埋设了观测桩。在挖至路基设计标高后，施工单位开始由下往上进行防护工程施工。在第一级边坡施工中，边坡局部凹陷。

【问题】

1. K18＋230～K18＋750段路堑高边坡工程是否需要进行专项风险评估？如果要进行专项风险评估，应在何时完成？

2. 图1-13中，标注尺寸120cm和2600cm分别是指什么宽度？写出边桩放样所需的3个设计文件。

3. 改正施工单位在防护工程施工中的错误。

4. 浆砌片石护面墙的耳墙设置在什么部位？针对第一级边坡出现的局部凹陷，应如何处置？

5. 复制图1-13至答题卡上并在图上绘出深路堑监测观测桩位置示意图（在相应位置用短竖线"｜"示出）。

【解题方略】

1. 本题考查的是专项风险评估。专项风险评估是在总体风险评估基础上，将风险等级达到Ⅲ级及以上的路堑段作为评估单元，以施工作业活动为评估对象。很明显背景资料中给出的"风险等级为Ⅱ级"。

2. 本题考查的是实际操作经验。（1）本题中，对有实际操作经验的人来说，很明显120cm的碎落台和2600cm为路基宽度是送分题。（2）坐标法是根据路基边桩点与中线的距离计算、横断面方向的方位角，计算求出路基边桩的坐标值（X，Y），即可在导线点上用全站仪直接放样出路基边桩的桩位。

3. 本题考查的是施工单位开挖路堑的安全防护。路堑开挖应采取保证边坡稳定的措施，边坡有防护要求的应开挖一级防护一级，且应自上而下开挖，不得掏底开挖、上下同时开挖、乱挖超挖。我们一定要回答"开挖一级防护一级"。

4. 本题考查的是耳墙的设置和路基防护。关于本题考生一定要注意的是"挖成台阶后，采用与墙身相同的圬工材料填补"。

5. 本题考查的是公路工程施工测量方法。回答本题需要我们结合实际工作经验进行作答。

【参考答案】

1. K18+230～K18+750段路堑高边坡工程不需要进行专项风险评估。如果要进行专项风险评估，应在路堑边坡分项工程开工前完成。

2. 图1-13中标注尺寸120cm代表的是碎落台宽度，图中标注尺寸为2600cm代表的是路基宽度。

边桩放样所需的3个设计文件为"导线点成果表""直线、曲线及转角表""路基横断面设计图"（或回答"路基设计表"亦可）。

3. 路堑开挖防护工程，应在开挖一级后，及时防护一级。上一级防护未完工，不得开挖下一级。

4. 浆砌片石护面墙的耳墙应设置在护面墙中部。针对第一级边坡出现的局部凹陷，应挖成台阶后用与墙身相同的圬工填补（或7.5号浆砌片石填补）。

5. 深路堑监测观测桩位置示意图如图1-14所示。

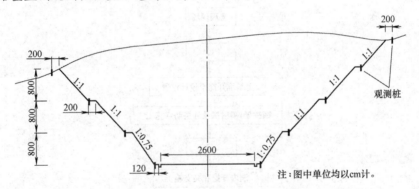

图1-14 深路堑监测观测桩位置示意图

实务操作和案例分析题十二［2017年真题］

【背景资料】

某高速公路隧道右洞，起讫桩号为YK52+626～YK52+875，工程所在地常年多雨，地质情况为：粉质黏土，中-强风化板岩为主，节理裂隙发育，围岩级别为V级。该隧道YK52+626～YK52+740段原设计为暗洞，长114m，其余为明洞，长135m，明洞开挖采用的临时边坡坡率为1∶0.3，开挖深度为12～15m，YK52+740～YK52+845明洞段左侧山坡高且较陡，为顺层边坡，岩层产状为N130°W∠45°。隧道顶地表附近有少量民房。

隧道施工发生如下事件：

事件1：隧道施工开工前，施工单位向监理单位提供了施工安全风险评估报告，在YK52+875～YK52+845段明洞开挖施工过程中，临时边坡发生了滑塌。经有关单位现场研究，决定将后续YK52+845～YK52+740段设计方案调整为盖挖法，YK52+785的盖挖法横断面设计示意图如图1-15所示，盖挖法施工流程图如图1-16所示。

事件2：在采用盖挖法施工前，监理单位要求再次提供隧道施工安全风险评估报告，施工单位已提供过为由，予以拒绝。

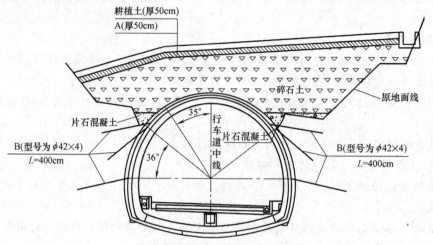

图1-15 盖挖法横断面设计示意图（YK52+785）

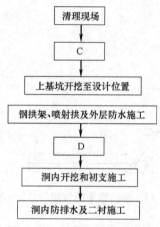

图1-16 盖挖法施工流程图

事件3：施工单位对盖挖法方案相对于明挖法方案的部分施工费用进行了核算和对比，如表1-10所示。其中，挖石方费用增加了55.17万元，砂浆锚杆费用减少了42.53万元，φ42锁脚锚杆费用增加了25.11万元。

【问题】

1. 结合地质信息，判断本项目是否需要编制专项施工方案，是否需专家论证、审查，并分别说明理由。

2. 结合本项目说明盖挖法相较于明挖法的优点。

3. 写出图1-15中填筑层A的材质名称、设施B的名称，以及A和B的作用。

4. 写出图1-16中工序C和工序D的名称。

5. 事件2中，施工单位的做法是否正确？说明理由。

6. 分别指出表1-11④-⑦项备注中的"X"是增加还是减少，计算费用变化合计值（单位：万元，计算结果保留2位小数）。

盖挖法相对于明挖法的费用变化值表　　　　　　表1-11

序号	细目名称	费用（万元）	备注
①	挖石方	55.17	增加
②	砂浆锚杆	42.53	减少
③	锁脚锚杆	25.11	增加
④	16Mn热轧型钢（I20a）	92.86	X
⑤	C20喷射混凝土	42.00	X
⑥	ϕ6.5钢筋网	10.57	X
⑦	C30混凝土拱墙	25.14	X

【解题方略】

1. 本题考查的是公路工程危险性较大的分部分项工程范围。本题中，要求考生对隧道工程的需编制专项施工方案的范围以及需专家论证、审查的范围进行扎实地掌握。即使考生对该部分知识未进行掌握，也应在背景资料中摘抄相关地质条件信息稍作加工进行作答，决不可轻言放弃。

2. 本题考查的是盖挖法与明挖法的优缺点。关于盖挖法优点的知识，教材中并没有详细具体的介绍。这种情况就要求考生应结合实际工作经验进行作答。即使工作经验不够丰富也可以从背景资料中找出答题的切入点。首先看选择盖挖法之前的明挖法产生了哪些问题，即可猜出盖挖法的部分优点。

3. 本题考查的是盖挖横断面设计示意图的相关知识。关于A的名称，应从盖挖横断面设计示意图中得知碎石土之上有种植土，那么涉及种植土就要考虑A的是隔离防水的作用。关于设施B的名称应充分考虑到其型号和长度的因素。考生还应该看到事件3中"ϕ42锁脚锚杆费用增加了25.11万元"，就是要考生发现锁脚锚杆的型号。

4. 本题考查的是盖挖法的施工流程。盖挖法的施工流程图中，C的下一程序为"上基坑开挖至设计位置"，根据工作经验我们可以较容易地推论出，基坑开挖前的工作少了测量放线等环节，综合考虑背景资料中"所在地常年多雨"的信息，上基坑开挖的紧前工作C应为周边截、排水设施施工。关于D的名称，应结合盖挖法的施工流程图与盖挖横断面设计示意图进行分析判断，可得出回填的工序。

5. 本题考查的是风险评估。考生应当知道风险评估为动态评估，这是回答本题的切入点，即本题表述不正确。

6. 本题考查的是明挖法与盖挖法施工费用的对比。本题主要应考虑明挖法与盖挖法的施工工序的对比导致的费用变化。④、⑤、⑥盖挖法中初期支护的内容是增加的。⑦明挖法是完全挖完后，去做两侧拱墙，拱墙厚度要厚。而盖挖法增加了初期支护，在做二次衬砌时，厚度要变薄。

【参考答案】

1. 需要编制专项施工方案，理由：该地质是以粉质黏土、中-强风化板为主，节理裂隙发育，围岩级别为Ⅴ级属于不良地质隧道。需要进行专家论证、审查，理由：该隧道围岩级别为Ⅴ级，其连续长度占总隧道长度10%以上且连续长度超过100m（该隧道长度为249m）。

2. 盖挖法相较于明挖法的优点体现在：
（1）盖挖法对边坡生态、稳定性影响较小（规避滑坡危险）。
（2）盖挖法受地面条件限制小。
（3）施工受气候影响小。
（4）可以缩短工期。
（5）开挖工程量小。

3. 填筑层A为黏土，作用：隔水。
设施B为锁脚锚杆，作用：控制护拱变形，加固围岩。

4. 工序C为周边截、排水设施施工，工序D为护拱顶部回填（碎石土）施工。

5. 施工单位做法错误，因为将明挖改成盖挖，属于工程设计方案和施工方案发生重大变化，根据《公路工程施工安全技术规程》JTG F90—2015，应重新进行评估。

6. 费用变化项：④—增加；⑤—增加；⑥—增加；⑦—减少。
费用变化合计值＝55.17－42.53＋25.11＋92.86＋42.00＋10.57－25.14＝158.04万元。

实务操作和案例分析题十三［2017年真题］

【背景资料】

某特大桥主桥为连续刚构桥，桥跨布置为（75＋6×20＋75）m，桥址区地层从上往下依次为洪积土、第四系河流相的黏土、亚黏土及亚砂土、砂卵石土、软岩。主桥均采用钻孔灌注桩基础，每墩位8根桩，对称布置。其中1号、9号墩桩径均为$\phi1.5$m，其余各墩桩径为$\phi1.8$m，所有桩长均为72m。

施工中发生如下事件：

事件1：该桥位处主河槽宽度为270m，4号～6号桥墩位于主河槽内，主桥下部结构施工在枯水季节完成，最大水深4.5m。考虑到季节水位与工期安排，主墩搭设栈桥和钻孔平台施工，栈桥为贝雷桥，分别位于河东岸和河西岸，自岸边无水区分别架设至主河槽各墩施工平台，栈桥设计宽度6m，跨径均为12m，钢管桩基础，纵梁采用贝雷桁架，横梁采用工字钢，桥面采用8mm厚钢板，栈桥设计承载能力为60t，施工单位配备有运输汽车、装载机、切割机等设备用于栈桥施工。

事件2：主桥共计16根$\phi1.5$m与56根$\phi1.8$m钻孔灌注桩，均采用同一型号回旋钻机24h不间断施工，钻机钻进速度均为1.0m/h。钢护筒测量定位与打设下沉到位另由专门施工小组负责，钻孔完成后，每根桩的清孔、下放钢筋笼、安放灌注混凝土导管、水下混凝土灌注、钻机移位及钻孔准备共需2d时间（48h），为满足施工要求，施工单位调集6台回旋钻机，为保证工期和钻孔施工安全，考虑两种钻孔方案，方案一：每个墩位安排2台钻机同时施工；方案二：每个墩位只安排1台钻机施工。

事件3：钻孔施工的钻孔及泥浆循环系统示意图如图1-17所示，其中D为钻头、E为钻杆、F为钻机回转装置、G为输送管，泥浆循环如图中箭头所示方向。

事件4：3号墩的1号桩基钻孔及清孔完成后，用测深锤测得孔底至钢护筒顶面距离为74m。水下混凝土灌注采用直径为280mm的钢导管，安放导管时，使导管底口距离孔底30cm，此时导管总长为76m，由1.5m、2m、3m三种型号的节段连接而成。根据《公路桥涵施工技术规范》要求，必须保证首批混凝土导管埋置深度为1.0m，如图1-18所示，其

中 H_1 为桩孔底至导管底端距离，H_2 为首批混凝土导管埋置深度，H_3 为孔内水头（泥浆）顶面至孔内混凝土顶面距离，h_1 为导管内混凝土高出孔内泥浆面的高度，且孔内泥浆顶面与护筒顶面标高持平。混凝土密度为 2.4g/cm³，泥浆密度为 1.2g/cm³。

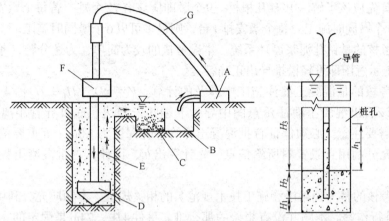

图 1-17 钻孔泥浆循环系统示意图　　图 1-18 混凝土灌注示意图

事件 5：3 号墩的 1 号桩持续灌注 3h 后，用测深锤测得混凝土顶面至钢护筒顶面距离为 47.4m，此时已拆除 3m 导管 4 节、2m 导管 5 节。

事件 6：某桩基施工过程中，施工单位采取了如下做法：

（1）钻孔过程中，采用空心钢制钻杆。

（2）水下混凝土灌注前，对导管进行压气试压试验。

（3）泵送混凝土中掺入泵送剂或减水剂，缓凝剂。

（4）灌注混凝土过程中注意测量混凝土顶面高程，灌注至桩顶设计标高时即停止施工。

（5）用于桩身混凝土强度评定的混凝土试件置于桩位处现场，与工程桩同条件养护。

【问题】

1. 事件 1 中，补充栈桥施工必须配置的主要施工机械设备。结合地质水文情况，本栈桥施工适合采用哪两种架设方法？

2. 针对事件 2，不考虑各桩基施工工序搭接，分别计算两种方案主桥桩基础施工的总工期，应该选择哪一种方案施工？

3. 写出图 1-17 中设备或设施 A、B、C 的名称与该回旋钻机的类型。

4. 事件 4 中，计算 h_1 与（单位：m）与首批混凝土数量（单位：m³）（计算结果保留 2 位小数，π 取 3.14）。

5. 计算并说明事件 5 中导管埋置深度是否符合《公路桥涵施工技术规范》规定？

6. 事件 6 中，逐条判断施工单位的做法是否正确？并改正错误。

【解题方略】

1. 本题考核的是栈桥施工的架设方法。首先要从背景资料中摘取相关信息，事件 1 中提到了"主墩搭设栈桥和钻孔平台施工，且栈桥为贝雷桥""自岸边无水区分别架设至主河槽各墩施工平台"，即从岸边逐渐架设至主河槽的，是慢慢推进的。"钢管桩基础，纵梁采用贝雷桁架、横梁采用工字钢"，重要的是考虑到钢管桩基础。"施工单位配备有运输汽车、装载机、切割机等设备用于栈桥施工"。关联到装载机、切割机应该可以推导出电焊的工作需要焊接机。

2. 本题考核的是施工工期的计算。本题应考虑到一根桩24h不间断施工，72÷1=72h（3d）。我们首先应该了解一共有几根桩。9个墩即应该有72个桩。若每个墩安排2台，则最多可以有3个墩同时施工。每个墩安排1台，则最多可以6个墩同时施工。

3. 本题考核的是钻孔泥浆循环系统。本题考核的较为简单，为送分题，考生结合钻孔泥浆循环系统示意图即可轻松推导出正确答案。

4. 本题考核的是混凝土灌注施工中涉及的计算。$V=\pi D^2(H_1+H_2)/4+\pi d^2 h_1/4$。首先考生应该看出混凝土灌注示意图中导管下端并未到达孔底且导管距离孔底距离为30cm。考生需要注意"必须保证首批混凝土导管埋置深度为1.0m"等重要信息。解答本题需要考生充分利用背景资料所给信息。先计算出h_1，再计算首批混凝土数量就会简单许多。

5. 本题考核的是《公路桥涵施工技术规范》的相关规定。本题应充分利用事件4和事件5的资料进行作答。本题并没有想象的那么难。事件4中，74m是固定的，导管底口距离孔底30cm=0.3m。事件5中，"已拆除3m导管4节、2m导管5节"的长度较为容易得出。

6. 本题考核的是桩基施工要点。泥浆通过钻杆的中心往下走必然为空心钻杆，方法（1）表述正确。水下混凝土一般用钢导管灌注，导管内径为200~350mm，视桩径大小而定。导管使用前应进行水密承压和接头抗拉试验，严禁用压气试压。灌注的桩顶标高应比设计高出一定高度，一般为0.5m，以保证混凝土强度，多余部分接桩前必须凿除，桩头应无松散层。方法（4）中，"灌注至桩顶设计标高时即停止施工"的表述明显有误。

【参考答案】

1. 栈桥施工必须配置的主要机械设备有：履带吊机（或吊车）、振动锤、焊接机，本栈桥施工适合采用履带吊机架设法、悬臂推出法。

2. 每根桩施工时间为：$72\times1/24+2=5d$。

按方案一：2台钻机同时工作每墩位8根桩，需要$5\times8/2=20d$。

6台钻机分3组同时工作完成9个墩位72根桩，共需$20\times3=60d$。

按方案二：第一循环6台钻机施工6个墩位48根桩，需要40d。

第二循环只需3台钻机施工3个墩位24根桩，需要40d。

共计施工时间为：$40+40=80d$。

因方案一施工工期较短，所以应选择方案一。

3. A为泥浆泵、B为泥浆池、C为沉淀池（或沉渣池），该钻机为正循环回旋钻机。

4. $H_3=74-1-0.3=72.7m$。

$h_1=(72.7\times1.2)/2.4=36.35m$。

首批混凝土数量$V=(3.14\times1.8^2\times1.3)/4+(3.14\times0.28^2\times36.35)/4=5.54m^3$。

5. 事件5中，导管埋置深度$=74-47.4-22-0.3=4.3m$，导管埋设深度符合规范的"导管埋置深度宜控制在2~6m"的规定。

6. 事件6中施工单位做法是否正确的判断及改正：

（1）正确。

（2）错误，改正为"必须对导管进行水密承压和接头抗拉试验，严禁用压气试压"。

(3)正确。

(4)错误,改正为"灌注的桩顶标高应比设计标高高出一定高度,一般为0.5m,以保证混凝土强度"。

(5)错误,改正为"桩身混凝土强度评定的混凝土试件应置于试验室标准养护条件下养护28d"。

实务操作和案例分析题十四〔2016年真题〕

【背景资料】

某施工单位在北方平原地区承建了一段长152km的双向四车道高速公路的路面工程,路面结构设计示意图如图1-19所示。

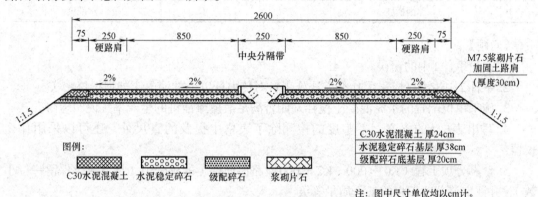

图1-19 路面结构设计示意图

为保证工期,施工单位采用2台滑模摊铺机分左右幅同时组织面层施工,对行车道与硬路肩进行整体滑模摊铺。施工中发生如下事件:

事件1:滑模摊铺前,施工单位在基层上进行了模板安装,并架设了单线基准线,基准线材质为钢绞线。

事件2:滑模摊铺机起步时,先开启振捣棒,在2~3min内调整到适宜振捣频率,使进入挤压板前缘拌合物振捣密实,无大气泡冒出,方可开动滑模机平稳推进摊铺。因滑模摊铺机未配备自动插入装置(DBI),传力杆无法自动插入。

事件3:施工单位配置的每台摊铺机的摊铺速度为100m/h,时间利用系数为0.75,施工单位还配置了专门的水泥混凝土搅拌站,搅拌站生产能力为450m³/h(滑模摊铺机生产率公式为:$Q = hBV_pK_B$(m^3/h),公式中h为摊铺厚度,B为摊铺宽度)。

事件4:施工单位按每2km路面面层划分为一个分项工程,并按《公路工程质量检验评定标准》进行检验和评定。分项工程的质量检验内容包括基本要求、实测项目、外观鉴定和质量保证资料四个部分。K0+000~K2+000段路面面层满足基本要求,且资料检查齐全,但外观鉴定时发现1处外观缺陷,需扣1分。该分项工程的实测项目得分见表1-12。

K0+000~K2+000段路面面层实测项目得分表　　表1-12

序号	实测项目	得分值	权值	检测工具或方法
1	弯拉强度△	97	3	钻芯劈裂法
2	平整度	99	2	3m直尺测得k(mm)

续表

序号	实测项目	得分值	权值	检测工具或方法
3	板厚度△	98	3	钻芯取样法
4	抗滑构造深度	95	2	铺砂法
5	相邻板间的高差	96	2	抽量
6	纵横缝顺直度	92	1	拉线
7	路面中线平面偏位	94	1	经纬仪
8	路面宽度	96	1	抽量
9	纵断高程	95	1	水准仪
10	路面横坡	95	1	水准仪

【问题】

1. 改正事件1中的错误。

2. 事件2中传力杆应采用什么方法施工？对传力杆以下的混凝土如何振捣密实？

3. 施工单位配置的水泥混凝土搅拌站能否满足滑模摊铺机的生产率？说明理由。

4. 写出表中 k 的含义。平整度的检测除了表格中提及的直尺外，还可以采用什么仪器？

5. 计算分项工程（K0+000～K2+000段路面面层）的评分值（计算结果保留一位小数），并评定该分项工程的工程质量等级。

【解题方略】

1. 本题考查的是滑模摊铺施工的施工技术及要求。本题中"进行模板安装"较为多余。"单线基准线"错误较为明显。

2. 本题考查的是水泥混凝土路面施工技术。前置法施工，应预先加工、安装和固定胀缝钢筋支架，并在使用手持振捣棒振实胀缝板两侧的混凝土后再摊铺。

3. 本题考查的是滑模摊铺机生产率的计算。考生应充分把握背景资料中提供的"滑模摊铺机生产率公式为：$Q = hBV_pK_B$（m³/h），公式中 h 为摊铺厚度，B 为摊铺宽度"线索。考生应明确 V_p 为摊铺速度，K_B 为时间利用系数。

4. 本题考查的是直尺与路面的最大间隙及平整度的测量。本题考核的较为简单，考生应避免丢分。

5. 本题考查的是分项工程质量评分。分项工程得分 = $\dfrac{\sum（检查项目得分 \times 权值）}{\sum 检查项目权值}$。

分项工程评分值 = 分项工程得分 − 外观缺陷减分 − 资料不全减分。分项工程评分值不小于75分者为合格；小于75分者为不合格。

【参考答案】

1. "在基层上进行了模板安装"改为"滑模摊铺机不需要安装模板"。

滑模摊铺高速公路时，应采用单向坡双线基准线，故，"单线基准线"应改为"单向坡双线基准线"。

2. 采用前置支架法施工。传力杆以下的混凝土宜在摊铺前采用手持振捣棒振实。

3. 水泥混凝土搅拌站能满足滑模摊铺机的生产率；

因为：每台摊铺机生产效率$Q=1000\times0.24\times(2.5+8.5)\times100/1000\times0.75=198m^3/h$。
则两台摊铺机生产效率为：$198\times2=396m^3/h$。
$396m^3/h<450m^3/h$（搅拌站生产能力），所以能满足滑模摊铺机的生产率。
4. k是指3m直尺与路面的最大间隙。
本题中，平整度还可以采用的检测仪器为：平整度仪。
5. 分项工程得分＝∑（实测项目得分×权值）/∑实测项目权值＝1637/17＝96.3分。
分项工程评分＝分项工程得分－外观缺陷扣分－资料不齐扣分＝96.3－1－0＝95.3分。
该分项工程的评分95.3分≥75分，该分项工程的工程质量等级为：合格。

实务操作和案例分析题十五［2016年真题］

【背景资料】

某施工单位承建了一段路基工程，其中K18＋220～K18＋430设置了一段挡土墙，路基填方高度最高为11m。挡土墙横断面示意图如图1-20所示。

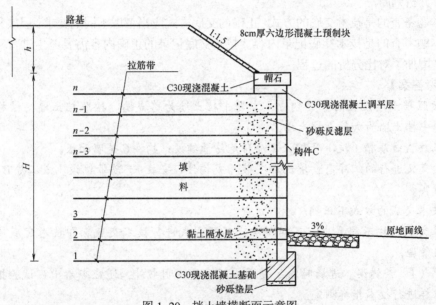

图1-20 挡土墙横断面示意图

挡土墙施工流程为：施工准备（含构件C预制）→测量放线→工序A→地基处理→排水沟施工→基础浇筑→构件C安装→工序B→填料填筑与压实→墙顶封闭。

路基工程施工前项目部进行了技术交底，技术交底工作由项目经理组织，项目总工程师主持实施，向项目部、分包单位的全体施工技术人员和班组进行交底，交底人员和参会人员双方签字确认。技术交底记录部分内容如下：

（1）筋带采用聚丙烯土工带，进场时检查出厂质量证明书后即可用于施工。

（2）聚丙烯土工带的下料长度取设计长度。聚丙烯土工带与面板的连接，可将土工带的一端从面板预埋拉环或预留孔中穿过，折回与另一端对齐，并采用筋带扣在前端将筋带扎成一束。

（3）填土分层厚度及碾压遍数，应根据拉筋间距、碾压机具和密实度要求，通过试验确定。为保证压实效果，所有填筑区域均使用重型压实机械压实，严禁使用羊足碾碾压。

（4）填料摊铺、碾压应从拉筋尾部开始，平行于墙面碾压，然后向拉筋中部逐步进行，再向墙面方向进行。严禁平行于拉筋方向碾压，碾压机具不得在挡土墙范围内调头。

【问题】

1. 按照挡土墙设置的位置和结构形式划分，分别写出该挡土墙的名称。
2. 写出挡土墙施工流程中工序A、工序B与图中构件C的名称。写出挡土墙施工流程中必须交叉进行的工序。
3. 项目部组织技术交底的方式是否正确？说明理由。
4. 逐条判断技术交底记录内容是否正确？并改正错误。

【解题方略】

1. 本题考查的是挡土墙的种类及其划分。本题考核的方式较为简单，考生应能够对挡土墙的划分进行明确区分。
2. 本题考查的是挡土墙的施工流程。本题要求考生对挡土墙的施工流程中的前后工序关系进行分析判断。
3. 本题考查的是技术交底的方式。正确的交底方式应当考虑不同的要求、层次和方式。
4. 本题考查的是技术交底记录内容。技术交底记录的正确内容需要考生进行实记，本题中只是增加了对比分析的过程。

【参考答案】

1. 按照挡土墙设置的位置划分，本题中挡土墙为路堤墙。按照挡土墙的结构型式划分，本题中挡土墙为加筋土挡土墙。
2. 工序A是基槽（坑）开挖；工序B是筋带铺设；构件C是墙面板。

必须交叉进行的工序有：墙面板安装（或构件C安装）、筋带铺设（或工序B）、填料填筑与压实。

3. 技术交底的方式不正确。

技术交底未按不同要求、不同层次、不同方式进行技术交底。即技术交底应分级进行，分级管理。

4. 第（1）条错误。进场时除了查看出厂质量证明书外，还应查看出厂试验报告，并且还应取样进行技术指标测定。

第（2）条错误。聚丙烯土工带的下料长度一般为2倍设计长度加上穿孔所需长度（30～50cm）。

第（3）条错误。在采用靠近墙面板1m范围内，应使用小型机具夯实或人工夯实，不得使用重型压实机械压实。

条（4）条错误。填料摊铺、碾压应从拉筋中部开始平行于墙面碾压，先向拉筋尾部逐步进行，然后再向墙面方向进行。

实务操作和案例分析题十六［2015年真题］

【背景资料】

某施工单位承建了某高速公路路面工程，其主线一般路段及收费广场路面结构设计方案见表1-13。

路面结构设计方案表　　　　　　　　　　　　　　　　　表1-13

路面类型	钢筋混凝土路面	沥青混凝土路面
适用范围	收费广场	主线一般路段
面层设计指标	5.0（A）	20.9（B）
结构图式	钢筋混凝土／水泥稳定碎石／低剂量水泥稳定碎石／级配碎石	SMA-13／AC-20C／AC-25C／ATB-30／水泥稳定碎石／低剂量水泥稳定碎石／级配碎石

备注：① 沥青路面的上、中面层均采用改性沥青；② 沥青路面面层之间应洒布乳化沥青作为C，在水泥稳定碎石基层上应喷洒液体石油沥青作为D，之后应设置封层。

本项目底基层厚度为20cm，工程数量为50万 m^2。施工单位在底基层施工前完成了底基层水泥稳定碎石的配合比等标准试验工作，并将试验报告及试验材料提交监理工程师中心试验室审批。监理工程师中心试验室对该试验报告的计算过程复核无误后，批复同意施工单位按标准实验的参数进行底基层的施工。

本项目最终经监理工程师批复并实施的底基层水泥稳定碎石施工配合比为：水：水泥：碎石（10～30mm）：碎石（5～10mm）：石屑（0～5mm）＝5.8：3.8：48：10：42，最大干密度为2.4g/cm^3，底基层材料的施工损耗率为1%。

【问题】
1. 按组成结构分，本项目上面层、中面层分别属于哪一类沥青路面结构？
2. 写出路面结构设计方案表中括号内A、B对应的面层设计指标的单位。
3. 写出路面结构设计方案表中括号内②所指功能层C、D的名称，并说明设置封层的作用。
4. 监理工程师中心试验室对底基层水泥稳定碎石配合比审批的做法是否正确？说明理由。
5. 计算本项目底基层水泥稳定碎石的水泥需用量为多少吨（计算结果保留一位小数）？

【解题方略】
1. 本题考查的是沥青路面结构的种类。本题要求考生从沥青路面结构组成下手。
2. 本题考查的是水泥路面抗弯拉强度与沥青混凝土路面弯沉值的理解。单位较容易进行判断。
3. 本题考查的是封层的作用。本题为需要考生实记的内容，作答较为容易。
4. 本题考查的是材料、构（配）件试验管理的标准试验。回答本题要注意与原材料的验证试验要求进行区分。避免混淆。
5. 本题考查的是底基层水泥稳定碎石的水泥需用量的计算。本题中的要点是确定底基层水泥稳定碎石施工中水泥的配合比为3.8，然后代入即可。注意：干密度＝干重与样品体积的比值。因此在计算过程中不考虑水的配合比。

【参考答案】

1. 按组成结构分，本项目上面层SAM-13沥青路面属于密实—骨架结构；中面层AC-20C沥青路面属于密实—悬浮结构。

2. 路面结构设计方案表中括号内A为水泥路面抗弯拉强度，单位为MPa；B为沥青混凝土路面弯沉值，单位为0.01（1/100）mm。

3. 路面结构设计方案表中备注②所指功能层C为粘层，D为透层。

设置封层的作用包括：① 封闭某一层起着保水防水作用；② 起基层与沥青表面层之间的过渡和有效联结作用；③ 路的某一层表面破坏离析松散处的加固补强；④ 基层在沥青面层铺筑前，要临时开放交通，防止基层因天气或车辆作用出现水毁。

4. 监理工程师中心试验室对底基层水泥稳定碎石配合比审批的做法不正确。

理由：监理工程师中心试验室应在承包人进行标准试验的同时或以后，平行进行复核（对比）试验，以肯定、否定或调整承包人标准试验的参数或指标。

5. 根据底基层水泥稳定碎石施工中水泥的配合比为3.8，则本项目底基层水泥稳定碎石的水泥需用量 = $0.2 \times 500000 \times (1 + 1\%) \times 2.4 \times 3.8 \div (3.8 + 48 + 10 + 42)$ ≈ 8874.0t。

实务操作和案例分析题十七［2015年真题］

【背景资料】

某高速公路隧道为双向四车道分离式隧道，隧道右线长1618m，左线长1616m。设计净空宽度10.8m，净空高度6.6m，设计车速80km/h。该隧道围岩主要为Ⅳ级。采用复合式衬砌。衬砌断面设计如图1-21所示。

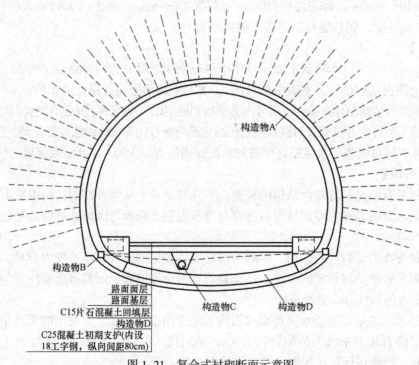

图1-21 复合式衬砌断面示意图

隧道穿越岩溶区，地表水、地下水丰富。开挖过程中发现不同程度的渗水和涌水。为保证隧道施工安全，施工单位对隧道渗水和涌水采用超前小导管预注浆进行止水处理，注浆工艺流程如图1-22所示。

隧道采用台阶法开挖。施工单位做法如下：

（1）上台阶开挖，掌子面距初期支护距离为3m；

（2）下台阶开挖，掌子面距初期支护距离为4m；

（3）仰拱每循环开挖长度为3m；

（4）仰拱与掌子面的距离为120m；

（5）下台阶在上台阶喷射混凝土强度达到设计强度的70%后开挖。

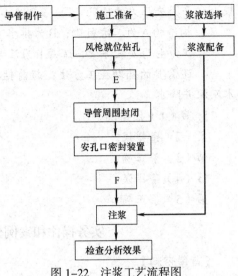

图1-22 注浆工艺流程图

【问题】

1. 按隧道断面形状，该隧道的洞身属于哪一类型？该类型适用条件是什么？
2. 写出图1-21中构造物A、B、C、D的名称。
3. 写出图1-22中工序E、F的名称。
4. 除背景资料中所采用的隧道涌水处理方法外，还可能需要选择哪些辅助施工方法？
5. 逐条判断施工单位台阶法开挖做法是否正确？

【解题方略】

1. 本题考查的是隧道的洞身类型及其适用条件。对于隧道断面而言，它包括两边的边墙，顶上的拱圈。边墙是直的叫直墙式衬砌，边墙是曲线型的叫曲墙式衬砌。所以本题看图可知，边墙是曲线型，所以是曲墙式。曲墙式衬砌适用于地质较差，有较大水平围岩压力的情况。

2. 本题考查的是复合式衬砌断面示意图。本题要求考生对复合式衬砌施工技术及要求有较全面的掌握。亦可结合工作经验对构造物进行识别。

3. 本题考查的是超前小导管的预注浆施工流程。这部分属于比较容易的内容，超前小导管的预注浆的施工流程即：施工准备→风枪就位钻孔→安设小导管→导管周围封闭→安孔口密封→注浆。

4. 本题考查的是隧道涌水处理方法。这部分涉及特殊地段施工的内容。首先考生要了解考查的已知问题，本题已知的是采用超前小导管预注浆的方法进行止水处理，而处理涌水可用的辅助施工办法有：超前钻孔或辅助坑道排水；超前小导管预注浆；超前围岩预注浆堵水；井点降水及深井降水等。这里选择既经济合理，又能确保围岩稳定，并保护环境的治水方案。

5. 本题考查的是台阶法开挖。本题需要考生从台阶法的安全施工要求着手，与背景资料所给的信息进行逐一对比分析。

【参考答案】

1. 按隧道断面形状，该隧道的洞身属于曲墙式。该类型洞身适用于地质条件较差，有较大水平围岩压力的情况。

2. 构造物A为二次衬砌；B为排水盲沟；C为中心排水管沟；D为仰拱。

3. 工序E为安装导管；工序F为注浆管路安装。

4. 还需要的辅助施工方法：超前钻孔或辅助坑道排水；超前围岩预注浆堵水；井点降水及深井降水。

5. 第（1）条错误。

第（2）条错误。

第（3）条正确。

第（4）条错误。

第（5）条正确。

实务操作和案例分析题十八［2015年真题］

【背景资料】

某施工单位承包了跨湖区某大桥的滩地引桥施工。该引桥全长2450m，共44孔，每孔跨径55m，上部结构为预应力混凝土连续箱梁。桥跨布置为四跨一联，采用MSS55下行式移动模架施工，每联首跨施工长度为55m＋8m，第2、3跨施工长度为55m，末跨施工长度为47m。

事件1：移动模架两主梁通过牛腿支承托架支承在桥墩墩柱或承台上，模板系统由两主梁支承（如图1-23和图1-24所示）。首跨施工主要工序为：（1）移动模架安装就位、调试及预压；（2）工序D；（3）底模及支座安装；（4）预拱度设置与模板调整；（5）绑扎底板及腹板钢筋；（6）预应力系统安装；（7）内模就位；（8）顶板钢筋绑扎；（9）工序E；（10）混凝土养护、内模脱模；（11）施加预应力；（12）工序F；（13）落模拆底模；（14）模架纵移。

首跨施工完成后，开始移动模架，移动程序包括：①主梁（横梁）横向内移；②主梁（横梁）横向外移；③主梁（导梁）纵移过孔；④主梁（横梁）及模板系统就位；⑤解拆模板、降下主梁。

事件2：模板安装完毕后，施工单位在浇筑混凝土前，对其平面位置及尺寸、节点联系及纵横向稳定性进行了检查。

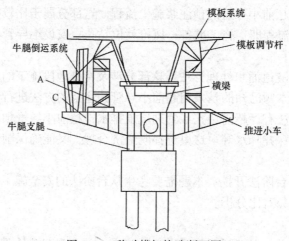

图1-23 移动模架构造断面图

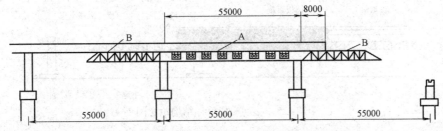

图1-24 移动模架构造侧示图（图中单位：mm）

事件3：箱梁混凝土设计抗压强度为50MPa。施工过程中按规范与试验规程要求对混凝土取样制作边长为150mm的立方体标准试件进行强度评定，试件以同龄期者三块为一组，并以同等条件制作和养护，经试验测定。第一组三块试件强度分别为50.5MPa、51.5MPa、61.2MPa，第二组三块试件强度分别为50.5MPa、54.7MPa、57.1MPa，第三组三块试件强度分别为50.1MPa、59.3MPa、68.7MPa。

事件4：上部结构箱梁移动模架法施工中，施工单位采用如下做法：

（1）移动模架作业平台临边护栏用钢管制作，并能承受1000N的可变荷载，上横杆高度为1.2m；

（2）模架在移动过孔时的抗倾覆系数不得小于1.5；

（3）箱梁混凝土抗压强度评定试件采取现场同条件养护；

（4）控制箱梁预应力张拉的混凝土试件采取标准养护。

事件5：根据交通运输部《公路桥梁和隧道工程施工安全风险评估指南（试行）》要求，施工单位对该桥梁施工进行了总体风险评估，总体风险评估为Ⅲ级，施工过程中对大桥施工安全风险评估实行动态管理。

【问题】

1. 写出图1-23、图1-24中构件A、B、C的名称。

2. 事件1中，写出箱梁施工的主要工序D、E、F的名称，写出首跨施工完成后模架移动的正确顺序（用编号表示）。

3. 事件2中，对安装完毕的模板还应进行哪些检查？

4. 分别计算或测定事件3中三组试件的混凝土强度测定值。

5. 逐条判断事件4中施工单位做法是否正确？并改正错误的做法。

6. 事件5中，是否需要对移动模架法施工进行专项风险评估？为进行安全风险评估动态管理，当哪些因素发生重大变化时，需要重新进行风险评估？

【解题方略】

1. 本题考查的是移动模架的构造，考生对这部分熟悉之后不是特别难，移动模架的构造示意图如图1-25和图1-26所示。

2. 本题考查的是用移动支架逐孔现浇施工（移动模架法）的工序。用移动支架逐孔现浇施工（移动模架法）主要工序有：侧模安装就位、安装底模、支座安装、预拱度设置与模板调整、绑扎底板及腹板钢筋、预应力系统安装、内模就位、顶板钢筋绑扎、箱梁混凝土浇筑、内模脱模、施加预应力和管道压浆及落模拆底模及滑模纵移。

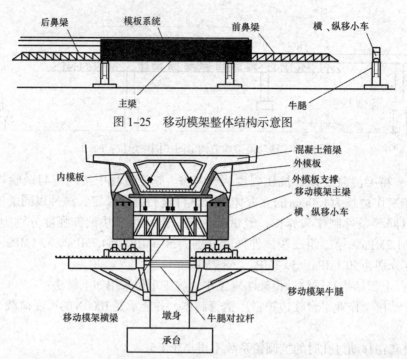

图 1-25 移动模架整体结构示意图

图 1-26 移动模架断面结构示意图

3. 本题考查的是模板安装注意要点。本题为典型的查漏补缺型题目。模板安装完毕后，应对其平面位置、顶部标高、节点联系及纵横向稳定性进行检查，签认后方可浇筑混凝土。

4. 本题考查的是混凝土施工的一般规定。在进行混凝土强度试配和质量评定时，混凝土的抗压强度应以边长为150mm的立方体尺寸标准试件测定。试件以同龄期者三块为一组，并以同等条件制作和养护，每组试件的抗压强度应以三个试件测值的算术平均值为测定值，如有一个测值与中间值的差值超过中间值的15%时，则取中间值为测定值；如有两个测值与中间值的差值均超过15%时，则该组试件无效。

5. 本题考查的是上部结构箱梁移动模架法施工要点。考生应着重注意，当梁体混凝土强度达到设计规定的张拉强度（试压与梁体同条件养护的试件）时，方可进行张拉。

6. 本题考查的是公路桥梁和隧道工程安全风险评估相关要求。公路桥梁和隧道工程施工安全风险评估应遵循动态管理的原则，当工程设计方案、施工方案、工程地质、水文地质、施工队伍等发生重大变化时，应重新进行风险评估。

【参考答案】
1. 构件A为主梁（或主桁梁）、构件B为导梁（或鼻梁）、构件C为牛腿支撑托架梁。
2. 工序D为侧模板安装就位、E为箱梁混凝土浇筑、F为预应力管道压浆及封锚。
施工工艺流程：⑤—②—③—①—④。
3. 安装完毕的模板还应进行顶部标高、预拱度的检查。
4. 混凝土强度测定值：
（1）第一组：50.5MPa，51.5MPa，61.2MPa，一个测值与中间值的差值超中间值15%，测定值取中间值51.5MPa。

(2)第二组：50.5MPa，54.7MPa，57.1MPa，以三个试件测值的算术平均值为测定值，取平均值54.1MPa。

(3)第三组：50.1MPa，59.3MPa，68.7MPa，有两个测值与中间值的差值均超过15%，该组试件无效，不能用于强度测定。

5. 事件4中施工单位做法正确与否的判断及改正。

(1)正确。

(2)正确。

(3)错误。改正：箱梁混凝土抗压强度评定采用试验室标准养护。

(4)错误。改正：控制箱梁的预应力张拉的混凝土试件养护采用现场同条件养护。

6. 需要对移动模架法施工进行专项风险评估。

当工程设计方案、施工方案、工程地质、水文地质、施工队伍等发生重大变化时，应重新进行风险评估。

实务操作和案例分析题十九［2014年真题］

【背景资料】

某双向四车道一级公路运营10年后，水泥混凝土面板破损严重，拟进行改建。设计方案为：对旧水泥混凝土路面采用碎石化法处理，然后加铺沥青混凝土面层，同时在公路右侧土质不稳定的挖方路段增设重力式挡土墙面及碎落台如图1-27所示。某施工单位通过投标承接了该工程。

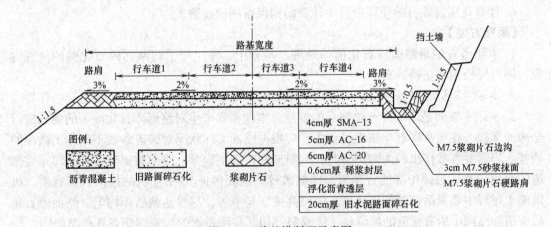

图1-27 路基横断面示意图

事件1：旧水泥混凝土面板破碎前，施工单位对全线的排水系统进行设置和修复，并将公路两侧的路肩挖除至与旧路面基层顶面同一高度，对全线存在的严重病害软弱路段进行处治。

事件2：路面碎石化施工的部分要点摘录如下：① 路面破碎时，先破碎行车道2和行车道3，再破碎行车道1和行车道4；② 两幅破碎一般保证10cm左右的搭接破碎高度；③ 为尽量达到破碎均匀效果，破碎过程中应保持破碎机行进速度、落锤高度、频率不变；④ 对暴露的加强钢筋尽量留在碎石化后的路面中。

事件3：铺筑沥青混凝土时，上、中、下面层的铺筑拟采用线性流水作业方式组织施工，各面层铺筑的速度见表 1-14。

各面层铺筑的速度表　　　　　　　　　　　　表 1-14

项目	铺筑速度（延米·d^{-1}）	项目	铺筑速度（延米·d^{-1}）
上面层	600	下面层	650
中面层	700		

事件 4：建设单位要求将上面层的粗集料由石灰岩碎石变更为花岗岩碎石，并要求施工单位调查、上报花岗岩碎石的预算单价。施工单位对花岗岩碎石调查如下：出厂时碎石原价为 91 元/m³，每立方米碎石的运杂费为 4.5 元/km。花岗岩碎石厂到工地的平均运距为 22km，场外运输损耗率为 4%，采购及保管费率为 2.5%。

【问题】

1. 事件 1 中挖除路肩的主要目的是什么？
2. 对事件 1 中存在严重病害的软弱路段应如何处治？
3. 逐条判断事件 2 中各施工要点的对错，并改正错误之处。
4. 按墙背形式划分，图中路堑挡土墙属于哪一种？该种墙背形式的挡土墙有何优缺点？
5. 事件 3 路面施工组织中，下面层与中面层、中面层与上面层应分别采用何种工作搭接关系？说明理由。
6. 计算花岗岩碎石的预算单价（计算结构保留两位小数）。

【解题方略】

1. 本题考查的是路面碎石化前的处理。本题中，考生应了解路面碎石化前的处理内容，即可轻松锁定正确答案。
2. 本题考查的是特殊路段的处理。本题较为简单，考生结合实际经验即可轻松作答。
3. 本题考查的是路面碎石化施工的要点。本题需要考生对路面碎石化施工的要点进行全面的掌握。在正常碎石化施工过程中，应根据路面实际状况对破碎参数不断作出微小的调整。当需要参数作出较大的调整时，则应通知监理工程师。路面破碎时，先破碎路面侧边的车道，然后破碎中部的行车道。两幅破碎一般要保证 10cm 左右的搭接破碎宽度。机械施工过程中要灵活调整行进速度、落锤高度、频率等，尽量达到破碎均匀。路面碎石化后应清除路面中所有松散的填缝料、胀缝料、切割移除暴露的加强钢筋或其他类似物。
4. 本题考查的是挡土墙的种类及优缺点。回答本题时，应注意各形式挡土墙的特点。
5. 本题考查的是路面工程施工组织设计的编制。在编制施工组织设计的进度计划时应考虑到路面工程施工的工序之间的逻辑关系，注意各结构层的施工可以采用搭接流水方式以加快施工进度。因此，我们要分析各结构层之间的施工进度（速度），根据施工速度选择搭接类型［前道工序速度快于后道工序时选用开始到开始（STS）类型，否则用完成到完成（FTF）类型］。
6. 本题考查的是预算单价的计算。材料预算价格＝（材料原价＋运杂费）×（1＋场外运输损耗率）×（1＋采购及保管费率）－包装品回收价值＝（91＋4.5×22）×（1＋4%）×（1＋2.5%）＝202.54 元/m³。

【参考答案】

1. 事件1中挖除路肩的主要目的是：以便使水能从路面区域及时排出。

2. 对事件1中存在严重病害的软弱路段处治如下：
进行修复处理，首先清除混凝土路面并开挖至稳定层，然后换填监理工程师认可的材料。

3. 事件2中各施工要点的对错及改正。
（1）施工要点①错误。
改正：应先破碎行车道1、4，后破碎行车道2、3。
（2）施工要点②正确。
（3）施工要点③错误。
改正：机械施工过程中要灵活调整进行速度、落锤高度、频率等，尽量达到破碎均匀。
（4）施工要点④错误。
改正：应切割移除暴露的加强钢筋。

4. 按墙背形式划分，图中路堑挡土墙属于仰斜式挡土墙。
该种墙背形式的挡土墙优缺点如下：
仰斜墙背所受的土压力较小，用于路堑墙时，墙背与开挖面边坡较贴合，因而开挖量和回填量均较小，但墙后填土不易压实，不便施工。

5. 事件3路面施工组织中，下面层与中面层采用FTF（完成到完成）。
理由：下面层摊铺速度慢于中面层的摊铺速度。
中面层与上面层应采用STS（开始到开始）搭接关系。
理由：中面层摊铺速度快于上面层的摊铺速度。

6. 花岗岩碎石的预算单价：$(91+4.5\times22)\times(1+4\%)\times(1+2.5\%)=202.54$ 元/m³。

实务操作和案例分析题二十［2013年真题］

【背景资料】

某二级公路位于平原区，路基宽10m，采用沥青混凝土路面，其中K3+460～K3+550段位于水田路段。路堤填筑高度5～6m，填料为砂性土。该路段的软基处理方案如图1-28所示。

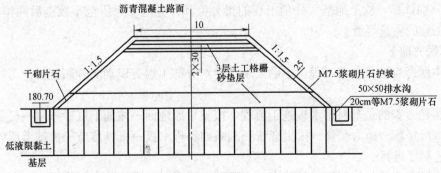

图1-28 软基处理方案图

工程开工前，在建设单位的主持下，由设计单位向施工单位交桩。设计单位向施工单位交了平面控制桩，交桩过程中施工单位发现平面控制桩D32缺失。施工单位接受了控制桩后及时进行了复测。

施工单位制定的塑料排水板及砂垫层整体施工工艺流程如下：整平原地面→摊铺下层砂垫层→机具就位→插入套管→塑料排水板穿靴→拔出套管→割断塑料排水板→机具移位→A。其中，塑料排水板采用插板机打设。

软基处理完成后，施工单位对"软土地基"分项工程按《公路工程质量检验评定标准》进行了自检，对7个实测项目按百分制进行评分、自检结果见表1-15。

自检项目得分表　　　　　　　　　　　　　　　　　　　　　　表1-15

自检项目	规定或允许偏差	权值	分数
板间距（mm）	±150	2	70
板长度	不小于设计	3	94
竖直度（%）	1.5	2	85
砂垫层厚度	不小于设计	3	92
砂垫层宽度	不小于设计	1	90
反滤层设置	符合设计要求	1	96
压实度（%）	90	2	85

经检查，该分项工程"基本要求"符合规范规定，资料完整，但因外观缺陷减1分。

【问题】

1. 根据《公路工程质量检验评定标准》，写出图1-28中涉及的"分部工程"名称。

2. 改正塑料排水板施工工艺流程中的排序错误（按"应先XX，再XX"描述），并写出工艺A的名称。

3. 写出图1-28中低液限黏土中水排至路堤外的主要路径。

4. 设计单位还应向施工单位交哪种控制桩？针对D32控制桩的缺失，施工单位应如何处理？

5. 分别计算"软土地基"分项工程的得分值和评分值（保留至小数点后两位），确定该分项工程的质量等级。

【解题方略】

1. 本题考查的是分部工程。本题要求考生对分部工程有识别的判断能力，考核形式较为简单。

2. 本题考查的是塑料排水板施工流程。按整平原地面→摊铺下层砂垫层→机具就位→塑料排水板穿靴→插入套管→拔出套管→割断塑料排水板→机具移位→摊铺上层砂垫层的施工工艺程序进行。

3. 本题考查的是施工排水的要点。本题可根据实际工作经验进行作答。

4. 本题考查的是设计交桩及导线点复测。本题为常规性考题。

5. 本题考查的是分项工程得分及质量等级。分项工程得分 = $\dfrac{\Sigma（检查项目得分 \times 权值）}{\Sigma 检查项目权值}$

分项工程评分值＝分项工程得分－外观缺陷减分－资料不全减分。分项工程评分值不小于75分者为合格；小于75分者为不合格。

【参考答案】

1. 图1-28中涉及的"分部工程"名称有：路基土方工程（1~3km路段）、排水工程（1~3km路段）、砌筑防护工程（1~3km路段）、路面工程（1~3km路段）。

2. 改正塑料排水板施工工艺流程中的排序错误：应先塑料排水板穿靴，再插入套管。工艺流程中的A代表"摊铺上层砂垫层"。

3. 低液限黏土的排水路径：塑料排水板（垂直）→砂垫层（水平）→干砌片石（透水）→边沟。

4. 设计单位还应向施工单位交水平控制桩。

施工单位应及时向设计单位提出补桩申请。

5. 加权得分值＝[（70×2+94×3+85×2+92×3+90×1+96×1+85×2）/（2+3+2+3+1+1+2）]分＝87.43分。

评分值＝87.43－1＝86.43分。

评分值大于75分，该分项工程质量等级为合格。

实务操作和案例分析题二十一［2013年真题］

【背景资料】

施工单位承接了一新建高速公路K50+000~K75+000段路面工程与交通工程的施工，其中包含中央分隔带及路面排水工程，一般路段中央分隔带断面设计如图1-29所示。

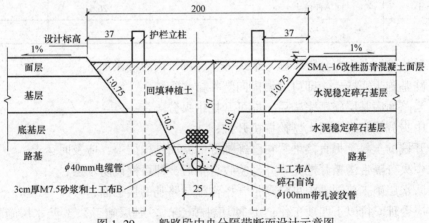

图1-29 一般路段中央分隔带断面设计示意图

每千米一般路段中央分隔带主要材料数量见表1-16。

每千米一般路段中央分隔带主要材料数量　　　　表1-16

项目	单位	数量
ϕ100mmPVC带孔波纹管	m	1000
碎石盲沟（粒径2~4cm）	m³	62.2
土工布B	m²	3246

续表

项目	单位	数量
M7.5水泥砂浆	m²	3246
土工布A	m²	550
回填种植土	m³	780

设计说明：

1. 图1-29中尺寸除注明外均以cm计。
2. 施工中应确保防水层不漏水。
3. 土工布A重量为$250g/m^2$，其技术指标按相应要求执行。
4. 土工布B重量为$500g/m^2$，其技术指标按相应要求执行。

该项目采用单价合同，施工合同中的部分清单单价摘录见表1-17。

施工合同中的部分清单单价　　　　　　　　　　　　表1-17

清单编号	项目	单位	单价（元）	备注
205-1	ϕ100mmPVC带孔波纹管	m	66.5	—
205-2	碎石盲沟	m³	145.6	碎石粒径：2～4
205-3	土工布B	m²	28.6	隔水型
205-4	M7.5水泥砂浆	m³	950	厚3cm
205-5	土工布A	m²	16.5	—
205-6	回填种植土	m³	26.6	—
……	……	……	……	……

施工单位编写了中央分隔带施工组织方案，部分内容摘录如下：

（1）路基施工完毕后，即可埋设横向塑料排水管；
（2）当路面底基层施工完毕后，即可开挖中央分隔带；
（3）中央分隔带应采用大型挖掘机开挖；
（4）开挖的土料不得直接堆置在已经铺好的路面结构层上，应及时运走；
（5）中央分隔带沟槽开挖完毕并经验收合格后，即可铺设防水层；
（6）防水层施工范围是中央分隔带开挖沟槽与路基的接触面；
（7）应合理安排以下四项工作：①回填种植土；②基层施工；③防水层施工；④护栏立柱打设。

根据合同文件，该项目位于一般路段的里程长度总计为23860m，位于超高路段的里程长度总计为1140m。

施工单位在波形梁护栏施工完成之后，对护栏进行了质量检验和评定，检测项目有：构件的材料性能和外观尺寸、金属构件的防腐处理、混凝土的强度和外观尺寸、护栏的安装情况。

【问题】

1. 改正中央分隔带施工组织方案中的错误之处（按"第×条应改为：……"描述）。

2. 写出一般路段中央分隔带断面设计图中"土工布A"的作用。
3. 该项目中央分隔带的防水层采用的是什么材料？除此之外还可以采用什么材料做防水层？
4. 计算该项目一般路段中央分隔带用M7.5水泥砂浆（清单编号205—4）的合同总价（保留一位小数）。
5. 写出①、②、③、④四项工作的合理先后顺序。
6. 补充护栏质量检测项目的漏项。

【解题方略】
1. 本题考查的是中央分隔带施工技术要求。本题的内容需要考生对中央分隔带施工技术要求有全面的了解。
2. 本题考查的是土工布的作用。本题考核的较为简单，此处考生应避免丢分。
3. 本题考查的是中央分隔带防水层材料的选用。本题中，考生应结合背景资料所给信息从防水层材料中，择优选择。
4. 本题考查的是水泥砂浆合同总价的计算。
5. 本题考查的是水泥砂浆的合同总价。考生应注意（清单编号205—4）的单价，避免带入错误单价及备注事项。
6. 本题考查的是波形梁钢护栏的实测项目。波形梁钢护栏的实测项目有：波形梁板基底金属厚度（△）、立柱壁厚（△）、镀（涂）层厚度（△）、拼接螺栓抗拉强度、立柱埋入深度、立柱外边缘距路肩边线距离、立柱中距、立柱竖直度（△）、横梁中心高度（△）、护栏顺直度（△）。

【参考答案】
1. 第（2）条应改为，当路面基层施工完毕后，即可进行中央分隔带施工。
第（3）条应改为，中央分隔带应采用人工施工。
第（5）条应改为，中央分隔带范围内的路基及路面结构层，应铺设防水层。
2. 土工布A的作用是隔离回填土。
3. （1）中央分隔带防水层采用的是土工布材料。
（2）还可采用双层防渗沥青、PVC防水板材料做防水层。
4. M7.5水泥砂浆的合同总价＝23.86×3246×0.03×950＝2207312.46元。
5. 四项工作合理的先后顺序：②→④→③→①。
6. 波形梁钢护栏的实测项目有：波形梁板基底金属厚度（△）、立柱壁厚（△）、镀（涂）层厚度（△）、拼接螺栓抗拉强度、立柱埋入深度、立柱外边缘距路肩边线距离、立柱中距、立柱竖直度（△）、横梁中心高度（△）、护栏顺直度（△）。

实务操作和案例分析题二十二［2013年真题］

【背景资料】
某高速公路隧道为双线分离式隧道。左线起讫桩号为ZK9＋680～ZK10＋303，全长623m；右线起讫桩号为YK9＋683～YK10＋305，全长622m。隧道净空宽度为10m，净空高度为6.49m。该隧道右线（地质）纵断面图如图1-30所示。

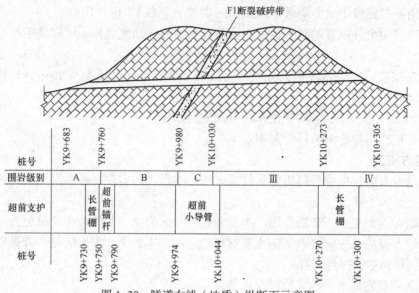

图 1-30 隧道右线（地质）纵断面示意图

图1-30中水文、地质概况如下：

A段：围岩为中风化灰岩，岩质坚硬，岩体破碎，属浅埋层。[BQ]＝280～330。存在少量裂隙水。

B段：围岩为弱风化灰岩，岩质坚硬，岩体呈块体，完整性好。[BQ]＝390～440。存在裂隙水，以渗水为主。

C段：围岩为中、弱风化灰岩，岩质坚硬，岩体呈块体、破碎状，存在F1断裂破碎带。[BQ]＝220～245。以渗水为主，可能产生瞬时涌水。

根据围岩分级的综合评判方法，该右线隧道围岩分布有Ⅲ、Ⅳ、Ⅴ级围岩。为确定YK9＋730～YK9＋790段施工方法，承包人对预裂爆破和光面爆破的工艺特点进行了比较见表1-18，结合本段的地质特点，决定采用预裂爆破方案施工。

工艺特点比较表　　　　　　　　　　　　　　　　表1-18

比较项目 \ 方案	光面爆破	预裂爆破
起爆顺序	掏槽眼→辅助眼→周边眼	掏槽眼→辅助眼→周边眼
对围岩的扰动情况	扰动大	扰动小
钻眼工程量	大	小

根据水文、地质条件以及开挖断面的宽度，承包人拟对YK9＋790～YK9＋974段采用全断面开挖施工。初次支护采用"钢筋网片＋喷射混凝＋锚杆"方案。

【问题】

1. 根据背景资料中水文、地质概况，分别判断A、B、C段围岩级别。
2. 改正表1-18中的错误描述［按"××（方案）的××（比较项目）改为……"描述］。
3. 承包人拟对YK9＋790～YK9＋974段采用全断面开挖的做法是否合理？结合水文、地质概况简要说明理由。

4. 结合资料中的水文、地质条件，指出右线隧道施工中的潜在安全事故。

5. 当F1断裂破碎带产生瞬时涌水时，可以采取哪些辅助施工处理方法？

【解题方略】

1. 本题考查的是公路隧道围岩分级。本题需要考生对公路隧道围岩分级进行精准的掌握，避免出现混淆的失误。

2. 本题考查的是预裂爆破和光面爆破的工艺特点。考生须结合实际工作经验对预裂爆破和光面爆破的工艺特点进行准确的区分。

3. 本题考查的是全断面开挖的适用。本题应从断面面积及全断面开挖可能引发的灾害入手。

4. 本题考查的是隧道施工质量安全事故。隧道穿过断层及其破碎带，或在薄层岩体的小褶曲、断层错动发育地段，一经开挖，潜在应力释放快、围岩失稳，小则引起围岩掉块、塌落，大则引起塌方。当通过各种堆积体时，由于结构松散，颗粒间无胶结或胶结差，开挖后引起坍塌。在软弱结构面发育或泥质充填物过多，均易产生较大的坍塌。本题需要考生结合隧道右线地质纵断面示意图所给的信息进行全面分析。

5. 本题考查的是隧道施工中的防排水措施。本题中，考生应结合涌水地段施工特点及方法进行作答。

【参考答案】

1. 根据资料中水文、地质概况，A段是Ⅳ级、B段是Ⅲ级、C段是Ⅳ级。

2. 预裂爆破的起爆顺序改为周边眼→掏槽眼→辅助眼。

光面爆破对围岩的扰动情况应为"扰动小"。

光面爆破的钻眼工程量改为"小"。

预裂爆破的钻眼工程量改为"大"。

3. 承包人拟对YK9+790～YK9+974段采用全断面开挖的做法不合理。

理由：根据地质水文条件，有渗水，隧道前方有破碎带，全断面开挖震动大可能引发地质灾害。根据背景资料所给出的条件可知本隧道断面大于50m²，而围岩等级为Ⅲ级，对断面要求为50m²以下。

4. 隧道施工质量安全事故：涌水、塌方、突泥、岩爆、突水、洞内泥石流、塌方冒顶等。

5. 当F1断裂破碎带产生瞬时涌水时，可采取的辅助施工处理方法有：超前钻孔和辅助坑道排水、超前小导管预注浆、超前围岩预注浆堵水、井点降水和深井降水。

实务操作和案例分析题二十三［2012年真题］

【背景资料】

某施工单位承接了一条双向四车道一级公路"白改黑"工程，即在原水泥混凝土路面上加铺沥青混凝土面层的改造工程。加铺路面结构示意图如图1-31所示。

施工单位采用直接加铺法施工。对破损严重的板块进行凿除，并重新浇筑水泥混凝土板；对脱空板、不均匀沉降板采用如下工艺流程进行处理：

制浆
↓
定位→A→灌浆→B→交通控制机养护→弯沉检测

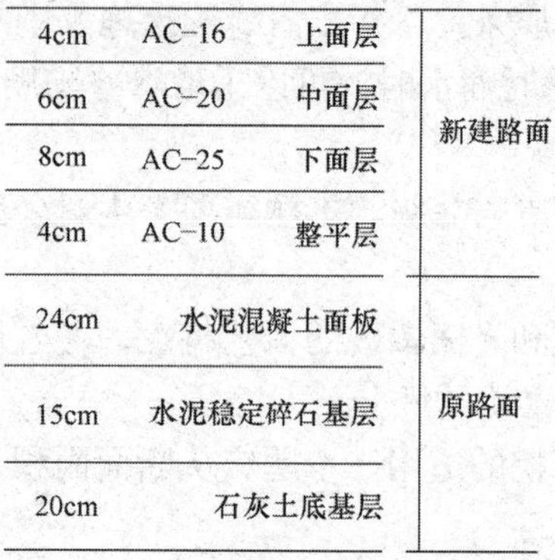

```
4cm    AC-16      上面层  ┐
6cm    AC-20      中面层  │ 新建路面
8cm    AC-25      下面层  │
4cm    AC-10      整平层  ┘
24cm   水泥混凝土面板     ┐
15cm   水泥稳定碎石基层   │ 原路面
20cm   石灰土底基层       ┘
```

图1-31　加铺路面结构示意图

经弯沉检测合格后进行下一道工序。所有面板处理完成后，施工单位对旧路面接缝进行了处理，然后进行沥青混凝土加铺施工。

整平层与下面层采用SK-70普通沥青，中面层与上面层采用SBSSK-70改性沥青。采购材料前，施工单位项目部材料采购部门填写了《材料试验通知单》，并交项目部试验室，由试验室主任指派试验人员配合材料采购人员到货源处取样，然后进行性能试验。经试验合格后，项目部与供应方签订了供应合同。某批沥青材料运至工地后，试验人员检查了出厂合格证，并认真核对供应商提供的检测报告上的数据，确认合格后，用于该工程。

为保证边施工、边通车，开工前项目部向媒体发布了施工信息，并确定了施工区的范围及施工安全管理方案，在施工区两端设置了安全标志，所有施工车辆均配置黄色标志灯，现场足额配置了专职安全员。

【问题】

1. 写出对脱空板、不均匀沉降板进行处理的工艺流程中A、B工序名称。

2. 上面层中"AC"和"16"分别表示什么含义？

3. 结合图1-31加铺路面结构示意图分析，在水泥混凝土板处理完后铺筑整平层前，应浇洒什么功能层？并简述其作用。

4. 指出项目部材料试验管理中的错误做法，并给出正确做法。

5. 为保证社会车辆安全通行，在施工区两端应设置哪些安全标志？对安全员的着装和在施工路段安全巡查的时间有何要求？

【解题方略】

1. 本题考查的是脱空板、不均匀沉降板的工艺流程。本题较为简单，结合实际工作经验亦可轻松作答。

2. 本题考查的是沥青混凝土与材料公称最大粒径的表达。本题为送分题，无须过多纠结。

3. 本题考查的是粘层施工技术。考生应对粘层作用有一定的了解。

4. 本题考查的是原材料的验证试验。考生要对原材料的验证试验内容进行实记。避免疏忽大意。

5. 本题考查的是路面工程施工安全管理的一般要求。本题较为简单，结合实际工作经验也可轻松作答。

【参考答案】

1. A工序：钻孔；B工序：灌浆孔封堵。

2. AC表示沥青混凝土，16表示材料公称最大粒径为16mm。

3. 应喷洒粘层。其作用是：使上下层沥青结构层或沥青结构层与结构物（或水泥混凝土路面）完全粘结成一个整体。

4. 某批沥青材料运至工地后，施工单位仅凭供货商提供的检测报告上的数据就认定质量合格的做法错误。

正确的做法是：实验室对进场的该批原材料应按施工技术规定的批量和项目进行检测试验，检验合格，材料方可用于施工。

5. 在施工区两端应设的安全标志有：彩旗、安全警示灯、闪光方向标、限速标志、施工提示标志。

安全员应着橘黄色的反光安全服。安全员应分班实行24h施工路段安全巡查。

实务操作和案例分析题二十四［2011年真题］

【背景资料】

某高速公路膨胀土路堑段，长480m，挖深8～9m，右侧为顺层边坡，岩土层倾角为12°～15°，结构面内摩擦角为5°，黏聚力为12kPa。边坡加固防护方案如图1-32所示。

施工单位采用如图1-33所示的工艺流程组织施工，于4月完成该路段边坡施工。

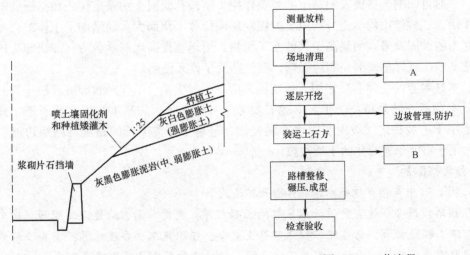

图1-32　边坡加固防护方案　　　　图1-33　工艺流程

当年6月，在雨水作用下该边坡发生了部分滑塌，施工单位认为是原设计不合理所致，因此提出了如图1-34所示柔性支护结构方案，并按相关程序报批变更设计。

【问题】

1. 指出图1-33中A、B分别代表的施工过程。
2. 说明对该路段路堑护坡变更设计应采取的正确程序。
3. 结合图1-34说明土工格栅与土之间的三种相互作用。
4. 结合地质情况说明图1-34中碎石层的作用。

5. 结合示意图1-34，说明"种植土＋种草"有哪几种作用？

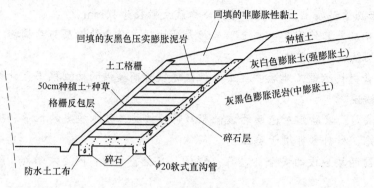

图1-34 柔性支护结构方案

【解题方略】

1. 本题考查的是路堑段的施工工艺流程。关于本题考生结合A、B前后工序可确定施工工序。

2. 本题考查的是路段路堑护坡变更设计的程序。考生需要结合教材对该部分内容进行实记。

3. 本题考查的是软土地基处理施工技术。土工格栅加固土的机理在于格栅与土的相互作用。一般可归纳为格栅表面与土的摩擦作用、格栅孔眼对土的锁定作用和格栅肋的被动抗阻作用。三种作用均能充分约束土的颗粒侧向位移，从而大大地增加了土体的自身稳定性，对土的加固效果，明显高于其他土工织物，可迅速提高地基承载力，加快施工进度，控制软基地段沉降量发展，缩短工期，使公路及早投入使用。

4. 本题考查的是碎石层作用。本题较为简单，考生结合工作经验即可轻松作答。

5. 本题考查的是植物防护。本题需要考生对植物防护的基本知识有所了解。种草防护：适用于边坡稳定，坡面受雨水冲刷轻微，且易于草类生长的路堤与路堑边坡。铺草皮：适用于需要迅速绿化的土质边坡。

【参考答案】

1. 图1-33中A指开挖截水沟，B指开挖边沟。

2. 该路段路堑护坡变更设计应采取的正确程序：变更人向驻地监理工程师提出申请，驻地监理工程师初审，总监理工程师签署变更令，组织施工，办理结算；重要工程部位及较大问题需建设单位、设计、施工三方洽商，设计单位签发设计变更通知单。

3. 格栅表面与土之间的摩擦作用，格栅孔眼对土的锁定作用，格栅肋的被动抗阻作用。

4. 碎石层作用：隔离、排水、反滤层。

5. "种植土＋种草"的作用：用于边坡稳定，迅速绿化边坡，稳固土层，防止水土流失。

实务操作和案例分析题二十五［2011年真题］

【背景资料】

某高速公路左右线隧道，洞口间距42m，左线长3316m，右线长3200m，隧道最大埋深460m，净空宽度9.64m，净空面积为58.16m²，设计车速100km/h，开工日期为2008年7月，2010年7月竣工。

该地段地质条件复杂，勘探表明其围岩主要为弱风化硬质页岩，属Ⅳ～Ⅴ级围岩，稳定性差。由于地下水发育，特别断层地带岩石破碎，裂隙发育，为保证施工安全，施工单位在该隧道施工中采用了超前地质预报，并进行监控量测。根据该隧道的地质条件和开挖断面，施工单位在施工组织设计中拟采用三台阶法施工，左线隧道施工工序划分如图1-35所示。

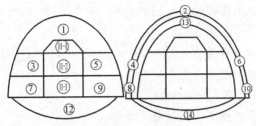

图 1-35 左线隧道施工工序

针对开挖时右侧围岩相对左侧围岩较弱的特点，施工单位拟按①→②→③→④→⑤→⑥→⑦→⑧→⑨→⑩→⑪→⑫→⑬→⑭顺序组织施工。

2009年6月6日上午，隧道开挖时，量测人员在处理量测数据中，发现"周边位移—时间"曲线出现反弯点，但未及时告知作业班组存在潜在危险。当日下午发生较大塌方，当场死亡5人、重伤12人。经补报并核实，截至2009年7月6日，确认累计死亡达10人。

事故发生后，施工单位根据交通部对隐患排查治理提出的"两项达标""四项严禁""五项制度"的总目标，认真总结事故教训，开展了安全生产事故隐患排查治理活动，编制了安全专项方案和应急救援预案，尤其注重落实"五项制度"中的施工现场危险告知制度。

【问题】

1. 给出③→⑩、⑫→⑭正确的施工顺序，说明理由。
2. 施工单位采用台阶法施工是否合理？说明理由。
3. 本隧道可采用哪几种超前地质预报方法？
4. 监控量测数据处理中，发现的"周边位移—时间"曲线出现反弯点说明什么问题？应如何处理？
5. 根据2007年颁布的《生产安全事故报告和调查处理条例》，背景资料中发生的塌方事故属于什么等级？说明理由。
6. 背景资料中提及的施工现场危险告知制度包括哪些内容？

【解题方略】

1. 本题考查的是隧道施工工序。本题应充分考虑右侧围岩相对左侧围岩较弱以及软弱围岩的现实。
2. 本题考查的是台阶法开挖。本题需要考生从台阶法开挖的适用环境及条件考虑，应充分留意背景资料所给信息。围岩地质条件较好时才使用台阶法，本题的围岩地质条件较差，因此不宜采用台阶法。
3. 本题考查的是隧道地质超前预报方法。首先考生应明确隧道地质超前预报方法主要有：地质调查法、物探法、超前钻探法、超前导洞法、水力联观测、TSP（Tunnel Seismic Prediction）法、TGP法或TRT法。然后在结合本隧道地质条件进行筛选。

4. 本题考查的是量测数据处理与应用。本题较为简单，考生结合实际工作经验即可正确作答。

5. 本题考查的是安全事故的等级划分。本题需要考生对安全事故各等级进行明确的区分。

6. 本题考查的是施工现场危险告知制度。施工现场危险告知制度的具体内容需要考生进行实记，亦可结合具体工作经验进行归纳总结。

【参考答案】

1. ③→⑩的正确施工顺序为⑤—⑥—③—④—⑨—⑩—⑦—⑧。

理由：右侧围岩较左侧更差，先开挖。

⑫→⑭的正确施工顺序为⑬—⑫—⑭。

理由：软弱围岩，尽快施工二衬，稳定拱部。

2. 不合理。

理由：如果围岩的完整性较好时，可采用多台阶法开挖。本案例中围岩软弱，地下水丰富，隧道断面尺寸大，优先采用单侧壁、双侧壁导坑法。

3. 本隧道可采用超前钻孔法、地质雷达法、TSP、TGP或TRT等超前地质预报方法。

4. 出现反弯点表明围岩和支护呈不稳定状态，应密切监视围岩动态，并加强支护，必要时暂停开挖。

5. 背景资料中发生的塌方事故是重大安全事故。

理由：造成10人以上30人以下死亡，或者50人以上100人以下重伤，或者5000万元以上1亿元以下直接经济损失的事故，为重大事故。

6. 施工现场危险告知制度内容：按照《公路水运工程安全生产监督管理办法》，严格安全技术交底制度，施工单位负责项目管理的技术人员应当如实向施工作业班组、作业人员详细告知作业场所和工作岗位存在的危险因素，并由双方签字确认。设置明显安全警示标志，在无法封闭施工的工地，还应当悬挂当日施工现场危险告示，以告知路人和社会车辆。

典型习题

实务操作和案例分析题一

【背景资料】

施工单位承建了某二级公路路基工程，路基宽度10m。其中K1+600~K1+900为软土地基，该路段原地面平坦，路基为填方路堤，设计采用碎石桩处理软基，碎石桩桩径D为0.5m，桩中心间距S为1.3m，正三角形布置，桩长h为6m，桩内填充碎石填料，填料最大粒径50mm，含泥量不大于5%。碎石桩布置如图1-36所示。

施工单位专业工程师编制了软基路堤填筑施工方案，项目技术部门对施工方案进行了审核，项目经理审批后用于指导施工。

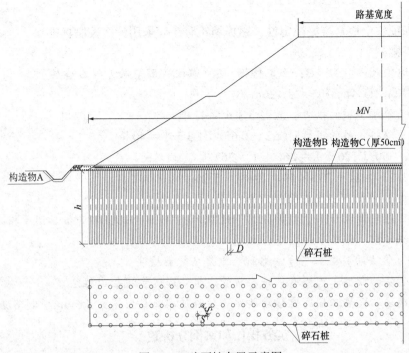

图 1-36 碎石桩布置示意图

碎石桩采用振动沉管法施工，针对碎石桩施工，施工单位在施工前进行了成桩挤密试验。施工过程中，先开挖纵横排水沟，将农田排水疏干，并清除表层淤泥质土，清基后先铺设 0.25m 厚的级配碎石并压实，然后进行碎石桩施工，打完碎石桩后铺设土工格栅，再铺设级配碎石垫层。首排碎石桩里程桩号为 K1+600，最后一排里程桩号不超过 K1+900，基底处理宽度 MN 为 52m，桩位布置不超出此范围。其成桩工艺为：

（1）桩管垂直就位，闭合桩靴；
（2）将桩管沉入地基土中达到设计深度；
（3）按设计规定的混合料数量向桩管内投入碎石料；
（4）边振动边拔管，拔管高度 100cm；
（5）边振动边向下压管（沉管），下压高度 30cm；
（6）继续振动 10~20s，停拔时间长短按照规定要求；
（7）重复步骤（3）~（6），直至桩管拔出地面。

路堤填筑过程中，为保证软土地基路堤稳定性，路堤施工期内施工单位连续观测了路堤的沉降等，其填筑速率按路堤中心线地面沉降速率每昼夜不大于 10~15mm 控制。路堤完工且在沉降稳定后，进行路面及边坡防护等施工。

【问题】
1．写出图 1-36 中构造物 A、B、C 的名称。
2．计算该路段碎石桩的总根数（计算过程结果保留小数点后 3 位，最后结果取整）。
3．改正施工方案审批流程中的错误。针对碎石桩施工，施工单位在施工前还应进行何种试验？
4．写出背景资料中振动沉管法的成桩工艺方法名称。振动沉管法的成桩工艺还有哪两种方法?

5. 为保证软土地基路堤稳定性,路堤填筑时还应采用什么控制标准?

【参考答案】

1. A:边沟或排水沟。B:土工格栅。C:级配碎石垫层(碎石垫层)。
2. 排间距:1.3×cos30° = 1.126m。

   第一排(单排)桩的根数:52/1.3 + 1 = 41根。

   第二排(双排)桩的根数:(52 − 0.65)/1.3 + 1 = 40根。

   总排数:300/1.126 + 1 = 266 + 1 = 267排。

   总根数:134×41 + 133×40 = 5494 + 5320 = 10814根。
3. 施工方案审批流程中的错误改正如下:

   将"项目经理审批后用于指导施工"改正为:"项目总工程师审批后用于指导施工"。

   碎石桩施工前,施工单位应进行成桩工艺试验。
4. 振动沉管法的成桩工艺方法名称:重复压管成桩法。

   振动沉管法的成桩工艺还有:一次拔管成桩法和逐步拔管成桩法。
5. 软土地区路堤施工期间宜按坡脚水平位移速率每昼夜不大于5mm控制路堤稳定性。

实务操作和案例分析题二

【背景资料】

某施工单位承接了二级公路—桥隧相连项目,其中桥梁桥跨布置为(65+120+65)m,③号桥台紧邻隧道进口洞门。隧道全长910m,净宽12m,净高5m,单洞双向两车道,最大埋深100m,进、出口50m范围内埋深均小于20m(属浅埋隧道)。桥跨布置与隧道围岩级别及其长度、掘进速度如图1-37所示。

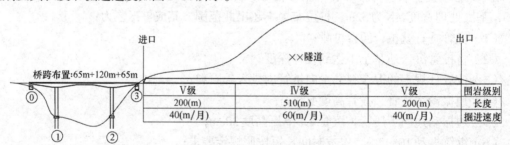

图1-37 桥隧布置示意图

该项目实施过程中发生了如下事件:

事件1:桥梁为T型刚构,采用挂篮悬臂浇筑,设计文件要求悬臂浇筑须对称平衡。中跨、边跨合拢段长度均为2m,靠近桥台4m梁段采用现浇施工。

事件2:隧道掘进工期为12个月,采用进、出口双向开挖,但最后30m为单向开挖。由于受③号桥台施工限制,决定先由A作业队从出口向进口方向掘进,待③号桥台施工完成后,立即由B作业队从进口掘进,且最后30m决定由B作业队单独完成。

事件3:洞口工程施工包括以下工序:①截水沟施工;②边、仰坡开挖;③套拱及长管棚施工;④边、仰坡防护。

事件4:A作业队在进洞30m后,现场负责人决定将开挖方法由台阶法改为全断面法。

【问题】
1. 事件1中，主跨悬臂浇筑施工是否需要在墩梁处采取临时固结措施？说明理由。
2. 事件1中，边跨4m现浇梁段应采用何种方法施工？说明本桥合拢顺序。
3. 事件2中，为保证隧道掘进工期，③号桥台施工最迟应在A作业队掘进开工后多少个月完成（列式计算，计算结果小数点后保留1位）？
4. 写出事件3中洞口工程施工的正确顺序（用编号表示即可）。
5. 事件4中，改变后的开挖方法是否合理？说明理由。

【参考答案】
1. 不需要采取临时固结措施。
因为0号块与桥墩是固结的，已具有抗弯能力。
2. 支架法（或托架法，或钢管柱法）。
合拢顺序：先边跨后中跨。
3. B作业队完成最后30m掘进时间：30/60＝0.5个月。
A作业队最长掘进时间：12－0.5＝11.5个月。
A作业队最长掘进距离：40×5＋60×6.5＝590m。
B作业队最短掘进长度：910－590＝320m。
B作业队掘进需要最短时间：200/40＋120/60＝7个月。
最多迟后时间为12－7＝5个月。
即：③号桥台施工最迟在A作业队掘进开工后5个月完成。
4. 正确顺序：①→②→④→③。
5. 不合理。
因为进洞30m处尚处于浅埋段，根据相关规范规定，浅埋段不应采用全断面法开挖（或：浅埋段采用全断面法开挖不安全；或：浅埋段采用全断面法开挖易塌方）。

实务操作和案例分析题三

【背景资料】
某三级公路，起讫桩号为K0＋000～K4＋300，双向两车道，路面结构形式为水泥混凝土路面。由于当地经济的发展，该路段已成为重要集散公路，路面混凝土出现脱空、错台、局部网状开裂等病害，对该段公路需进行路面改造。具有相应检测资质的检测单位采用探地雷达、弯沉仪对水泥混凝土板的脱空和结构层的均匀情况、路面承载能力进行了检测评估，设计单位根据检测评估结果对该路段进行路面改造方案设计。经专家会讨论，改造路面采用原水泥混凝土路面进行处治后加铺沥青混凝土面层的路面结构形式，如图1-38所示。

施工中发生如下事件：
事件1：该改造路段中的K2＋000～K3＋200经过人口密集的村庄，设计方案在此路段设置隔离栅，建议施工单位隔离栅宜在A工程完成后尽早实施。
事件2：施工单位对原水泥混凝土路面板块脱空的病害采用钻孔然后用水泥浆高压灌注处理的方案，具体的工艺包括：① 钻孔；② 制浆；③ 定位；④ 交通控制；⑤ 灌浆；⑥ B；⑦ 灌浆孔封堵。

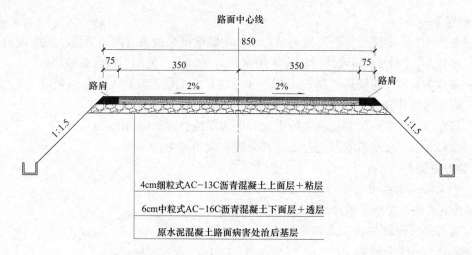

图1-38 沥青混凝土路面结构示意图

事件3：施工单位对发生错台或板块网状开裂的原混凝土路面，将病害范围的整个板全部凿除，重新夯实路基及基层，对换板部位基层顶面进行清理维护，换板部分基层调平采用碎石，再浇筑同强度等级混凝土。

事件4：施工单位对板块脱空病害进行压浆处理，强度达到要求后，复测压浆板四角的弯沉值，实测弯沉值在0.10～0.18mm之间。

事件5：施工单位对原水泥混凝土路面病害处治完成并检查合格后，按试验段摊铺获取的数据铺筑沥青混凝土面层，对于沥青混合料的生产，每日应做C试验和D试验。

【问题】
1. 写出事件1中A的名称。说明设置隔离栅的主要作用。
2. 写出事件2中工艺B的内容，并对路面处治的工艺流程进行最优排序。
3. 改正事件3中的错误之处。
4. 事件4中施工单位复测压浆板四角的弯沉值后，可否判断板块不再脱空？说明理由。
5. 写出事件5中C试验、D试验的名称。

【参考答案】
1. 事件1中，A为路基。
设置隔离栅的主要作用：
（1）将公路用地隔离出来，防止非法侵占公路用地设施；
（2）将可能影响交通安全的人和畜等与公路分离，保证公路的正常运营。
2. 事件2中，工艺B应为：弯沉测试。
事件2中，路面处治的最优工艺流程为：③①②⑤⑦④⑥。
3. 事件3中的错误处："换板部分基层调平采用碎石，再浇筑同强度等级混凝土"。
改正为："换板部分基层均由新浇筑的水泥混凝土面板一次浇筑完成，不再单独选择材料调平"。
4. 事件4中，施工单位复测压浆板四角的弯沉值后，可以判断板块不再脱空。
理由：因为根据《公路水泥混凝土路面养护技术规范》规定，凡弯沉值超过0.2mm

的，应确定为面板脱空。该项目实测弯沉值均在规定范围内，所以可判断板块不再脱空。

5. 事件5中，C试验：抽提试验；D试验：马歇尔稳定度试验。

实务操作和案例分析题四

【背景资料】

某二级公路的一座隧道，根据施工图设计，起讫桩号K101+109～K101+404，长度295m，其中，明洞10m，Ⅵ级围岩203m，Ⅴ级围岩82m。根据隧道的围岩级别、地质情况和监控量测单位提供的数据，结合施工现场的实际情况，施工单位决定在该隧道中采用如图1-39所示的工序进行开挖和支护，施工时从进口往出口方向掘进。

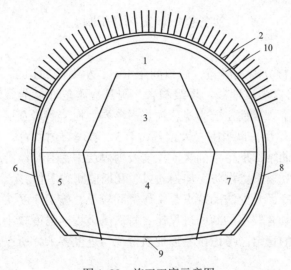

图1-39 施工工序示意图

图1-39中1～10代表开挖或支护的施工工序，开挖时每循环开挖长度为2m，开挖至K101+259时，仰拱与掌子面的距离为60m。施工过程中，在K101+244～K101+249处发生了塌方。事故发生后，现场有关人员立即向本单位负责人报告，单位负责人接到报告后，在规定时间内向当地县级人民政府安全生产监督管理部门报告，并按规定妥善处理。事故造成直接经济损失120万元，没有造成人员伤亡。

【问题】

1. 图1-39中所示的隧道开挖方式是什么？该隧道采用这种开挖方式是否合理？说明理由。

2. 写出图1-39中施工工序1、2、3、5、6、9、10的名称。

3. 指出开挖过程中施工单位的不妥之处或错误做法，并改正。

4. 事故发生后，单位负责人接到现场人员的报告后应在多长时间内向当地县级人民政府安全生产监督管理部门报告？

【参考答案】

1. 图1-39中开挖方式是环形开挖预留核心土法。

采用这种开挖方式合理。

理由：环形开挖预留核心土法适用Ⅴ-Ⅵ级围岩。

2. 图1-39中施工工序的名称分别为：1—拱部环形开挖；2—拱部初期支护；3—预留核心土开挖；5—下台阶左侧壁开挖；6—下台阶左侧壁初期支护；9—仰拱浇筑；10—二次衬砌。

3. 开挖过程中的不妥之处：

（1）每循环开挖长度为2m不妥（错误）。

改正为"0.5~1m"。

（2）仰拱与掌子面的距离60m错误。

改正为"不超过40m"。

4. 单位负责人接到报告后，应在1h内向当地县级人民政府安全生产监督管理部门报告。

实务操作和案例分析题五

【背景资料】

某高速公路上下行分离式隧道，洞口间距40m，左线长3216m，右线长3100m，隧道最大埋深500m。进出口为浅埋段，Ⅳ级围岩，洞身地质条件复杂。地质报告指出，隧道穿越地层为三叠系底层，岩性主要为炭质泥岩、砂岩、泥岩砂岩互层，且有瓦斯设防段、涌水段和岩爆段。Ⅰ、Ⅱ、Ⅲ级围岩大致各占1/3，节理裂隙发育，岩层十分破碎，且穿越一组背斜，在其褶曲轴部地带中的炭质泥岩及薄煤层中存有瓦斯等有害气体，有瓦斯聚集涌出的可能，应对瓦斯重点设防，加强通风、瓦斯监测等工作。

技术员甲认为全断面开挖法的特点是工作空间较小、施工速度快、便于施工组织和管理，且全断面开挖法具有较小的断面进尺比，每次爆破震动强度较小，爆破对围岩的震动次数少，有利于围岩的稳定。考虑该隧道地质情况与进度要求，所以该隧道应采用全断面开挖。

隧道施工过程中为防止发生塌方冒顶事故，项目部加强了施工监控量测，量测项目有地质和支护状况、锚杆或锚索内力及抗拔力、地表下沉、围岩体内位移、支护及衬砌内应力。

项目部还实行安全目标管理，采取了一系列措施，要求进入隧道施工现场的所有人员必须经过专门的安全知识教育，接受安全技术交底；电钻钻眼应检查把手胶套的绝缘是否良好，电钻工应戴棉纱手套，穿绝缘胶鞋；爆破作业人员不能着化纤服装，炸药和雷管分别装在带盖的容器内用汽车一起运送；隧道开挖及衬砌作业地段的照明电器电压为110~220V。同时加强瓦斯等有毒有害气体的防治，通风设施由专职安全员兼管。

隧道施工完成后，进行了供配电、照明系统设施的安装，其中变压器为油浸变压器，由于工期延误，变压器运到现场100d后才进行安装。电缆敷设在沟内时遵循了"低压在上、高压在下"的原则，敷设时还要求金属支架、导管必须接地（PE）或接零（PEN）可靠。

在交通监控方面，隧道由监控分中心统一监控，监控中心设有完善的子系统，包括交通信号监控系统、视频监控系统、供配电监控系统、隧道照明控制系统、调度指令电话系统、有线广播系统等。

【问题】

1. 改正技术员甲对全断面开挖法特点阐述的错误之处。

2. 补充本项目施工监控量测的必测项目,并指出隧道监控量测时出现冒顶塌方的危险信号(征兆)有哪些?
3. 指出并改正项目部安全管理措施中的错误。
4. 根据背景资料,油浸变压器安装前应做何处理?指出并改正电缆敷设的错误之处。
5. 除背景资料中给出的监控子系统外,还应有哪些监控子系统(至少列出3种)?

【参考答案】
1. 改正技术员甲对全断面开挖法特点阐述的错误之处如下:全断面开挖法具有较大的工作空间,较大的断面进尺比,每次爆破震动强度较大。
2. (1)本项目施工监控量测的必测项目还有:周边位移、拱顶下沉。
(2)隧道监控量测时出现冒顶塌方的危险信号有:量测数据有不正常变化(或突变)、洞内或地表位移大于允许位移值、洞内或地表出现裂缝,以及喷层出现异常裂缝。
3. 项目部安全管理措施中的错误及改正。
(1)错误:电钻工应戴棉纱手套。
改正:电钻工应戴绝缘手套。
(2)错误:炸药和雷管分别装在带盖的容器内用汽车一起运送。
改正:炸药与雷管必须分开运送。
(3)错误:隧道开挖及衬砌作业地段的照明电器电压为110~220V。
改正:隧道开挖及衬砌地段的照明电压为12~36V。
(4)错误:通风设施由专职安全员兼管。
改正:通风设施应由专人管理。
4. 油浸变压器安装前应检查油箱密封情况,做油的绝缘测试,并注以合格油。
电缆敷设的错误之处:敷设原则错误。
改正:电缆在沟内敷设应遵循"低压在下、高压在上"的原则。
5. 除背景资料中给出的监控子系统外,还应有:火灾报警子系统、隧道通风控制子系统、紧急电话子系统、专用车辆监视子系统。

实务操作和案例分析题六

【背景资料】
某施工单位承接了一条二级公路的施工,路线全长30.85km,路基宽度8.5m,路面宽度2×3.5m。该工程内容包括路基、桥梁及路面工程等。为减少桥头不均匀沉降,防止桥头跳车,桥台与路堤交接处按图1-40施工,主要施工内容包括:地基清表、挖台阶、A区域分层填筑、铺设土工格室、设置构造物K、路面铺筑等。路面结构层如图1-40所示,B区域为已经填筑完成的路堤填筑区域。

该项目实施过程中发生了如下事件:
事件1:针对基层与底基层的施工,施工单位在施工组织设计中做了详细要求,现摘录4条技术要点如下:
(1)应在下承层施工质量检测合格后,开始摊铺上层结构层。采用两层连续摊铺时,当下层质量出了问题时,上层应同时处理。
(2)分层摊铺时,应先将下承层顶面拉毛或采用凸块压路机碾压,再摊铺上层混合料。

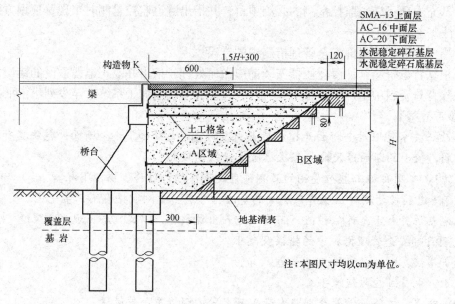

图 1-40 桥头处治示意图

（3）对无法使用机械摊铺的超宽路段，应采用人工同步摊铺、修整，并同时碾压成型。

（4）气候炎热、干燥时碾压稳定中、粗粒混合料，含水率应比最佳含水率降低0.5～1.5个百分点。

事件2：施工单位对K5+500～K5+800路段的基层完成碾压并经压实度检查合格后，及时实施养护，但因养护条件欠佳，导致基层出现了裂缝。经过弯沉检测，该段基层的承载力满足设计要求。施工单位对裂缝采取了相应的技术措施处理后，继续铺筑上面的沥青混凝土面层。

事件3：根据《公路工程竣（交）工验收办法实施细则》，施工单位完成约定的全部工程内容，且经施工自检和监理检验评定均合格后，提出交工验收申请，报监理单位审查。交工验收申请书附自检评定资料和C报告。监理单位审查同意后，向项目法人提交了D资料、质量评定资料和监理总结报告。项目法人接收资料后，及时按规定组织了交工验收。

【问题】

1. 写出图1-40中构造物K的名称。
2. 图1-40中A区域应采用哪些特性的填料回填？
3. 对事件1中的4条技术要点逐条判断对错，并改正错误之处。
4. 写出两条可对事件2中裂缝修复的技术措施。
5. 写出事件3中C报告、D资料的名称。

【参考答案】

1. 构造物K为：桥头搭板。
2. A区域应采用：透水性材料、轻质材料、无机结合料。
3. 要点（1）：正确。

要点（2）：错误，改正：分层摊铺时，应先将下承层清理干净，并洒铺水泥净浆，再摊铺上层混合料。

要点（3）：正确。

要点（4）：错误，改正：气候炎热、干燥时碾压稳定中、粗粒混合料，含水率应比最佳含水率增加0.5～1.5个百分点。

4. 裂缝修复的技术措施：

（1）在裂缝位置灌缝（或灌浆，或注浆）；

（2）在裂缝位置铺设玻璃纤维格栅；

（3）洒铺热改性沥青（或洒铺透层油）。

5. C报告为：施工总结报告；D资料为：监理单位独立抽检资料。

实务操作和案例分析题七

【背景资料】

某施工单位承接了9.82km的三级公路路基施工，路基宽8.5m，设计车速40km/h。其中K3+100～K3+420为路堤段，K3+280处设有1个2.5m×2m的盖板涵，涵洞长度17.62m，涵底坡度1%，K3+280的路基设计标高为206.07m。涵洞构造示意图如图1-41所示。

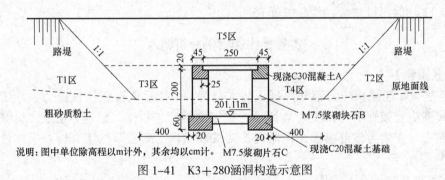

图1-41 K3+280涵洞构造示意图

工程开工前，在业主支持下，由设计单位向施工单位交接了交点桩、水准点桩，设计文件中提供用于中线放样的资料只有"直线、曲线及转角度"。施工单位备有全站仪、自动水准仪等常规测量仪器。

涵洞施工与涵洞前后路堤T1区、T2区的填筑同时进行，T1区、T2区按图示坡度分层填筑。涵洞施工中，施工单位首先进行了涵洞中心桩号、涵轴线的放样，涵洞基坑开挖平面尺寸按17.62m×3.8m放样，基坑开挖严格按放样尺寸采用人工垂直向下开挖至基底设计标高。在对基底进行处理并通过验收后，开始基础施工。

涵洞完工后，在涵洞砌体砂浆或混凝土强度达到设计强度的70%时，进行涵洞两侧及顶面填土，填筑顺序为T3区→T4区→T5区，填筑方法采用人工配合小型机械夯填密实。

【问题】

1. 按洞顶填土厚度划分，指出该涵洞类型，并说明理由。
2. 写出可用于本路曲线段中线放样的两种方法。
3. 写出涵洞构造示意图中A、B、C结构的名称。

4. 找出涵洞基坑施工中的错误，并说明理由。
5. 改正填筑施工中的错误。

【参考答案】
1. 按洞顶填土厚度划分，该涵洞的类型为暗涵。
理由：按洞顶填土情况，涵洞可分为洞顶不填土的明涵和洞顶填土厚度大于50cm的暗涵两类。该涵洞洞顶填土厚度为2.76m（206.07－201.11－2.2＝2.76m），超过0.5m。
2. 可用于本路曲线段中线放样的两种方法有：偏角法、切线支距法。
3. 涵洞构造示意图中A的名称为台帽（或板座、台座）、B的名称为墙身（或涵台）、C的名称为涵底铺砌（铺底）。
4. 证明基坑施工中的错误及理由：
（1）错误：涵洞基坑开挖平面尺寸按17.62m×3.8m施工。
理由：开挖尺寸应考虑工作面，基坑尺寸应大于基础尺寸，以方便基础施工。
（2）错误：涵洞基坑垂直向下开挖。
理由：原土质是粗砂质粉土，基坑开挖时应放坡，以利于土方稳定和安全。
5. 填筑施工的错误应改为：
（1）涵洞前后路段T1区、T2区应按图上坡度分层预留台阶。
（2）砂浆或混凝土的强度达到设计强度的75%以后，进行两侧回填。
（3）T3、T4同时回填，然后回填T5。

实务操作和案例分析题八

【背景资料】
某跨度40m现浇预应力钢筋混凝土简支梁桥，采用后张法张拉预应力。施工单位采用碗扣式满堂支架施工，如图1-42所示，支架由钢管、扣件、型钢等组成，纵横梁采用电弧焊连接。支架为就近租赁，为保证支架安装质量，施工单位认真检查了扣件的外观质量。

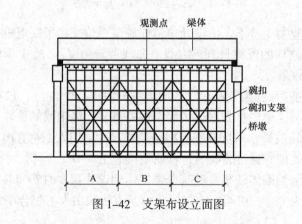

图1-42 支架布设立面图

为了保证支架的承载力以及消除支架和支架地基引起的塑性变形，对支架进行了堆沙袋预压，压重为梁自重的1.2倍（梁自重加施工荷载），并在跨中支架顶部设置了标高观测点。

观测点预压前标高为185.756m，进行分级预压，100%预压荷载时观测点的标高为185.701m。预压稳定后进行了分级卸载，卸载后观测点的标高为185.725m。

经计算，该桥达到了设置预拱度的条件，恒载、活载、混凝土温度、徐变、收缩引起挠度见表1-19，并按二次抛物线设置预拱度。跨中底板的设计标高为185.956m。

恒载、活载、混凝土温度、徐变、收缩引起挠度表 表1-19

项次	内　容	挠度（mm）	备注
1	成桥自重（恒载）引起	9	向下
2	成桥后1/2设计汽车荷载引起	5	向下
3	成桥后设计汽车荷载引起	10	向下
4	收缩、徐变、温度引起	6	向下

梁体浇筑后进行了预应力的张拉，然后拆除支架。为保证施工安全，拟定分3部分（A、B、C），如图1-42所示，分批分次拆除支架。

【问题】
1. 计算梁自重和施工荷载作用下的弹性变形（保留小数点后3位）。
2. 计算该支架跨中需要设置的预拱度以及底板的立模标高（保留小数点后3位）。
3. 排列A、B、C三部分合理的拆除顺序。
4. 写出旧扣件外观质量可能存在的病害。
5. 写出架设本桥支架所需要的特殊工种。

【参考答案】
1. 梁自重和施工荷载作用下的弹性变形＝185.725－185.701＝0.024m。
2. 跨中底板的设计标高＋预拱度＝立模标高。

该支架跨中需要设置的预拱度＝0.024＋0.009＋0.005＋0.006＝0.044m。

底板的立模标高＝185.956＋0.044＝186m。

3. A、B、C三部分合理的拆除顺序：先拆除B，然后同步拆除A和C。
4. 旧扣件外观质量可能存在的病害：裂缝、变形、锈蚀（或生锈）、螺栓出现滑丝。
5. 架设本桥支架所需要的特殊工种：架子工、电焊工、信号指挥工、司索工、起重机司机、电工。

实务操作和案例分析题九

【背景资料】

某施工单位承建了一段二级公路沥青混凝土路面工程，路基宽度12m。上面层采用沥青混凝土（AC-13），下面层采用沥青混凝土（AC-20）；基层采用18cm厚水泥稳定碎石，基层宽度9.5m；底基层采用级配碎石。

沥青混合料指定由某拌合站定点供应，现场配备了摊铺机、运输车辆。基层采用两侧装模，摊铺机铺筑。

施工过程中发生如下事件：

事件1：沥青混凝土下面层施工前，施工单位编制了现场作业指导书，其中部分要求如下：

（1）下面层摊铺采用平衡梁法；

（2）摊铺机每次开铺前，将熨平板加热至80℃；

（3）采用雾状喷水法，以保证沥青混合料碾压过程不粘轮；

（4）摊铺机无法作业的地方，可采取人工摊铺施工。

事件2：施工单位确定的级配碎石底基层实测项目有：压实度、纵断高程、宽度、横坡等。

事件3：施工单位试验室确定的基层水泥稳定碎石混合料的集料比例见表1-20，水泥剂量为4.5%（外掺），最大干容重为2.4t/m²，压实度98%。

基层水泥稳定碎石混合料集料比例表　　　　　表1-20

集料名称	1号料	2号料	3号料	4号料
比例（%）	25	35	25	15

【问题】

1. 本项目应采用什么等级的沥青？按组成结构分类，本项目沥青混凝土路面属于哪种类型？

2. 沥青混凝土路面施工还需要配备哪些主要施工机械？

3. 逐条判断事件1中现场作业指导书的要求是否正确？并改正错误。

4. 补充事件2中级配碎石底基层实测项目的漏项。

5. 列式计算事件3中1km基层需1号料和水泥的用量（不考虑材料损耗、以t为单位，计算结果保留到小数点后2位）。

扫码学习

【参考答案】

1. 本项目采用A级、B级的沥青均可。

按组成结构分类，本项目沥青混凝土路面属于密实—悬浮结构类型。

2. 还需要配备的主要施工机械有：双轮双振动压路机、胶轮压路机、钢轮压路机（或光轮压路机）。

3. 事件1中现场作业指导书的错误与改正：

作业指导书第（1）条不正确；改为：下面层摊铺采用走线法。

第（2）条不正确；改为：摊铺机每次摊铺前，将熨平板加热至不低于100℃。

第（3）条正确。

第（4）条正确。

4. 级配碎石底基层实测项目的漏项有：厚度、平整度、弯沉值。

5. 计算过程如下：

（1）$1000 \times 9.5 \times 0.18 \times 2.4 \times 0.98 = 4021.92$t。

（2）集料总量：$4021.92 / 1.045 = 3848.73$t。

（3）1号料用量：$3848.73 \times 0.25 = 962.18$t。

（4）水泥用量：$3848.73 \times 0.045 = 173.19$t（或$4021.92 - 3848.73 = 173.19$t）。

实务操作和案例分析题十

【背景资料】

施工单位承建了某大桥工程,该大桥桥址位于两山体之间谷地,跨越一小河流,河流枯水期水深0.5m左右,丰水期水深2m左右,地面以下地层依次为黏土、砂砾、强风化砂岩。该桥基础原设计为40根钻孔灌注桩,桩长12.0~13.8m不等。施工中发生如下事件:

事件1:大桥基础施工时,恰逢河流枯水期且大旱无水。施工单位考虑现场施工条件、环保、工期等因素影响,提请将原设计大桥基础钻孔灌注桩全部变更为人工挖孔桩。监理单位与相关部门评估、审定,认为该变更属于对工程造价影响较大的重要工程变更,在履行相关审批程序后,下达了工程变更令。

事件2:开工前,施工单位编制了人工挖孔桩专项施工方案,为保证施工安全,人工挖孔桩施工采用分节现浇C25混凝土护壁支护,每节护壁高度为1m,桩孔混凝土护壁形式及结构如图1-43所示。挖孔施工过程中,发现地层中有甲烷、一氧化碳等气体,施工单位重新修订了专项施工方案。

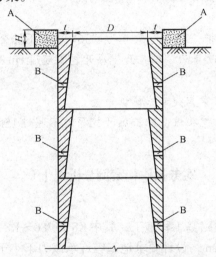

图1-43 混凝土护壁形式及结构示意图

事件3:桩基础人工挖孔施工中,施工单位采取了如下做法:

(1)挖孔作业时,至少每2h检测一次有毒有害气体及含氧量,保持通风;孔深大于10m时,必须采取机械强制通风措施。

(2)桩孔内设有带罩防水灯泡照明,电压为220V。

(3)桩孔每开挖2m深度浇筑混凝土护壁。

【问题】

1. 事件1中,监理工程师下达工程变更令之前,需履行哪两个审批程序?

2. 图1-43中,混凝土护壁形式属于外齿式还是内齿式?写出构造物A的名称。说明混凝土护壁节段中设置的管孔B的主要作用。

3. 根据《公路工程施工安全技术规范》,图1-43中标注的D与H的范围是如何规定的?事件2中,为防止施工人员发生中毒窒息事故,挖孔施工现场应配备哪些主要的设备、仪器?

4. 事件3中，逐条判断施工单位的做法是否正确？若错误，予以改正。
5. 该大桥挖孔桩修订后的专项施工方案是否需要专家论证审查？说明理由。

【参考答案】
1. 事件1中，监理工程师在下达工程变更令之前的程序如下：
（1）报业主批准。
（2）同承包人协商确定变更工程价格不超过业主批准的范围。
2. 图1-43中，混凝土护壁形式属于内齿式。

图1-43中构造物A为孔口护圈（或围挡）。

图1-43中管孔B的主要作用为：
（1）作为泄水孔；
（2）向护壁与桩周间空隙灌注水泥浆的灌浆（或压浆）孔。
3. D（挖孔桩直径）不宜小于1.2m，H应不小于0.3m。

为防止施工人员发生中毒窒息事故，应配备的主要仪器设备有：气体浓度检测仪器、机械通风设备（鼓风机）、隔绝式压缩氧自救器。

4. 事件3中，（1）正确。

事件3中，（2）错误，将"220V"改正为"36V及以下安全电压"。

事件3中，（3）错误，改正为"桩孔开挖每开挖不超过1m深度必须浇筑混凝土护壁，（或挖一节浇筑一节护壁）"。

5. 修订后的专项施工方案需要专家论证审查。

理由：因为该大桥人工挖孔桩基础虽然开挖深度不超过15m，但土体中存在甲烷、一氧化碳等有毒有害气体。

实务操作和案例分析题十一

【背景资料】

某施工单位承接了一段路基工程施工，其中K8+780～K8+810为C20片石混凝土重力式挡土墙，墙高最高为12m，设计要求地基容许承载力不小于0.5MPa。片石混凝土挡土墙立面示意图如图1-44所示。挡土墙施工流程为：施工准备→测量放线→基槽开挖→验基→地基承载力检测→测量放线→搭脚手架→立模加固→浇筑混凝土并人工摆放片石→拆除模板交验→养护。

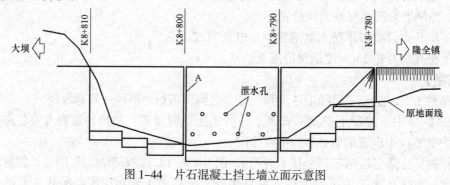

图1-44 片石混凝土挡土墙立面示意图

施工中，采用挖掘机开挖基槽，分段开挖长度根据现场地质情况确定。机械开挖至基底设计标高以上0.3m时，重新进行测量放线，确定开挖正确且不偏位的情况下改用人工清理基底，开挖至设计标高后，用蛙式电动夯将基底夯实，使压实度达到90%以上，检测基底承载力，发现部分基底承载力为0.45MPa。地下水对该基槽无影响。

模板采用钢模板分片拼装后，再按设计位置分段拼装，模板在安装前进行了打磨、并刷脱模剂。每段拼完后，四边挂线调整模板直顺度，符合质量要求后固定。

施工单位采用拌合站集中拌制混凝土，搅拌运输车运输混凝土，混凝土到达现场后，通过溜槽灌注，混凝土自由落体高度不大于2m。采用插入式振动棒振捣密实。混凝土分层浇筑，每层混凝土浇筑完成后，加填一层片石。片石在填放前用水冲洗干净，片石的强度不小于30MPa，片石的最大尺寸不大于结构最小尺寸的1/4，最小尺寸不小于15cm。

施工单位在施工中注重控制片石投放质量，保证了净间距不小于15cm，片石与模板间的净间距不小于25cm，片石体积不超过片石混凝土总体积的30%。

拆模在混凝土强度达到2.5MPa进行，同时考虑拆模时混凝土的温度（由水泥水化热引起）不能过高。模板的拆除顺序遵循先支先拆、后支后拆的原则进行。拆模后，混凝土表面局部出现蜂窝缺陷，但确认施工过程中未出现漏浆及模板变形、跑模现象。

【问题】

1. 判断挡土墙位于路基左侧还是右侧，并说明理由。写出图中构造A的名称。
2. 提出该项目基底承载力不能满足设计要求时的工程处理措施。
3. 指出片石混凝土浇筑与拆模中的错误并改正。
4. 分析混凝土表面局部出现有蜂窝缺陷的可能原因。
5. 除测量工与实验工外，写出该挡土墙施工还需要配置的技术工种。

【参考答案】

1. 挡土墙位于路基左侧，因为立面图中从左到右里程是由大到小（或：当人站在挡土墙起点桩号K8+780向挡土墙终点桩号K8+810看时，挡墙位于人的左侧）。构造A为沉降缝与伸缩缝。

2. 该项目基底承载力不能满足设计要求时的处理措施：
（1）超挖换填水稳性好、强度高的材料。
（2）掺加水泥、石灰等进行土壤改良。
（3）增大压实功率，提高压实度。
（4）设置片石混凝土等扩大基础。

3. "片石体积不超过片石混凝土总体积的30%"错误，应为"片石体积不超过片石混凝土总体积的20%"。

"模板的拆除顺序遵循先支先拆、后支后拆的原则进行"错误，应为"模板的拆除顺序遵循先支后拆、后支先拆的顺序进行"。

4. 混凝土表面局部出现有蜂窝缺陷的可能原因有：
（1）振捣设备选择不合理。
（2）过振。
（3）漏振（欠振）。
（4）材料计量不准确。
（5）拌合不均匀（拌合时间不够）。

（6）混凝土配合比设计不合理。

5. 架子工、模板工、混凝土工、机修工、电工。

实务操作和案例分析题十二

【背景资料】

某高速公路全长120km，设计行车速度100km/h，双向四车道。其中有一座分离式隧道，隧道左线起讫桩号为ZK2+815～ZK3+880，全长1065m；右线起讫桩号为YK2+840～YK3+750，全长910m。隧道最大埋深400m，隧道沿纵向方向设人字坡，坡度为1%。隧道进门段为浅埋段，设40m长的明洞。洞身围岩为Ⅱ～Ⅳ级，岩层含少量地下水。

洞身掘进采用光面爆破，在爆破方案中有如下描述：在开挖面上适当部位掏出小型槽口（炮眼），并沿隧道设计轮廓线布置另一种炮眼。

隧道施工实行安全责任目标管理，项目部决定由专职安全员对隧道的安全生产全面负责。爆破施工前，项目部招聘了6名员工，并立即由专职安全员进行培训，考核合格后安排从事爆破作业。同时严格实行安全技术交底制度和上下班交接制度，严防安全事故的发生。

隧道明洞施工工序为：① 明洞路堑土石方开挖；② 边、仰坡开挖及加固；③ 修筑坡顶排水系统；④ 修筑明洞；⑤ 回填。

【问题】

1. 按地质条件和按地形划分，背景资料中所述的隧道分别属于哪种隧道？按长度划分，左右隧道分别属于哪种隧道？
2. 说明爆破方案中所述两种炮眼的名称。应先起爆哪种炮眼？说明理由。
3. 指出项目部在爆破施工安全管理方面的不当之处，并提出正确做法。
4. 指出明洞施工工序中应放在首位的工序，并说明理由。

【参考答案】

1. 按地质条件划分，背景资料中所述的隧道属于岩石隧道。

按地形划分，背景资料中所述的隧道属于山岭隧道。

按长度划分，左隧道属于长隧道。

按长度划分，右隧道属于中隧道。

2. 开挖面上适当部位掏出小型槽口（炮眼）是掏槽眼；沿着设计轮廓线布置的另一种炮眼是周边眼。

应先起爆掏槽眼。理由：光面爆破的分区起爆顺序：掏槽眼→辅助眼→周边眼。

3. 在爆破施工安全管理方面的不当之处与正确做法。

（1）不当之处：由专职安全员对隧道的安全生产全面负责。

正确做法：由项目经理对隧道的安全生产全面负责。

（2）不当之处：招聘了6名员工，并立即由专职安全员进行培训，考核合格后安排从事爆破作业。

正确做法：应由经过专业培训且持有爆破操作合格证的专业人员从事爆破作业。

4. 明洞施工工序中应放在首位的工序：修筑坡顶排水系统。

理由：修筑坡顶排水系统是隧洞进洞前常规的洞口处理，包括劈坡、安全处理及洞口施工的场地平整，附属设施修建等。

实务操作和案例分析题十三

【背景资料】

某施工单位承接了一条长21km的二级公路的路基、路面工程，路基宽12m，水泥混凝土路面。为保证测量工作质量和提高测量工作效率，项目部制订了详细的测量管理制度，要求如下：

（1）测量队对有关设计文件和监理签认的控制网点测量资料，由两人共同进行核对，核对结果应作记录，并进行签认，成果经项目技术主管复核签认，总工程师审核签认后方可使用。

（2）测量外业工作必须有多余观测，并构成闭合检测条件。

（3）对各工点、工序范围内的测量工作，测量组应自检、复核并签认，分工衔接的测量工作，由测量队或测量组进行互检、复核和签认。

（4）项目经理部总工程师和技术部门负责人要对测量队（组）执行测量复核签认制的情况进行检查，测量队对测量组执行测量复核签认制的情况进行检查，所有检查均应做好检查记录。

（5）测量记录与资料必须分类整理、妥善保管，并作为竣工文件的组成部分归档保存，具体归档资料包括：

1）交接桩资料、监理工程师提供的有关测量控制网点、放样数据变更文件。

2）各工点、各工序测量原始记录，观测方案布置图，放样数据计算书。

K6+280～K6+910为土质路堑，平均挖方深度约13m，最大挖深21.2m，路段土质为细粒土。施工单位在进行路堑开挖时，先沿路线纵向挖出一条通道，再横向进行挖掘。由于该路段地下水位较高，设置了渗沟排除地下水，但路床碾压时出现了"弹簧"现象。经检查分析，出现"弹簧"的原因是渗沟的排水效果不理想，路床下局部路段地下水排不了，导致毛细水上升，使土的含水量偏高。

【问题】

1. 逐条判断测量管理制度中第（1）～（4）条是否正确？并改正错误之处。

2. 补充第（5）条中作为竣工文件的其他测量归档资料。

3. 指出施工单位进行路堑开挖所采用方法的名称。采用该方法是否恰当？说明理由。

4. 为解决K6+280～K6+910路段出现的"弹簧"现象，施工单位可采取的技术措施是什么？

【参考答案】

1. 第（1）条不正确。

改正：测量队应核对有关设计文件和监理签认的控制网点测量资料，应由两人独立进行。

第（2）条的正确。

第（3）条的正确。

第（4）条的正确。

2. 第（5）条中作为竣工文件的其他测量归档资料：

（1）测量内业计算书、测量成果数据图表。
（2）测量器具周期检定文件。

3. 施工单位进行路堑开挖所采用方法是混合式挖掘法。采用该方法恰当。

理由：混合式挖掘法适用于纵向长度和挖深都很大的路堑开挖，本工程中路堑的挖深就很大。

4. 为解决K6＋280～K6＋910路段出现的"弹簧"现象，施工单位可采取的技术措施是：对产生"弹簧土"的部位，可将其过湿土翻晒，或掺生石灰粉翻拌，待其含水量适宜后重新碾压；或挖除换填含水量适宜的良性土壤后重新碾压。

实务操作和案例分析题十四

【背景资料】

某施工单位承接两座单洞分离式隧道施工任务，左线起讫桩号为ZK10＋308、ZK10＋788，右线起讫桩号为YK10＋264、YK10＋776。两隧道均为瓦斯隧道，且围岩富含有害矿物质。根据设计要求，隧道洞内路面采用水泥混凝土刚性路面，路面结构自上而下分别为：24cm厚C25水泥混凝土上面层、20cm厚C20水泥混凝土基层、10cm厚C15水泥混凝土调平层，水泥混凝土路面施工工艺流程如图1-45所示。

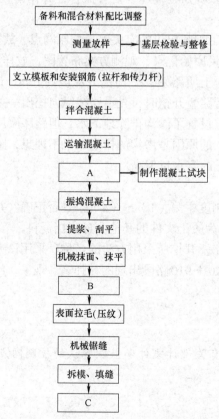

图1-45 水泥混凝土路面施工工艺流程图

施工单位在隧道施工时配备的部分劳动力和相应工伤保险费缴纳的情况见表1-21。

劳动力配备表（部分） 表1-21

序号	劳动力名称及数量	工伤保险费缴纳情况
①	拌合设备操作人员6人	未缴纳
②	运输车辆司机5人	未缴纳
③	压路机操作人员3人	未缴纳
④	摊铺机操作人员4人	未缴纳
⑤	挖掘机操作人员4人	未缴纳
⑥	爆破工3人	已缴纳
⑦	混凝土工4人	未缴纳

明洞段混凝土面层摊铺后，因表面没有及时覆盖，且天气炎热，表面游离水分蒸发过快，体积急剧收缩，导致出现不规则网状裂缝。

隧道施工中施工单位按照国家的劳动保护法规，积极改善隧道施工条件，制订了切实可行的防噪声、通风等措施，以保证作业人员身体健康。

【问题】

1. 按长度划分，左、右线隧道属于什么隧道？说明理由。
2. 如果针对路面面层施工，指出表中劳动力配置哪些是不需要的（以编号标示即可）？按相关法规要求，表中只为危险性较大的爆破工缴纳工伤保险费的做法是否正确？说明理由。
3. 写出工艺流程图中工序A、B、C的名称。
4. 明洞段路面面层摊铺后出现的裂缝通常称为哪种裂缝？
5. 除背景资料中所列措施外，施工单位还应制订哪些劳动保护措施？

【参考答案】

1. 左线：788－308＝480m，小于500m，为短隧道。
右线：776－264＝512m，为中隧道。
理由：隧道按照长度分为特长隧道：$L>3000m$；长隧道：$3000 \geqslant L \geqslant 1000m$；中隧道：$1000>L>500m$；短隧道：$L \leqslant 500m$。
2. ③⑤⑥，不正确，工伤保险属于规费，是施工企业必须为所有工人缴纳的费用。
3. A为摊铺混凝土，B为人工收面，C为养护。
4. 龟裂。
5. 本题中还应制订的措施包括：照明、防尘、防有害气体、防辐射的措施。

实务操作和案例分析题十五

【背景资料】

某沿海大桥工程项目，主墩基础是48根桩径为1.60m的钻孔灌注桩，实际成孔深度为55m。大桥所处位置的地点情况为：表层为5m的砾石，以下为30m的卵漂石层，再下层为软岩层。施工单位进场后，针对本工程的特性，召集各专业技术人员制订了详细的施工管理制度。在施工过程中，发生以下事件：

事件1：在图纸会审中发现存在设计有遗漏问题，施工单位向设计单位发出了"设计变更通知单"。

事件2：为了协调方便，某公路检测机构在该工程项目中同时接受业主、监理和施工三方的试验检测委托。

事件3：施工过程中，经建设单位同意对工程进行了较大变更，从而增加了投资。

事件4：施工单位项目负责人组织质检人员对桥面伸缩缝的埋件规格和数量确定后，报监理工程师批准后进行埋置。

【问题】

1. 公路工程项目所涉及的施工技术管理制度包括哪些？
2. 对施工中发生的事件逐一进行判断是否合理或正确？不正确或不合理的，请改正。
3. 图纸会审包括哪几个阶段？
4. 根据《公路水运工程试验检测管理办法》的规定，公路工程检测机构的等级是依据什么来划分的？
5. 公路工程设计变更的主要原因有哪些？

【参考答案】

1. 公路工程项目所涉及的施工技术管理制度包括图纸会审制度、技术交底制度、测量管理制度、材料与构（配）件试验管理制度、隐蔽工程验收制度、变更设计制度、工程质量检验评定制度、技术总结制度和技术档案制度。

2. 对施工过程中发生的事件的判断：

（1）事件1不正确。

正确做法：应由设计单位发出"设计变更通知单"。

（2）事件2不正确。

正确做法：检测机构在同一公路工程项目标段中不得同时接受业主、监理、施工等多方的试验检测委托。

（3）事件3不正确。

正确做法：如果设计工程做较大变更而影响了建设规模和投资标准时，需报请原批准设计的主管单位同意后方可修改。

（4）事件4不正确。

正确做法：桥面伸缩缝是隐蔽工程，隐蔽前必须进行质量检查和验收，应由施工项目负责人组织施工人员、质检人员，并请监理单位、建设单位代表参加，必要时请设计人参加。检查意见应具体明确，检查手续应及时处理，不得后补。需复验的要办理复验手续，填写复检日期并由复验人作出结论。

3. 图纸会审包括初审、内部会审和综合会审三个阶段。

4. 《公路水运工程试验检测管理办法》规定，检测机构等级是依据检测机构的公路工程试验检测水平、主要试验检测仪器设备及检测人员的配备情况、试验检测环境等基本条件对检测机构进行的能力划分的。

5. 公路工程设计变更的主要原因：

（1）经过会审后的施工图，在施工过程中，发现施工图仍有差错，与实际情况不符者。

（2）因施工条件发生变化与施工图的规定不符者。

（3）材料、半成品、设备等与原设计要求不符者。

实务操作和案例分析题十六

【背景资料】

某施工单位承接了一座多跨变截面预应力混凝土连续箱梁桥,大桥分为上下游两幅,每幅单箱顶板宽10.5m,底板宽6m。大桥采用钻孔灌注桩基础,双柱式桥墩(墩柱高15~26m不等),普通钢筋混凝土盖梁。

上部结构0号块采用墩顶混凝土现浇施工,临时固结构造示意图如图1-46所示。

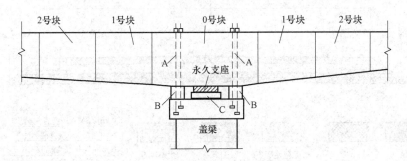

图1-46 临时固结构造示意图

其他梁段(1~19号)采用预制场长线法台座预制,缆索吊装系统悬臂拼装。各梁段之间腹板采用剪力齿衔接,环氧树脂粘合,顶板与底板均设20cm湿接缝。施工中加强测量管理,各梁段施工按照设计标高安装定位,控制好全桥线形。

1~19号梁段长线法预制及悬拼安装施工工序为:预制场及存梁区布置→梁段浇筑台座准备→梁段浇筑及养护→D→梁段外运→梁段吊拼就位→临时预应力张拉及腹板剪力齿粘合→E→预应力穿索及张拉、封锚→下一梁段施工。

按照交通运输部颁布的《公路桥梁和隧道工程施工安全风险评估指南(试行)》的要求,施工单位对全桥进行了总体风险评估,评估结果为Ⅲ级。

【问题】

1. 写出图中A、B、C结构的名称。
2. 长线法预制及悬拼安装施工中工序D、E各是何种工序?
3. 各梁段悬拼安装线形控制测量的关键项目是哪几项?
4. 该大桥是否需要进行专项风险评估?说明理由。若需要进行专项风险评估,说明还需要进行哪几个步骤?

【参考答案】

1. A结构的名称为锚固钢筋;B结构的名称为临时支座(混凝土垫块);C结构的名称为支座垫石。
2. 长线法预制及悬拼安装施工中,工序D是梁段吊运存放、修整工序。
长线法预制及悬拼安装施工中,工序E是湿接缝混凝土浇筑与养护。
3. 各梁段悬拼安装线形控制测量的关键项目是中轴线(或纵轴线)及梁段顶面高程。
4. 该大桥需要进行专项风险评估。
理由:总体风险评估等级达到Ⅲ级及以上的桥梁或隧道工程,应进行专项风险评估。

还需要进行的步骤：确定专项风险评估范围、开展专项风险评估、确定风险控制措施。

实务操作和案例分析题十七

【背景资料】

某施工单位承接了K0＋000～K48＋000段二级公路路面施工，路面结构示意图如图1-47所示，该公路靠近三峡某风景旅游区，沿线居民较多。

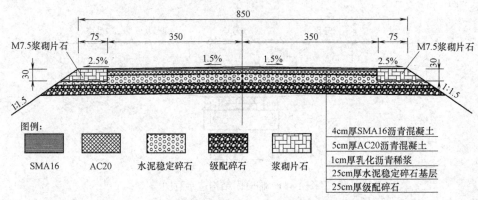

图 1-47 路面结构示意图

施工中发生了如下事件：

事件1：施工单位组建了工地试验室，采购了马歇尔试验仪、恒温水槽、真空保水容器、烘箱、天平、温度计、卡尺等设备。试验室人员通过马歇尔稳定度试验，测试得到了标准试件在标准马歇尔稳定度试验条件下的稳定度为X。另外，将标准试件在60±1℃恒温水槽中保温48h，然后测试得到了其稳定度为Y，计算得到$Z=\dfrac{Y}{X}\times 100\%$。

事件2：施工单位在K25＋100右侧设置了沥青混凝土集中拌合站。在沥青混凝土面层施工过程中，环保部门接到当地居民举报，称施工单位造成了较严重的大气污染。环保部门工作人员到施工现场实测了PM2.5和SO_2等大气质量指标，多项指标严重超标。环保部门工作人员指出施工单位存在的主要问题有：

（1）施工便道为简易土路，雨天泥泞、晴天扬尘；

（2）运输砂石、矿粉的车辆未加盖，沿途遗洒、粉尘飞扬；

（3）沥青混凝土集中拌合站的烟尘敞口排放、严重超标。

环保部门工作人员根据《中华人民共和国环境保护法》相关规定，责令施工单位进行整改并处以罚款。

【问题】

1. 本工程中基层混合料的拌合方法有哪两种？从环保的角度考虑，本工程宜采用哪一种？
2. 本工程路面结构的上面层和底基层在粒料级配方面分别有何要求？
3. 事件1中试验方法除了用于沥青路面施工质量检验外，还有什么用途？

4. 写出事件1中Z的名称，它是反映沥青混合料什么性能的指标？
5. 针对事件2中环保部门工作人员指出的三个问题，分别写出整改措施。

【参考答案】

1. 两种施工方法：路拌法和中心站集中拌合法（或厂拌法）。本工程宜采用中心站集中拌合法（或厂拌法）。

2. 上面层（SMA）的矿料级配组成中应缺少1个或几个档次，形成间断级配。底基层（级配碎石）级配应接近圆滑曲线（或应形成连续级配）。

3. 马歇尔稳定度试验还可用于沥青混合料的配合比设计。

4. 叫作残留稳定度，它是反映沥青混合料受水损害时抵抗剥落能力的指标。

5. 整改措施：
(1) 对施工便道进行硬化，防止扬尘；
(2) 运输易飞扬的材料时，采取遮盖措施（或罐装运输）；
(3) 对拌合站安装烟尘处理装置（或除尘装置）。

实务操作和案例分析题十八

【背景资料】

某10联现浇预应力混凝土连续箱梁桥地处山岭重丘区，跨越河谷，起点与另一特大桥相连，终点与一隧道相连。部分桥跨布置示意图如图1-48所示。

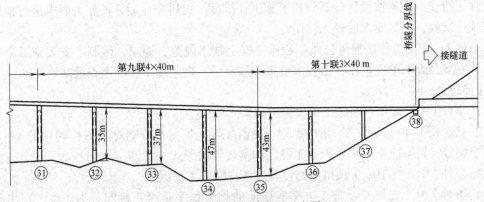

图1-48 部分桥跨布置示意图

该项目在招投标和施工过程中发生如下事件：

事件1：招标文件中的设计文件推荐连续箱梁采用移动模架法施工，因现场场地受限，模架在该桥梁终点处的隧道内拼装，然后前移逐孔施工。但某施工单位进场后，发现隧道标未开工（另一施工单位承担该隧道施工），无法按时提供移动模架拼装场地。经桥梁施工单位提出，建设单位、设计单位和监理单位确认，暂缓第十联施工，而从第九联开始施工。因第九联桥墩墩身较高，移动模架采用桥下组拼、整体垂直提升安装方案，第十联箱梁待隧道贯通后采用桩柱梁式支架（第十联支架布置示意图如图1-49所示）施工，由此造成工期推迟一个月。上述方案上报相关单位并经批复后开始施工，根据相关规定，施工单位提出了以下索赔要求：

（1）移动模架桥下组拼场地处理费用；

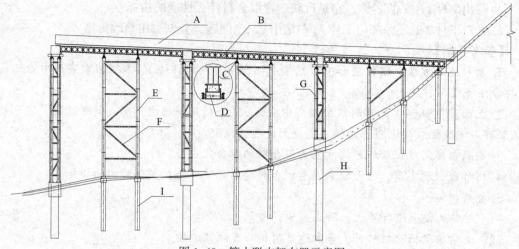

图 1-49 第十联支架布置示意图

（2）工期延长一个月按天索赔增加的现场管理费；
（3）移动模架垂直提升安装费用；
（4）第十联支架摊销费用；
（5）因第十联改为支架而损失的模架摊销费。

事件 2：图 1-49 所示的桩柱梁式支架由桩基础、钢管柱、卸落装置、贝雷片、型钢、联结件等组成，支架按设计计算设置了施工预拱度。组拼完成后，按相关要求进行检验及加载预压试验，满足要求后投入使用。

事件 3：施工单位按照《公路工程施工安全技术规范》要求，编制了支架施工专项方案，该方案经施工单位审核，由技术负责人签字后，报监理工程师审查批准后实施。

【问题】

1. 事件 1 中，逐条判断施工单位提出的索赔要求是否成立？
2. 结合图 1-49 与事件 2，指出型钢、卸落装置、贝雷片分别对应图 1-49 中的 A～H 中的哪个编号？说明应根据哪些因素来确定卸落装置的形式？
3. 事件 2 中，支架施工预拱度的设置应考虑哪些主要因素？
4. 事件 3 中，支架专项施工方案实施前的相关程序是否正确？若不正确，写出正确程序。

【参考答案】

1. （1）索赔成立；（2）索赔不成立；（3）索赔成立；（4）索赔成立；（5）索赔不成立。
2. 结合图 1-49 与事件 2，C 为型钢，B 为贝雷片，D 为卸落装置。

根据结构形式（或支架形式）、承受的荷载大小与需要的卸落量来确定卸落装置的形式。

3. 支架施工预拱度的设置应考虑主要因素有：模板、支架承受施工荷载引起的弹性变形；受载后由于杆件接头的挤压和卸落装置压缩而产生的非弹性变形；支架地基在受载后的沉降变形。

4. 支架专项施工方案实施前的相关程序不正确。

正确程序应为：该支架高度最高达 43m，大于 8m，属于超过一定规模的危险性较大工程的范围，专项方案必须由施工单位组织专家进行论证、审查，专家组提交论证报告并签字后方可实施。

实务操作和案例分析题十九

【背景资料】

某施工单位承建了一段二级公路路基工程，其中K3＋220～K3＋650为高填方路堤，路基填方高度最高为21.2m，地面以下有约6m的软土层。施工单位采用强夯处理地基，采用水平分层填筑路堤。高填方路堤横断面示意图如图1-50所示。

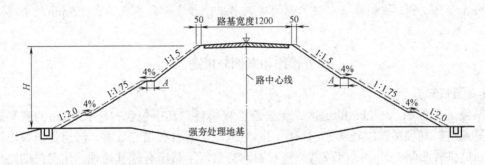

图1-50 高填方路堤横断面示意图

施工过程中发生如下事件：

事件1：施工单位在已碾压整平的场地内做好了周边排水沟，布设了竖向排水体，并在强夯区地表铺设了垫层。在施工场地内选择一块有代表性的地段作为试夯区，面积200m^2。试夯结束后在规定时间段内，对试夯现场进行检测，并与试夯前测试数据进行对比，以检验设备及夯击能是否满足要求，确定间歇时间、夯间距、夯击次数等施工参数，确定强夯处理的施工工艺。强夯处理范围为坡脚边缘。

事件2：施工单位确定的强夯施工工序主要包括：① 夯点布设；② 施工准备；③ 场地平整；④ 试夯；⑤ 主夯；⑥ 检查验收；⑦ 副夯；⑧ 满夯。

事件3：施工期间，施工单位对高填方路堤进行了动态观察，即沉降观测，用路堤中心线地面沉降速率每昼夜不大于10～15mm控制路堤稳定性。

【问题】

1. 分别写出图1-50中标注H以及A所对应的术语名称。强夯区铺设的垫层材料采用哪种类型？试列举两种具体材料。
2. 指出事件1中存在的错误并改正。补充通过试夯还可以确定的施工参数。
3. 写出事件2中强夯施工的正确工序（写出数字编号即可）。
4. 补充事件3中，施工单位对软土地区路堤施工还必须进行的动态观测项目及控制标准。

【参考答案】

1. 图1-50中H为路基边坡高度，A为边坡平台。

   垫层材料宜采用级配良好的坚硬粗颗粒材料。比如：砾石（或碎石、卵石、砂砾）、矿渣（或石渣、煤渣）。

2. 事件1中存在的错误与改正：
（1）① 强夯处理范围为边坡脚边缘错误。
正确做法：强夯处理范围应超出路堤坡脚。每边超出坡脚的宽度不宜小于3m。
② 试夯面积为200m²错误。
正确做法：试夯区场地面积不应小于500m²。
（2）试夯还可以确定的施工参数有：单击夯击能、夯击遍数等。
3. 强夯施工的正确工序：②③①④⑤⑦⑥。
4. 补充事件3中，动态观测项目还应该进行水平位移的观测。
补充事件3中，控制标准：施工期间坡脚水平位移速率每昼夜不大于5mm控制路堤稳定性。

实务操作和案例分析题二十

【背景资料】
某施工单位承接了2km的山区二级公路工程项目，其中包含一座长260m的双车道隧道。隧道进口洞顶覆盖层较薄，出口段的路堑地段受落石和塌方危害，隧道进出口段均设置12m的拱式明洞。其中进口段的路堑对明洞有偏压，路床有软基处理，出口段的路堑对明洞无偏压。

隧道开挖后，及时修筑了第一次衬砌，通过施工中的监控量测，确定围岩变形稳定后，修筑防水层及进行第二次衬砌。

隧道洞口段路面采用水泥混凝土路面，路面结构层自上而下为：20cm厚C30水泥混凝土面层；20cm厚水泥稳定碎石层；20cm厚填隙碎石基层。路面施工完成后进行了隧道通风、照明设施的施工。

隧道通车后，在进口段发现路面出现横向裂缝，施工单位对出现裂缝的原因进行调查分析，发现该段基层顶面标高比设计标高平均高出5cm，而混凝土制备、浇筑工艺、养护都满足要求，切缝及时。

【问题】
1. 简述本隧道工程设置明洞的理由。
2. 根据荷载分布划分，该隧道的拱式明洞有哪些形式？
3. 补充隧道中还需要施工的其他附属设施。
4. 分析路面出现横向裂缝的可能原因。

【参考答案】
1. 本隧道工程设置明洞的理由：隧道进口洞顶覆盖层较薄，洞口有落石和塌方危险，应采用明挖法来开挖隧道。明洞既可作为地面建筑物用以抵御边坡、仰坡的塌方、落石、滑坡、泥石流等病害，又可作为地下建筑物用于在深路堑、浅埋地段不适宜暗挖隧道时，取代隧道的作用。
2. 根据荷载分布划分，该隧道的拱式明洞的形式包括：路堑对称型和路堑偏压型。
3. 隧道中还需要施工的其他附属设施：安全设施、供配电设施、应急设施等。
4. 本题中，路面出现横向裂缝的可能原因：
（1）切缝深度过浅，由于横断面没有明显削弱，应力没有释放，因而在临近缩缝处产生新的收缩缝。

（2）混凝土路面基础发生不均匀沉降，导致板底脱空而断裂。

（3）混凝土路面板厚度不足，在行车荷载和温度应用下产生强度裂缝。

实务操作和案例分析题二十一

【背景资料】

某施工单位甲承接了一座3×30m预应力混凝土先简支后连续梁桥工程，下部构造为重力式桥台和桩柱式桥墩，总体布置如图1-51所示。

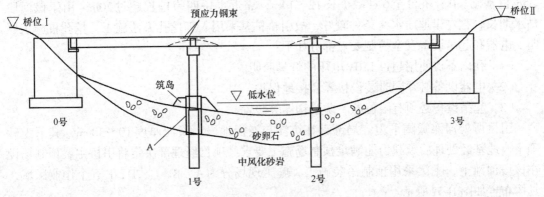

图1-51 总体布置图

地质钻探资料揭示，1号、2号墩有厚度5～8m不等的砂卵石覆盖层，其强度大于25MPa，卵石平均粒径为20cm，持力层为中风化砂层。设计要求桩基在低水位期间采用筑岛钻孔法施工。

施工单位甲将桩基施工分包给施工单位乙，并签订了安全生产管理协议，明确了双方在安全隐患排查中的职责。

桥梁上部结构的主要施工工序包括：①安装临时支座；②拆除临时支座；③安放永久支座；④架设T梁；⑤浇筑T梁接头混凝土；⑥现浇T梁湿接缝混凝土；⑦浇筑横隔板混凝土；⑧张拉二次预应力钢束。

【问题】

1. 开展1号墩顶测量放样时，应控制哪两项指标？
2. A是什么临时设施？有何作用？
3. 根据地质条件，宜选用何种类型钻机施工？
4. 在双方签订的安全生产管理协议中，施工单位甲对事故隐患排查治理应负有哪些职责？
5. 对背景资料中上部结构主要施工工序进行排序（用圆圈的数字表示）。

【参考答案】

1. 开展1号墩顶测量放样时，应控制的两项指标：墩顶坐标和高程。
2. A是钢护筒，作用是稳定孔壁、防止坍孔，保护孔口地面，固定桩孔位置和起到钻头导向作用等。
3. 根据地质条件，宜选用冲击钻机（或冲抓钻机或旋转钻机）。

4. 在双方签订的安全生产管理协议中，施工单位甲对事故隐患排查治理应负有统一协调和监督管理的职责。

5. 对背景资料中上部结构主要施工工序进行排序：①→④→⑦→⑥→⑤→⑧→③→②（或①→③→④→⑦→⑥→⑤→⑧→②）。

实务操作和案例分析题二十二

【背景资料】

某二级公路跨河大桥，左岸引桥结构为11跨20m预应力混凝土简支梁桥，柱式墩，1.5m桩基础。0号桥台至6号墩桩长12～14m，靠近主桥四跨桩长超过20m。由于该河段枯水期长，且左岸地质水文条件较好，故引桥桩基采用人工挖孔方法施工，挖孔桩施工照明、电器和起吊设备安全控制要点部分如下：

（1）孔内不得使用超过110V电压的灯具照明。

（2）电器设备必须同时装设接零和接地保护。

（3）起吊设备必须有限位器、防脱钩器等装置。

引桥所处河滩宽阔平坦，局部存在坑洼与淤泥地段，淤泥厚度10～30cm，其下为砂砾土，地基经处理后承载力能满足预制场施工要求。项目经理部决定将引桥主梁预制场设在该段河滩上，主梁采用预制吊装施工，施工现场分为A、B、C、D、E五个作业区域，具体布置如图1-52所示。

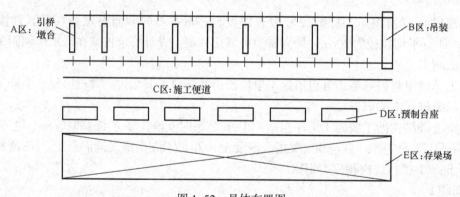

图1-52　具体布置图

预应力张拉时部分主梁锚板处混凝土出现变形开裂现象，项目经理部现场处理方法如下：

（1）清除锚下损坏混凝土，采用与主梁相同配比混凝土修补。

（2）重新安设相同规格锚垫板，待混凝土强度满足要求后张拉。但张拉时仍然出现变形开裂情况，监理工程师指出了项目经理部现场处理方法的不足，并提出整改要求。

【问题】

1. 就左岸靠近主桥四跨的桩长情况，该段引桥桩基采用人工挖孔方法施工是否恰当？说明理由。

2. 改正背景资料中挖孔桩安全控制要点的错误之处。

3. 根据图示，指出引桥主梁所用的吊装方法。

4. C、D、E施工作业区域布置是否合理？说明理由。

5. 改正背景资料中锚板处混凝土变形开裂现场处理方法中的不妥之处。

【参考答案】

1. 就左岸靠近主桥四跨的桩长情况，该段引桥桩基采用人工挖孔方法施工不恰当。

理由：人工挖孔超过10m深，应采用机械通风，并必须有足够保证安全的支护设施及常备的安全梯道。人工挖孔最深不得超过15m。

2. 改正背景资料中挖孔桩安全控制要点的错误之处：

（1）孔内照明应使用36V电压的灯具。

（2）孔内电器设备必须装设漏电保护装置。

3. 采用的是跨墩龙门吊结合架桥机进行吊装施工作业。

4. C、D、E施工作业区域布置不合理。

理由：因为这样布置移梁距离远，施工不方便，成本高，宜将存梁场布设在C区，施工便道布设在E区。

5. 将锚具取下，凿除锚下损坏部分，然后加筋用高强度混凝土修补，将锚下垫板加大加厚，使承压面扩大。

实务操作和案例分析题二十三

【背景资料】

某二级公路工程施工合同段，包含两段路基（K6+000~K6+460、K6+920~K8+325）和一座隧道（K6+460~K6+920），两段路基中既有挖方也有填方。隧道上覆土厚约20m，围岩级别为Ⅳ、Ⅴ级，其中Ⅳ级围岩主要由较坚硬岩组成，Ⅴ级围岩主要由第四系稍湿碎石土组成，该隧道为大断面隧道。

施工单位采用挖掘机开挖路基挖方段土方，开挖时采用横挖法自上而下分台阶进行，直接挖至设计边坡线，并避免超欠挖。开挖时每层台阶高度控制在3~4m以内，并在台阶面设置2%纵横坡以避免雨季积水。

根据施工组织设计要求，部分路基填筑利用隧道洞渣作为路基填料，一般路段采用分层填筑方法施工，土石方分层填筑施工工艺流程如图1-53所示。

隧道进口端路堤，土石料填筑（其中粒径大于40mm的石料超过80%）采用水平分层填筑方法施工，每一层厚控制在400mm，路堤与路床的填料粒径控制不超过层厚，不均匀系数控制在15~20之间。隧道出口端路堤，由于地势低洼，土石料填筑（其中粒径大于40mm的石料占55%）采用倾填方法施工。

隧道施工采用新奥法，根据施工进度计划，并结合地质情况及运输条件，施工单位对该合同段的隧道施工配置了挖掘机、自卸式汽车、风动凿岩机、装载机、凿岩台车、模板衬砌台车、钻孔机、混凝土喷射机、注浆机等施工机械。

【问题】

1. 指出路基土方开挖的错误做法，并说明理由。

2. 写出图1-53中A和B的名称。

3. 指出隧道进口端与出口端路堤填筑中的错误做法并改正。

4. 路基填筑前，"摊铺厚度"指标应通过什么方法确定？图1-53中，"洒水或晾晒"

的目的是什么？

5. 在施工单位对该合同段配置的隧道施工机械中，指出可用于锚杆施工的机械。

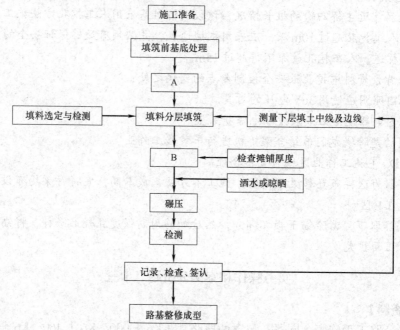

图 1-53　土石方分层填筑施工工艺流程

【参考答案】

1. "直接挖至设计边坡线"的做法错误。因为按相关规范规定，应预留一定的宽度，以免扰动边坡线外土体。

2. A 是基底检测，B 是推土机摊铺整平（或摊平，或整平）。

3. "路堤与路床的填料粒径控制不超过层厚"错误。改为"路堤填料粒径不宜超过层厚的 2/3（即 267mm），路床底面以下 400mm 范围内，填料粒径应小于 150mm，路床填料粒径应小于 100mm"。

"土石料填筑（其中粒径大于 40mm 的石料占 55%）时采用倾填方法施工"错误。改为"土石料填筑（其中粒径大于 40mm 的石料占 55%）采用分层填筑、分层压实"。

4. "摊铺厚度"应通过试验（或铺筑试验路段）方法确定；"洒水或晾晒"的目的是使填料含水量接近最佳含水量，以达到最佳压实效果。

5. 在施工单位对该合同段配置的隧道施工机械中，可用于锚杆施工的有：风动凿岩机、凿岩台车、钻孔机、注浆机。

实务操作和案例分析题二十四

【背景资料】

二级公路某大桥全长 857m，桥宽 12.5m，桥梁上部结构布置为：4×25mT 梁＋6×40mT 梁＋（45m＋80m＋45m）悬浇连续箱梁＋6×40mT 梁＋4×25mT 梁。其中 40mT 梁桥跨横断面如图 1-54 所示。

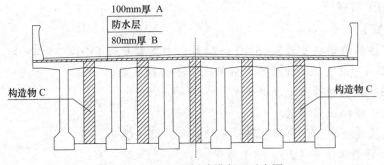

图 1-54 40mT梁桥跨横断面示意图

T梁预制场位于南岸0号桥台一侧的路基上，设有3个25mT梁预制台座与4个40mT梁预制台座。结合本桥结构及地形条件，使用1台运梁平车将T梁从预制场的存梁区移运至架梁现场，采用40m双导梁架桥机首先对南岸T梁逐孔架设，待（45m＋80m＋45m）悬浇连续箱梁施工完毕后逐孔架设北岸各跨T梁。

施工中发生如下事件：

事件1：T梁预制完成后，采用两台设计起吊能力为125t的龙门吊将T梁吊运至存梁区存放。移梁前对梁体喷涂统一标识，标识内容包括预制时间、施工单位、部位名称。施工单位T梁存放做法如下：

（1）T梁移运至存梁区时，其混凝土强度不低于设计强度的80%。
（2）T梁叠层存放时不得超过三层。
（3）叠层存放时下层T梁端部顶面上用加厚钢板支垫。
（4）T梁按吊装次序、方向水平分层叠放，标志向外，并支撑牢固。

事件2：T梁吊装前，在每片梁两端标出竖向中心线，并在盖梁（桥台）顶面上测量放样，放出梁的纵向中心线与每片梁的具体位置。

T梁预制并运输到架设施工现场，采用双导梁架桥机架设的主要施工工序包括：① 架桥机及导梁拼装，试吊；② 架桥机前移至安装跨，支顶前支架；③ 安放支座；④ 落梁，横移到位；⑤ 运梁喂梁，吊梁、纵移到位；⑥ 铰缝施工，完成整跨安装；⑦ 重复各步骤架设下一片梁直至完成整孔梁；⑧ 架桥机前移至下一跨，直至完成整桥施工。

事件3：施工前，根据《公路工程施工安全技术规范》和《公路水运工程安全生产监督管理办法》，施工单位针对本桥梁上部结构施工危险性较大工程编制了25mT梁预制、25mT梁运输与安装、40mT梁预制、40mT梁运输与安装共四个专项施工方案，并按照方案要求进行施工。

【问题】

1. 分别计算本大桥需预制40mT梁的边梁、中梁的数量（单位：片）。
2. 写出图1-54中结构层A、B和构造物C的名称。
3. 事件1中，补充T梁还应喷涂的标识内容。施工单位存梁做法中哪两条是错误的？并改正错误之处。
4. 事件2中，补充在墩台面上测量放样的缺项；写出T梁双导梁架桥机架设施工工序①～⑧的正确排序（用序号表示，如：③②④①……）。
5. 事件3中，哪个专项施工方案需要召开专家论证会进行论证、审查？专家论证会由哪个单位组织召开?

【参考答案】

1. 40mT梁的边梁数量为2×6×2＝24片；中梁数量为4×6×2＝48片。

2. 结构层A：沥青混凝土（水泥混凝土）桥面铺装层。

   结构层B：钢筋混凝土现浇调平层。

   构造物C：横隔板湿接缝。

3. T梁还应喷涂的标识内容包括：张拉时间、梁体编号。

   施工单位存梁做法中（2）、（3）错误。

   存梁做法中（2）的正确做法：T梁叠层存放时不得超过2层。

   存梁做法中（3）的正确做法：当构件多层叠放时，层与层之间应以垫木隔开。支垫材质应采用承载力足够的非刚性材料。

4. 墩台面上测量放样的缺项包括：支座纵横中心线、梁板端位置横线。

   T梁双导梁架桥机架设施工工序：①→②→⑤→④→③→⑦→⑥→⑧。

5. 事件3中需要召开专家论证会进行论证、审查的施工方案：40mT梁运输与安装。

   专家论证会由施工单位组织召开。

第二章 公路工程施工进度管理

2011—2020年度实务操作和案例分析题考点分布

考点＼年份	2011年	2012年	2013年	2014年	2015年	2016年	2017年	2018年	2019年	2020年
双代号网络计划图的绘制							●			
施工横道图的绘制								●		
双代号网络计划时间参数的计算						●	●			
双代号时标网络图的绘制以及关键线路的选择及工期的计算			●							
总时差的确定			●							
工程进度及调整计划的最经济方案		●								
计划工期和关键线路	●			●						●
施工工期的计算						●	●	●		
施工方案的优化内容				●						
路面工程施工组织设计的编制				●						
公路工程施工部署									●	

【专家指导】

关于施工网络进度计划的考核，双代号网络计划时间参数的计算，工期的计算及关键线路的确定属于基本知识，且考核频率较高，对于各工期的计算为考核的要点。关于建造师考试中，网络图的考核没有考生想的那么难，结合真题多加练习关键点即可应对考试。

要 点 归 纳

1. 公路工程施工组织设计的主要内容【重要考点】

公路工程施工组织设计的主要内容包括：编制说明；编制依据；工程概况；施工总体部署；主要工程项目的施工方案；施工进度计划；各项资源需求计划；施工总平面图设

计；大型临时工程；主要分项工程施工工艺；季节性施工技术措施；质量管理与质量控制的保证措施；安全管理与安全保证措施；项目职业健康安全管理措施；环境保护和节能减排的措施及文明施工；本工程需研究的关键技术课题及需进行总结的技术专题。

根据已确定的施工进度计划，编制各项资源需求及进场计划，主要有：劳动力需求计划；材料需求计划；施工机械设备需求计划；资金需求计划。

2. 公路工程进度计划的主要形式【一般考点】

公路工程进度计划的主要形式：横道图、"S"曲线、垂直图（也称斜条图、时间里程图）、斜率图、网络图。

3. 公路施工过程组织方法和特点【重要考点】

（1）顺序作业法（也称为依次作业法）的主要特点

1）没有充分利用工作面进行施工，（总）工期较长。

2）每天投入施工的劳动力、材料和机具的数量比较少，有利于资源供应的组织工作。

3）施工现场的组织、管理比较简单。

4）不强调分工协作，若由一个作业队完成全部施工任务，不能实现专业化生产，不利于提高劳动生产率；若按工艺专业化原则成立专业作业队（班组），各专业队是间歇作业，不能连续作业，材料供应也是间歇供应，劳动力和材料的使用可能不均衡。

（2）平行作业法的主要特点

1）充分利用工作面进行施工，（总）工期较短。

2）每天同时投入施工的劳动力、材料和机具数量较大，材料供应特别集中，所需作业班组很多，影响资源供应的组织工作。

3）如果各工作面之间需共用某种资源时，施工现场的组织管理比较复杂、协调工作量大。

4）不强调分工协作，各作业单位都是间歇作业，此点与顺序作业法相同。

这种方法的实质是用增加资源的方法来达到缩短（总）工期的目的，一般适用于需要突击性施工时施工作业的组织。

（3）流水作业法的主要特点

1）必须按工艺专业化原则成立专业作业队（班组），实现专业化生产，有利于提高劳动生产率，保证工程质量。

2）专业化作业队能够连续作业，相邻作业队的施工时间能最大限度地搭接。

3）尽可能地利用工作面进行施工，工期比较短。

4）每天投入的资源量较为均衡，有利于资源供应的组织工作。

5）需要较强的组织管理能力。

这种方法可以科学地利用工作面，实现不同专业作业队之间的平行施工。

4. 公路工程常用的流水施工组织【重要考点】

（1）公路工程常用的流水参数：工艺参数、空间参数、时间参数。

（2）公路工程流水施工分类

1）按节拍的流水施工分类：有节拍（等节奏）流水施工、无节拍（无节奏）流水施工。其中，有节拍（有节奏）流水施工又分为：等节拍（等节奏）流水施工和异节拍（异节奏）流水施工。

2）按施工段在空间分布形式的流水施工分类：流水段法流水施工、流水线法流水施工。

（3）通道和涵洞的流水段施工组织

1）不窝工的无节拍流水工期＝流水步距和＋最后一道工序流水节拍的和＋要求间歇和。

2）无多余间歇的无节拍流水工期＝施工段间间隔和＋最后一个施工段流水节拍的和＋要求间歇和。

3）有窝工并且有多余间歇的无节拍流水工期，一般通过绘制横道图来确定；如果是异节拍流水时往往是不窝工或者无多余间歇流水施工中的最小值，此时一般是无多余间歇流水工期最小。

（4）桥梁工程流水施工组织

多跨桥梁的桥梁基础或桥梁下部结构施工由于受到专业设备数量的限制，不宜配备多台，因此只能采取流水施工。桥梁的流水施工也是属于流水段法流水施工，应注意尽可能组织成有节拍的形式。工期计算与通道涵洞相同。

5. 网络计划方法的应用【高频考点】

（1）双代号网络计划

按工作计算法：

1）计算工期：网络计划的计算工期应等于以网络计划终点节点为完成节点的工作的最早完成时间的最大值。

2）计划工期：在双代号网络计划中若未规定要求工期，则其计划工期等于计算工期。

3）总时差、自由时差。

工作的总时差等于该工作最迟完成时间与最早完成时间之差，或该工作最迟开始时间与最早开始时间之差，即：

$$TF_{i-j} = LF_{i-j} - EF_{i-j} = LS_{i-j} - ES_{i-j}$$

对于有紧后工作的工作，其自由时差等于本工作的紧后工作最早开始时间减去本工作最早完成时间所得之差的最小值，即：

$$FF_{i-j} = \min\{ES_{j-k} - EF_{i-j}\} = \min\{ES_{j-k} - ES_{i-j} - D_{i-j}\}$$

对于无紧后工作的工作，也就是以网络计划终点节点为完成节点的工作，其自由时差等于计划工期与本工作最早完成时间之差，即：

$$FF_{i-n} = T_p - EF_{i-n} = T_p - ES_{i-n} - D_{i-n}$$

4）关键工作：在网络计划中，总时差最小的工作为关键工作。特别地，当网络计划的计划工期等于计算工期时，总时差为零的工作就是关键工作。

5）关键线路：找出关键工作之后，将这些关键工作首尾相连，便构成从起点节点到终点节点的通路，位于该通路上各项工作的持续时间总和最大，这条通路就是关键线路。

按节点计算法：

1）计算工期：网络计划的计算工期等于网络计划终点节点的最早时间。

2）计划工期：在双代号网络计划中若未规定要求工期，则其计划工期等于计算工期。

3) 总时差、自由时差。

工作的总时差等于该工作完成节点的最迟时间减去该工作开始节点的最早时间所得差值再减其持续时间，即：

$$TF_{i-j} = LF_{i-j} - EF_{i-j}$$
$$= LT_j - (ET_i + D_{i-j})$$
$$= LT_j - ET_i - D_{i-j}$$

工作的自由时差等于该工作完成节点的最早时间减去该工作开始节点的最早时间所得差值再减其持续时间，即：

$$FF_{i-j} = \min\{ES_{j-k} - ES_{i-j} - D_{i-j}\}$$
$$= \min\{ES_{j-k}\} - ES_{i-j} - D_{i-j}$$
$$= \min\{ET_j\} - ET_i - D_{i-j}$$

（2）双代号时标网络计划

1) 关键线路：凡自始至终不出现波形线的线路即为关键线路。

2) 计算工期：等于终点节点所对应的时标值与起点节点所对应的时标值之差。

3) 总时差：以终点节点为完成节点的工作，其总时差应等于计划工期与本工作最早完成时间之差，即：

$$TF_{i-n} = T_p - EF_{i-n}$$

其他工作的总时差等于其紧后工作的总时差加本工作与该紧后工作之间的时间间隔所得之和的最小值，即：

$$TF_{i-j} = \min\{TF_{j-k} + LAG_{i-j, j-k}\}$$

4) 自由时差：以终点节点为完成节点的工作，其自由时差应等于计划工期与本工作最早完成时间之差，即：

$$FF_{i-n} = T_p - EF_{i-n}$$

其他工作的自由时差就是该工作箭线中波形线的水平投影长度。

6. 施工进度偏差分析【高频考点】

（1）分析出现进度偏差的工作是否为关键工作

如果出现进度偏差的工作位于关键线路上，即该工作为关键工作，则无论其偏差有多大，都将对后续工作和总工期产生影响；如果出现偏差的工作是非关键工作，则需要根据进度偏差值与总时差和自由时差的关系作进一步分析。

（2）分析进度偏差是否超过总时差

如果工作的进度偏差大于该工作的总时差，则此进度偏差必将影响其后续工作和总工期；如果工作的进度偏差未超过该工作的总时差，则此进度偏差不影响总工期。至于对后续工作的影响程度，还需要根据偏差值与其自由时差的关系作进一步分析。

（3）分析进度偏差是否超过自由时差

如果工作的进度偏差大于该工作的自由时差，则此进度偏差将对其后续工作产生影响；如果工作的进度偏差未超过该工作的自由时差，则此进度偏差不影响后续工作。

7. 进度计划的检查【重要考点】

（1）横道图比较法

横道图比较法是指将在项目实施中检查实际进度收集的信息，经整理后直接用横道线并列标于原计划的横道线处,进行直观比较的方法。缺点是不便判断对工程工期的具体影响情况。该方法又分为匀速横道图比较法和非匀速双比例单侧横道图比较法(即数值表示比较法)。

(2)"S"形曲线比较法

"S"形曲线比较法与横道图比较法不同,它是以横坐标表示进度时间,纵坐标表示累计完成任务量,而绘制出一条按计划时间累计完成任务量的"S"形曲线,将施工项目的各检查时间实际完成的任务量与"S"形曲线进行实际进度与计划进度相比较的一种方法。

(3)"香蕉"形曲线比较法

"香蕉"形曲线是由两条以同一开始时间、同一结束时间的"S"形曲线组合而成,而且时间最好采用工期的百分数表示。其中,一条"S"形曲线是工程按最早完成时间安排进度所绘制的"S"形曲线,简称ES曲线;而另一条"S"形曲线是工作按最迟完成安排进度所绘制的"S"形曲线,简称LS曲线。除了项目的开始和结束点外,ES曲线在LS曲线的上方,同一时刻两条曲线所对应完成的工作量是不同的。在项目实施过程中,理想的状况是任一时刻的实际进度在这两条曲线所包区域内的曲线R上。

(4)公路工程进度表(横道图法与"S"曲线法的结合)

工程进度表是反映每个月工程实际进度与计划进度的图表。工程进度表实现了横道图法与S曲线法的优势互补,取长补短,克服了横道图不便反映工程整体进度的弱点和工程S曲线(工程实践中一般不作分项工程的S曲线)无法反映各分项工程进度的弱点。

(5)前锋线比较法

前锋线比较法是通过绘制某检查时刻工程项目实际进度前锋线,进行工程实际进度与计划进度比较的方法,它主要适用于时标网络计划。所谓前锋线,是指在原时标网络计划上,从检查时刻的时标点出发,用点划线依次将各项工作实际进展位置点连接而成的折线。前锋线比较法就是通过实际进度前锋线与原进度计划中各工作箭线交点的位置来判断工作实际进度与计划进度的偏差,进而判定该偏差对后续工作及(总)工期影响程度的一种方法。

绘制实际进度前锋线的关键是标定某检查时刻正在施工的各工作的实际进度到达点。有以下两种标定方法:

1)已完成的实际工程量标定;
2)按尚需时间来标定。

(6)一般网络图(无时标)进度检查的割线法——完工时点计算法

用网络图来进行进度检查是进度控制中计划检查最简单和最有效的方法。一般网络图(无时标)的进度检查,可用割线将正施工的各工作进行切割,只需关注被切割到的工作,通过对这些工作实际进度和计划进度进行计算比较和分析,找出进度偏差和工期影响程度,以及对后续工作的影响。

8.进度计划的调整【重要考点】

当公路工程项目施工实际进度影响到后续工作时,总工期需要对进度计划进行调整时,通常采用以下两种方法:

(1)改变某些工作间的逻辑关系;
(2)缩短某些工作的持续时间。

历 年 真 题

实务操作和案例分析题一 [2020年真题]

【背景资料】

某施工单位承接了某高速公路合同段的施工任务，该合同段起讫桩号为K9+060～K14+270。公路沿线经过大量水田，水系发育，有大量软土地基。其中在K11+350附近软土厚度为4.5～8.0m，设计采用水泥粉体搅拌桩进行处理，水泥掺量为14%，桩径为50cm，桩间距为150cm，呈正三角形布置。桩顶地基设砂砾垫层，厚度为30cm。另有一座中心桩号为K13+050的大桥，其桥台后填土较高，荷载较大，需按规范要求进行台背回填。项目开工前，施工单位编制了实施性施工组织设计，确定了主要分部分项工程的施工方法、施工机械配备等，制定了进度计划，并经监理工程师批准。双代号网络计划如图2-1所示。

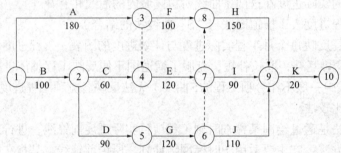

图2-1 双代号网络计划图（单位：d）

施工过程中发生了如下事件：

事件1：水泥粉体搅拌桩施工前，施工单位进行了成桩试验，确定了满足设计喷入量要求的水泥粉体搅拌桩施工工艺参数，包括钻进速度、搅拌速度等。施工过程中，施工单位严格按规范要求进行质量检验，实测项目主要包括垂直度、承载力、桩长、桩径、桩距等。检验发现有部分桩体出现下沉，下沉量在1.2～2.0m之间不等，施工单位按规范要求采取措施对桩体下沉进行了处理。

事件2：施工组织设计中，桥台台背回填的技术方案部分内容如下：① 台背填料选用砂石料或二灰土；② 自台身起，顺路线方向，填土的长度在顶面处不小于桥台的高度；③ 锥坡填土与台背填土同时进行；④ 采用小型机械进行压实，压实度不小于94%；⑤ 台背回填在结构物强度达到设计强度65%以上时进行。

事件3：合同履行过程中，先后出现了以下几个可能影响工期的情形：① 因设计变更，工作（B）的工程量由50000m增加至60000m；② 工作（D）结束后，业主指令在工作（G）之前增加一项工程，完成该新增工程需要30d；③ 因业主供应的某主要材料检验不合格，导致工作（I）开始时间推迟40d。施工单位按合同约定分别就以上3个情形向业主提出工期索赔。

【问题】

1. 计算网络计划的工期，指出关键线路。

2. 事件1中，施工单位在成桩试验中还应确定哪些工艺参数？补充质量检验实测项目。

3. 写出事件1中桩体下沉应采取的处理措施。

4. 逐条判断事件2中施工单位的技术方案是否正确？若不正确，写出正确技术方案。

5. 事件3中的每种情形下可索赔工期分别为多少天？总工期索赔为多少天？

【解题方略】

1. 本题考核的是网络计划的工期及关键线路的确定。

2. 本题考核的是粉喷桩施工规定，应随时记录喷粉压力、瞬时喷粉量和累计喷粉量、钻进速度、提升速度等有关参数的变化。当发现喷粉量不足时，应整桩复打，复打的喷粉量应不小于设计用量。

3. 本题考核的是粉喷桩施工规定。出现沉桩时，孔洞深度在1.5m以内的，可用8%的水泥土回填夯实；孔洞深度超过1.5m的，可先将孔洞用素土回填，然后在原位补桩，补桩长度应超过孔洞深度0.5m。

4. 本题考核的是台背与墙背填筑的施工技术。

（1）二级及二级以上公路应按设计做好过渡段，过渡段路堤压实度应不小于96%；二级以下公路的路堤与回填的联结部，应预留台阶。

（2）台背和锥坡的回填宜同步进行。

（3）台背与墙背1.0m范围内回填宜采用小型夯实机具压实。

（4）分层压实厚度宜不大于150mm，填料粒径宜小于100mm，涵洞两侧回填填料粒径宜小于50mm，压实度应不小于96%。

（5）部位狭窄时，可采用低强度等级混凝土、浆砌片石等材料回填。

（6）涵洞两侧应对称分层回填压实。

（7）回填部分的路床宜与路堤路床同步填筑。

（8）台背与墙背回填，应在结构物强度达到设计强度的75%以上时进行。

台背与墙背填筑填料要求：填料宜采用透水性材料、轻质材料、无机结合料稳定材料等，崩解性岩石、膨胀土不得用于台背与墙背填筑。

5. 本题考核的是工期索赔。

① 可索赔工期20d。

理由：因设计变更属于非施工单位的责任，所以可索赔工期，工程量由50000m增加至60000m，B工作增加20d，B工作是关键工作会使工期延长20d，所以可索赔工期20d。

② 可索赔工期30d。

理由：因工作（D）结束后，业主指令在工作（G）之前增加一项工程，属于非施工单位的责任，且增加的工作位于关键线路上，所以可索赔工期30d。

③ 不能进行工期索赔。

理由：工作的总时差为60d，工作（I）开始时间推迟40d，未超过总时差，不会导致工期的延误，所以工期索赔0d。

综上所述：总工期索赔的天数为：20+30=50d。

【参考答案】

1. 工期 = 100 + 90 + 120 + 150 + 20 = 480d。

关键线路：B→D→G→H→K（或①→②→⑤→⑥→⑦→⑧→⑨→⑩）。

2. 成桩试验中还应确定的工艺参数：喷粉压力、瞬时喷粉量、累计喷粉量、提升速度。

补充的质量检验实测项目：桩体强度、单桩每延米喷粉量。

3. 桩体下沉应采取的处理措施：

（1）出现沉桩时，孔洞深度在1.5m以内的，可用8%的水泥土回填夯实。

（2）孔洞深度超过1.5m的，可先将孔洞用素土回填，然后在原位补桩，补桩长度应超过孔洞深度0.5m。

4. ① 正确。

② 不正确。改正：台背填土顺路线方向长度，应自台身起，顶面不小于桥台高度加2m。

③ 正确。

④ 不正确。改正：台背与墙背1.0m范围内回填宜采用小型夯实机具压实，压实度不小于96%。

⑤ 不正确。改正：台背回填在结构物强度达到设计强度75%以上进行。

5. 事件3中每种情形下可索赔工期的判断如下：

① 工作B为关键工作，可索赔工期：（60000－50000）/（50000/100）=20d。

② 增加的工作G均为关键工作，可索赔工期30d。

③ 工作I为非关键工作，推迟40d，未超过60d的总时差，因此索赔0d。

总工期索赔天数：30＋20＝50d。

实务操作和案例分析题二［2017年真题］

【背景资料】

某公路工程采用工程量清单方式招标，甲公司中标并与发包人签订了施工承包合同，甲公司项目部编制了工程施工进度单代号网络计划图如图2-2所示，监理工程师批准了该计划。

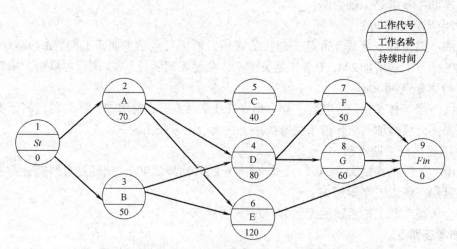

图2-2 工程施工进度单代号网络计划图（时间单位：d）

合同约定当工程量增加超出清单工程量25%时，双方可以协商调整超出25%部分的单价，甲公司部分工程量清单报价见表2-1。

部分工程量清单报价表　　　　　　　　表2-1

第200章　路基

子目号	子目名称	单位	数量	单价（元）	合价（元）
…	……				
203	挖方				
203—1	路基挖方				
—a	挖土方（外运1km）	m³	60000.000	15.00	900000
204	填方				
204—3	结构物台背回填				
—a	台背回填4%水泥稳定碎石	m³	146.000	285.31	41655
207	排水工程				
207—1	边沟				
—b	M7.5浆砌片石边沟	m³	108.000	415.42	44865
—d	边沟人工清淤挖运20m	m³	91.260		
…	……				
	第200章　合计　人民币3033830元				

施工中发生如下事件：

事件1：由于设计变更，路基挖土方实际完成工程量为90000m³，双方协商调整单价为14元/m³。边沟人工清淤挖运20m实际完成工程量82m³。

事件2：A、B工作开工5d后开始下雨，因季节性下雨导致停工4d，后变为50年一遇特大暴雨，导致停工6d。承包商提出工程延期10d与窝工补偿2万元。

事件3：由于设计变更，导致C工作推迟开工60d。

事件4：D工作完成后，业主委托第三方检验，检验结果质量为不合格。承包商返工修复完工后，业主重新委托第三方检验。由于D工作返工，影响了G工作的开始时间，业主要求承包商赶工，监理工程师也需要一起加班。

【问题】

1. 事件1中，路基挖方的总价为多少元？边沟人工清淤挖运是否计价？说明理由（计算结果保留整数）。

2. 将工程施工进度单代号网络计划转换为双代号网络图。

3. 事件2中，承包商可以获得的工期和窝工补偿各为多少？事件3中，承包商可以索赔的工期为多少？

4. 事件4中，业主可以向承包商提出索赔的费用有哪些？

【解题方略】

1. 本题考查的是路基挖方成本的计算。关于路基挖方总价的计算，应注意"增加超出清单工程量25%时，双方可以协商调整超出25%部分的单价"的信息，即分别计算超出25%和未超出25%部分的价格，之后求和。

2. 本题考查的是双代号网络计划图的绘制。双代号网络图中，不允许出现循环回路。绘制网络图时，箭线不宜交叉。双代号网络图中应只有一个起点节点和一个终点节点（多目标网络计划除外），而其他所有节点均应是中间节点。双代号网络图应条理清楚，布局合理。

3. 本题考查的是工期和费用的索赔。（1）工程延期索赔，因为不可抗力事件等原因造成工期拖延的，承包人向发包人提出索赔。事件2中，"50年一遇特大暴雨，导致停工6d"属于不可抗力事件故可索赔6d。（2）从网络计划的终点节点开始，逆着箭线方向一次找出相邻两工作之间的时间间隔为零的线路就是关键线路。可得出关键线路为A→D→G。其他工作的总时差应等于本工作与其各紧后工作之间的时间间隔加该紧后工作的总时差所得之和的最小值，即：$TF_i = \min \{LAG_{i,j} + TF_j\}$。可得出事件3中，C工作的总时差为40+10，F工作的总时差为10。60－(40+10) = 10d。

4. 本题考查的是业主向承包商的索赔。质量不满足合同要求，工程被拒绝接收，在承包商自费修复后，业主可索赔重新检验费。工程进度太慢，要求承包商赶工时，可索赔工程师的加班费。

【参考答案】

1. 路基挖方的总价计算。

（1）路基挖方按原单价结算的工程量：60000×(1+25%) = 75000m³。

路基挖方按新单价结算的工程量：90000－75000 = 15000m³。

路基挖方总价：75000m³×15元/m³ + 15000m³×14元/m³ = 1335000元。

（2）边沟人工清淤挖运不予计价。

理由是：此项工作出现在207－1－d中，按照规定，已经列出的工程量清单，只是没有填写价格的，表明此部分工程量投标人已经考虑到，因为其未填写价格，可以视为其价格已经包含在其他项目中。

2. 工程施工进度单代号网络计划转换为双代号网络图，如图2-3所示。

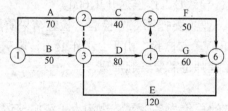

图2-3 工程施工进度双代号网络图

3. 事件2中，承包商可以获得索赔补偿工期6d，无法获得窝工补偿（或窝工补偿为零）。

事件3中，承包商可以索赔工期10d。

4. 业主可以向承包商索赔：重新检验费和监理加班费。

实务操作和案例分析题三 [2013年真题]

【背景资料】

某施工单位承接了南方某山区高速公路K10+000~K24+080段的施工。工期为当年3月初至10月底,其中K12+800~K13+200段紧邻一山区河流,该地区4、5、6月为多雨季节。土方挖运主要采用自备挖掘机施工,有50000m³弃土需运至指定弃土场,平均运距为3km。

合同中约定,只有钢材、水泥可调价,并采用调值公式法调整价格。钢材在投标函投标总报价中占30%,水泥占15%。6月份钢材价格较基准日期上涨30%,当月承包人完成的工程量金额为463万元。该项目主要工作信息摘录见表2-2。

主要工作信息表(摘录)　　　　　　　　　表2-2

工作说明	工作代号	紧后工作	持续时间(d)	所需主要资源
—	A	B、D	20	—
路基土方开挖2	B	C、E	20	每天2台挖掘机
路基土方开挖3	C	F	20	每天4台挖掘机
涵洞基础开挖	D	E、G	30	每天2台挖掘机
—	E	F、H	30	
—	F	J、I	30	
—	G	H	20	
—	H	I	40	
—	I	K、L	20	
—	J	M	20	
—	K	M	10	
—	L	N	20	
—	M	P、N	40	
…	…	…	…	

施工单位编制的时标网络计划如图2-4所示。

施工中,由于业主原因,导致G停工20d。

【问题】

1. 按最早开始时间补充绘制时标网络图中虚框内的图形(将虚框内的内容复制在答题卡上作答),并写出关键线路和工期。
2. 若按计划执行,施工中每天最多需要多少台挖掘机?如果施工单位只配置了4台,并且保证全部投入使用,写出C连续作业的工作安排。
3. 计算6月份调价后的工程款。
4. 为保证4、5、6月的施工安全,应在季节性安全措施中考虑防范哪些安全风险?
5. 写出G工作的总时差,计算因业主原因导致的工期拖延天数。
6. 对于土方挖运施工,除挖掘机外,还需配置哪些主要施工机械?

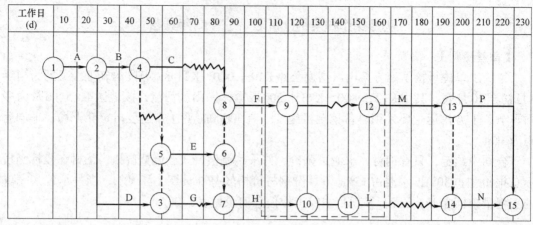

图 2-4 时标网络图

【解题方略】

1. 本题考查的是时标网络图的绘制以及关键线路的选择及工期的计算。本题时标网络图的完善较为简单,结合利用背景资料的相关信息即可。双代号时标网络计划能在图上直接显示出各项工作的开始与完成时间、工作的自由时差及关键线路。根据确定的关键线路即可轻松得知总工期。

2. 本题考查的是机械设备配置的计算。因为C、D重叠,按计划需要4+2=6台挖掘机。

3. 本题考查的是调值公式法计算合同价款。用调值公式 $P=P_0(a_0+a_1A/A_0+a_2B/B_0+a_3C/C_0+\cdots\cdots)$ 分别带入即可。调值公式需要考生牢记。

4. 本题考查的是雨期施工应考虑的风险。本问中,问4、5、6月的施工风险,考生应第一时间想到雨期施工的相关知识。

5. 本题考查的是总时差的确定。总时差(TF_{i-j}),是指在不影响总工期的前提下,工作 $i-j$ 可以利用的机动时间。

6. 本题考查的是土方施工主要施工机械的配置。对于土方开挖工程,选择的机械与设备主要有:推土机、铲运机、挖掘机、装载机和自卸汽车等。

【参考答案】

1. 完整的时标网络图如图2-5所示。

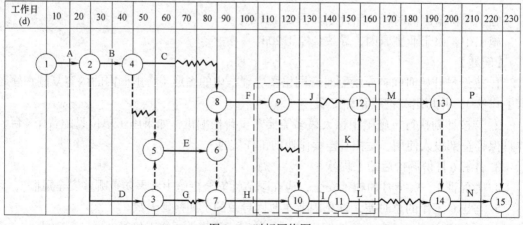

图 2-5 时标网络图

110

关键线路为：①→②→③→⑤→⑥→⑦→⑩→⑪→⑫→⑬→⑮和①→②→③→⑤→⑥→⑦→⑩→⑪→⑫→⑬→⑭→⑮，或用 A→D→E→H→I→K→M→P 和 A→D→E→H→I→K→M→N 表示。

总工期为220d。

2. 若按计划执行，施工中每天最多需要6台挖掘机。

C连续作业的工作安排：C工作按最早开始时间安排进度，前10d与D工作平行施工，每天用两台挖掘机；从第51天开始，C工作用4台设备工作15d。

3. 6月调价后的工程款=463×（1－30%＋30%×130%/100%）=504.67万元。

4. 4、5、6月雨期施工应考虑防范洪水、泥石流、路堑塌方、施工便道冲毁、机械设备防护等。

5. G工作的总时差应为10d。

因业主的原因导致的工期拖延天数=20－10=10d。

6. 对于土方开挖工程，选择的机械与设备主要有：推土机、铲运机、挖掘机、装载机和自卸汽车等。除挖掘机外，还应配置推土机、装载机、铲运机、自卸汽车等。

实务操作和案例分析题四［2012年真题］

【背景资料】

某公路工程，合同价4000万元，合同工期270d。合同条款约定：（1）工程预付款为合同价的10%，开工当月一次性支付；（2）工程预付款扣回时间及比例：自工程款（含工程预付款）支付至合同价款的60%的当月起，分两个月平均扣回；（3）工程进度款按月支付；（4）工程质量保证金按月进度款的5%扣留；（5）钢材、水泥、沥青按调值公式法调价，权重系数分别为0.2、0.1、0.1，其中钢材基期价格指数为100。

施工合同签订后，施工单位向监理提交了如图2-6所示的进度计划，并得到监理批准。

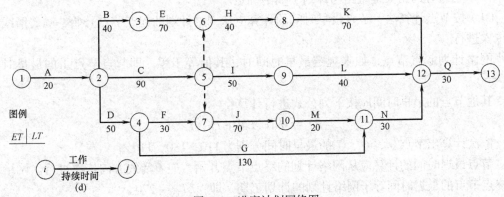

图2-6 进度计划网络图

前6个月（即1～6月份）每月完成的工作量见表2-3。

前6个月（即1～6月份）每月完成的工作量　　　　表2-3

月份	1	2	3	4	5	6
实际完成工作量（万元）	100	200	350	600	800	800

6月份钢材的现行价格指数为110，其余材料价格无变化。

施工过程中，在第三个月末检查时发现：E工作延误20d，C工作延误10d，F工作按计划进行，G工作提前10d。为满足业主坚持按合同工期完工的要求，在不改变网络计划逻辑关系的条件下，施工单位根据表2-4条件按经济性原则进行了计划调整。

可压缩天数及费率　　　　　　　　　　　　　　　　　　表2-4

工作	…	B	E	H	K	Q	…
可压缩天数	…	5	5	10	20	5	…
费率（万元/d）	…	0.1	0.2	0.3	0.4	1.0	…

在G工作进行到一半左右，出现了合同中未标明的硬质岩石，导致施工困难。施工单位及时采取合理措施进行处理并通知了监理。因处理硬质岩石导致增加费用20万元、G工作延误20d，对此，施工单位在规定时间内提出了工期及费用索赔。

【问题】

1. 按网络图图例方式，列出⑤、⑥、⑦三个节点的节点时间参数。指出网络图中的关键线路。确定计划工期。
2. 列式计算本工程预付款及其起扣点金额。工程预付款在哪两个月扣回？每月扣多少万元？
3. 列式计算4月份及5月份的工程进度支付款。
4. 列式计算6月份的调价款。
5. 针对3月末进度检查结果，评价工程进度，并分析确定调整计划的最经济方案。
6. 针对G工作中出现硬质岩石的处理，分别指出施工单位提出的工期及费用索赔是否合理？并说明理由。

【解题方略】

1. 本题考查的是关键线路与计划工期的确定。

（1）按节点计算法，节点最早时间的计算应从网络计划的起点节点开始，顺着箭线方向依次进行。

网络计划起点节点，如未规定最早时间时，其值等于零。即起点节点①的最早时间$ET_1 = 0$。

其他节点的最早时间应按下列公式进行计算：

$$ET_j = \max\{ET_i + D_{i-j}\}$$

依次计算出节点⑤、⑥、⑦的最早时间分别为110、130、110。

节点最迟时间的计算应从网络计划的终点节点开始，逆着箭线方向依次进行。网络计划终点节点的最迟时间等于网络计划的计划工期，即：$LT_{13} = 270$。

其他节点的最迟时间应按下列公式进行计算：

$$LT_i = \min\{LT_j - D_{i-j}\}$$

依次计算出节点⑤、⑥、⑦的最迟时间分别为120、130、120。

（2）在双代号网络计划和单代号网络计划中，关键路线是总的工作持续时间最长的线路。

（3）计划工期是根据要求工期和计算工期所确定的作为实施目标的工期，用Tp表示。未规定要求工期时，计划工期等于计算工期。计算工期等于其终点节点所代表的工作的最早完成时间。

2. 本题考查的是工程预付款及其起扣点的计算。

（1）本题关于预付款及起扣点的计算考核的较为简单，根据背景资料所给条件简单的相乘即可。

（2）按月支付至5月份的工程款部分，考生应格外注意此处应含预付款。

3. 本题考查的是工程款的支付。本题要充分考虑到"工程质量保证金按月进度款的5%扣留"。

4. 本题考查的是因钢材价格变动引起的调价款的计算。本题要充分考虑到"钢材、水泥、沥青按调值公式法调价，权重系数分别为0.2、0.1、0.1"。

5. 本题考查的是工程进度及调整计划的最经济方案。调整工作的选择条件分析应充分考虑在不改变逻辑关系的条件下，选择有压缩余地且费率最小的工作进行压缩最为经济。调整方案应按费率由小到大进行压缩。

6. 本题考查的是工期索赔与费用索赔。关于工期索赔应首先考虑是否超出本工作的总时差。抓住"合同中未标明的硬质岩石"是回答费用索赔的关键。

【参考答案】

1. 节点时间参数：

$$\frac{110\ |\ 120}{⑤} \quad \frac{130\ |\ 130}{⑥} \quad \frac{110\ |\ 120}{⑦}$$

关键线路：A→B→E→H→K→Q。

或：①→②→③→⑥→⑧→⑫→⑬。

计划工期：270d。

2. 工程预付款：4000×10％＝400万元

工程预付款起扣点：4000×60％＝2400万元

按月支付至5月份的工程款（含预付款）累计2450万元。从5月份开始扣工程预付款，在5、6两个月扣200万元。

3. 4月份支付工程款：600×（1－5％）＝570万元

5月份支付工程款：800×（1－5％）－200＝560万元

4. 6月份因钢材价格变动引起的调价款：

800×[0.6＋（0.2×110/100＋0.1＋0.1）－1]＝800×0.02＝16万元。

5. 施工单位的最经济的调整方案分析确定如下：

（1）第三个月末进度评价见表2-5：

第三个月末进度评价　　　　　　　　　　表2-5

工作	延误	TF	误期
E	20	0	20
C	10	10	0
F	0	20	－20
G	－10	10	－20

可见，由于E工作的20d延误将导致工期拖延20d。
（2）调整工作的选择条件分析：
未按合同工期完成，需调整后续工作计划，在不改变逻辑关系条件下，选择有压缩余地且费率最小的工作进行压缩最为经济。
（3）调整方案：按费率由小到大进行压缩。
压缩E工作5d，增加费用5×0.2＝1万元
压缩H工作10d，增加费用10×0.3＝3万元
压缩K工作5d，增加费用5×0.4＝2万元
合计压缩20d，增加费用6万元。
6. 施工单位提出的工期索赔不合理。
理由：G工作的20d延误并未超出G工作此时的总时差（20d）不影响工期。
施工单位提出的费用索赔合理。
理由：G工作进行中出现合同中未标明的硬质岩石，增大了施工难度，属于"不利物质条件"。

典 型 习 题

实务操作和案例分析题一

【背景资料】

某施工单位承接了某高速公路A合同段的施工任务，其中包括8km的路基、路面工程和一座跨径80m的桥梁施工。该合同段土质以松散砂土和黏土为主，土质含水量为20%，路基施工中有大量土方需转运200～300m。

施工前，项目部组织编写了施工组织设计，并将路面分成三个工作量相等的施工段，基层和面层各由一个专业作业队施工。基层的三个施工段按每段25d，面层的三个施工段按每段15d等节拍组织线性流水施工，并绘制了总体进度计划如图2-7所示。

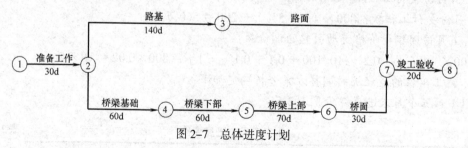

图 2-7 总体进度计划

合同约定工期为300d，并规定每提前工期1d，奖励0.5万元；每拖延工期1d，罚款0.8万元。

在施工准备阶段，项目部将桥梁工程的基础施工指派给某专业作业队实施，但由于种种原因，施工时间需调整为70d。

在桥梁基础施工中，由于监理工作失误，使该桥施工暂停10d，导致人员和租赁的施工机具窝工10d，项目部在规定时间内就此向监理公司提出了费用索赔。

【问题】

1. 该项目土方转运宜选用何种土方机械？说明理由。
2. 按组织流水施工的要求，完善路面部分的施工网络图。
3. 计算完善后的网络计划工期和按此计划项目部可能得到的提前完工奖励或因误期的罚款额。
4. 将桥梁基础施工时间定为70d是否可行？说明理由。
5. 指出桥梁基础施工中机具窝工时可索赔的机械费用组成，项目部是否可以直接向监理公司提出索赔？说明理由。

【参考答案】

1. 该项目土方转运宜选用小型和中型铲运机。

理由：铲运机在土的湿度方面，最适宜湿度较小（含水量在25%以下）松散砂土和黏土中施工，铲斗容积为小型和中型的合理运距为100~350m；大型和特大型的合理运距为800~1500m。本题中的土质以松散砂土和黏土为主，土质含水量为20%，路基施工中有大量土方需转运200~300m。

2. 路面施工时间 = 25 + 25 + 25 + 15 = 90d，总体进度计划如图2-8所示。

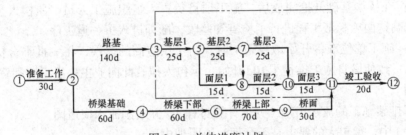

图2-8 总体进度计划

3. 完善后的网络计划工期 = 30 + 140 + 90 + 20 = 280d。

按此计划项目部可能得到的提前完工奖 =（300 - 280）× 0.5 = 10万元

4. 将桥梁基础施工时间定为70d可行。

理由：将桥梁基础施工时间定为70d后，施工工期仍为280d，既不影响总工期，也不会影响提前工期奖。

5. 桥梁基础施工中机具窝工时可索赔的机械费用为机械租赁费。

理由：导致租赁的施工机具窝工。

项目部不可以直接向监理公司提出索赔。

理由：承包商与监理公司没有合同关系，监理工作失误造成的窝工应向业主提出索赔，并按规定向监理递交索赔文件。

实务操作和案例分析题二

【背景资料】

某施工单位承接了一4×20m简支梁桥工程。桥梁采用扩大基础，墩身平均高10m。项目为单价合同，且全部钢筋由业主提供，其余材料由施工单位自采或自购。在离本工程不远的江边有丰富的砂源，经检验，砂的质量符合要求。采砂点位于一跨江大桥下游

150m处，施工用砂均取自这里。项目部拟就1~3号排架组织流水施工，各段流水节拍见表2-6。

各段流水节拍　　　　　表2-6

工序＼段落＼流水节拍（d）	1号排架	2号排架	3号排架
扩大基础施工（A）	10	12	15
墩身施工（B）	15	20	15
盖梁施工（C）	10	10	10

注：表中排架由基础、墩身和盖梁三部分组成。

根据施工组织和技术要求，基础施工完成后至少10d才能施工墩身。

施工期间，还发生了如下事件：

事件1：由于业主大型安装设备的进场，业主委托承包人对一旧桥进行加固。加固工程中的施工项目在原合同中有相同项目，承包人要求直接采用相关单价来处理加固费用。

事件2：在桥梁基础开挖完成后，施工项目负责人组织施工人员、质检人员对基槽几何尺寸和标高这两项隐蔽工程进行了检查和验收，随即进入下一道工序。

事件3：施工单位准备开始墩身施工时，由于供应商的失误，将一批不合格的钢筋运到施工现场，致使墩身施工推迟了10d开始，承包人拟就此向业主提出工期和费用索赔。

【问题】

1. 计算排架施工的流水工期（列出计算过程），并绘制流水横道图。
2. 事件1中，承包人的要求是否合理？说明理由。
3. 事件2中，隐蔽工程的检查验收项目是否完善？说明理由。并指出检查方式的错误之处。
4. 针对事件3，承包人是否可以提出工期和费用索赔？说明理由。
5. 指出背景资料中施工单位存在的违法行为，以及违反了哪部法律或法规？按有关规定应如何处理？

【参考答案】

1. 计算流水工期：

扩大基础施工（A）与墩身施工（B）

$$\begin{array}{r} 10\ \ 22\ \ 37 \\ -)\ \ \ 15\ \ 35\ \ 50 \\ \hline 10\ \ \ 7\ \ \ 2\ \ -50 \end{array}$$

$K_{A,B} = \max\{10, 7, 2, -50\} = 10d$

墩身施工（B）与盖梁施工（C）

$$\begin{array}{r} 15\ \ 35\ \ 50 \\ -)\ \ \ 10\ \ 20\ \ 30 \\ \hline 15\ \ 25\ \ 30\ -30 \end{array}$$

$K_{A,C} = \max\{15, 25, 30, -30\} = 30d$

所以，$T=10+30+(10+10+10)+10=80d$
流水横道图见表2-7。

流水横道图　　　　表2-7

工期(d)	10	20	30	40	50	60	70	80
A	A1	A2	A3					
B			B1		B2		B3	
C						C1	C2	C3

2. 不合理。

理由：因为按照索赔的一般要求，由于需要加强桥梁结构以承受"特殊超重荷载"而索赔，承包商只能索赔有关工程费用，无权得到利润。但单价合同中的单价包含了利润在内的一切费用。

3. 不完善。

理由：检查项目还应有：土质情况、地基处理。还应请监理单位、建设单位、设计单位相关人员参加。

4. 可以。

理由：因为首先造成墩身施工推迟是由于业主的原因，而且该推迟会使工期延长，并会带来人员、设备的窝工，所以承包商可以提出工期和费用索赔。

5. 存在的违法行为是：在大中型公路桥梁周围200m（施工单位是在150m）范围内取砂。违反了《公路法》的规定。应由交通主管部门责令停止违法行为，并可以处以3万元以下罚款。

实务操作和案例分析题三

【背景资料】

某施工单位承接的二级公路中有4道单跨2.0m×2.0m钢筋混凝土盖板涵，在编制的《施工组织设计》中，对各涵洞的工序划分与工序的工作时间分析见表2-8。

各涵洞的工序划分与工序的工作时间分析　　　　表2-8

工作时间(d)　　涵洞 工序名（代号）	1号涵洞	2号涵洞	3号涵洞	4号涵洞
基础开挖及软基换填（A）	6	7	4	5
基础混凝土浇筑（B）	2	2	4	4
涵台混凝土浇筑（C）	4	3	4	5
盖板现浇（D）	5	4	3	4

施工单位最初计划采用顺序作业法组织施工,报监理审批时,监理认为不满足工期要求,要求改为流水作业法。

根据现场施工便道情况,施工单位决定分别针对A、B、C、D 4道工序组织4个专业作业队伍,按4号→3号→2号→1号涵洞的顺序采用流水作业法施工,确保每个专业作业队的连续作业。在每个涵洞的"基础开挖及软基换填"工序之后,按《隐蔽工程验收制度》规定,必须对基坑进行检查和验收,检查和验收时间(间歇时间)按2d计算。验收由施工单位项目负责人组织施工人员、质检人员,并请监理单位人员及设计代表参加。验收的项目为:基坑几何尺寸、地基处理。验收合格后才进行下一道工序的施工。

【问题】

1. 计算按顺序作业法组织4道涵洞施工的工期。
2. 计算按流水作业法组织施工的流水步距及总工期。
3. 绘制按流水作业法组织施工的横道图(要求横向为工期,纵向为工序)。
4. 根据《隐蔽工程验收制度》,验收时还必须邀请哪个单位参加?
5. 补充基坑验收时缺漏的项目。

【参考答案】

1. 按顺序作业法组织4道涵洞施工的工期=(6+2+4+5)+(7+2+3+4)+(4+4+4+3)+(5+4+5+4)+2×4=74d。
2. 流水施工工期计算:采用"累计数列错位相减取大值法"K_{AB}:

$$\begin{array}{r} 5 \quad 9 \quad 16 \quad 22 \\ -) \quad 4 \quad 8 \quad 10 \quad 12 \\ \hline 5 \quad 5 \quad 8 \quad 12 \quad -12 \end{array}$$

故$K_{AB}=12$,同理$K_{BC}=4$,$K_{CD}=5$,$T=(12+4+5)+(4+3+4+5)+2=39d$。

3. 绘制按流水作业法组织施工的横道图见表2-9。

按流水作业法组织施工的横道图　　　　　　　　　表2-9

工序＼工期	5d	10d	15d	20d	25d	30d	35d	40d
A	4号涵洞	3号涵洞	2号涵洞	1号涵洞				
B		K_{AB} 间歇2d	4号	3号	2号	1号		
C				K_{BC} 4号	3号	2号	1号	
D					K_{CD} 4号	3号	2号	1号

39d

4. 根据《隐蔽工程验收制度》,验收时还必须邀请建设单位(或业主单位)参加。
5. 基坑验收时缺漏的项目:土质情况、标高。

实务操作和案例分析题四

【背景资料】

某施工单位承接了某二级公路的施工,工程合同总价为6758万元。其工程划分见表2-10。

工程划分　　　　　　　　　　　　　　　　　　　表2-10

单位工程	分部工程（代号）	分项工程
路基工程	路基土石方工程（A）	土方路基、石方爆破路堑、软土路基
	排水工程（B）	浆砌排水沟、跌水、集水槽
	涵洞（C）	基础及下部结构、主要构件预制及安装、填土、总体
	砌筑防护工程（D）	锚喷防护、护坡
路面工程	路面工程（E）	底基层……
桥梁工程	基础及下部结构	桩基……
	F	……
	总体、桥面系及附属工程	……
	防护工程	……

本项目中的桥梁工程为一座3×25m简支梁桥,梁板采用预制构件。

根据施工组织安排,排水工程（B）开始施工20d后才能开始路基土石方工程（A）施工,涵洞（C）完成20d后才能开始路基土石方工程（A）施工,而砌筑防护工程（D）与涵洞（C）、排水工程（B）同时开始施工,在路基工程全部完成后才能进行路面工程（E）施工。

在本项目施工组织设计中,项目机构组成人员中的主要领导包括:项目经理1名,项目副经理1名,总工1名,党支部书记1名,财务主管1名,技术主管1名。

为搞好廉政建设,在项目管理文件中还写明了廉政建设的具体措施。

【问题】

1. 绘制分部工程中A～E工程的单代号网络计划图。
2. 写出F代表的分部工程名称。
3. 根据《公路水运工程安全生产监督管理办法》,指出表中已列出的分项工程中需要编制安全生产专项施工方案的工程。（如列出错误分项工程,要倒扣分,直到本小题得分扣完为止）
4. 根据《公路水运工程安全生产监督管理办法》,本项目哪些人员应该持有交通运输部颁发的安全生产三类管理人员上岗证书？最少有几人？
5. 为保证廉政建设措施的落实,一般情况下,按照招标文件要求,施工单位应与哪个单位签订什么文件？

【参考答案】

1. 绘制分部工程中A～E工程的单代号网络计划图,如图2-9所示。

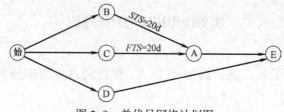

图 2-9 单代号网络计划图

2. F代表的分部工程名称：上部构造预制和安装。

3. 已列出的分项工程中需要编制安全生产专项施工方案的工程：石方爆破路堑、桩基。

4. 本项目的项目经理、项目副经理、项目总工、现场专职安全生产管理人员应该持有交通运输部颁发的安全生产三类管理人员上岗证书。最少有5人。

5. 按照招标文件要求，施工单位应与建设单位签订廉政合同。

实务操作和案例分析题五

【背景资料】

某施工单位承接了某二级公路桥梁工程，施工单位按照合同工期要求编制了如图2-10所示的网络计划（时间单位：d），并经监理工程师批准后实施。

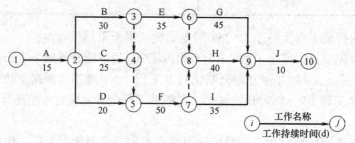

图 2-10 双代号网络计划图

在实施过程中，发生了如下事件：

事件1：工作D（1号台基础）施工过程中，罕见特大暴雨天气使一台施工机械受损，机械维修花费2万元，同时导致工作D实际时间比计划时间拖延8d。

事件2：施工单位租赁的施工机械未及时进场，使工作F（1号台身）实际时间比计划时间拖延8d，造成施工单位经济损失2000元/d。

事件3：业主变更设计，未及时向施工单位提供图纸，使工作E（0号台身）实际时间比计划时间拖延15d，造成施工单位经济损失1600元/d。

【问题】

1. 根据网络图计算该工程的总工期，并指出关键路线。

2. 分别分析事件1、2、3对总工期的影响，并计算施工单位可获得的工期补偿。

3. 分别分析施工单位能否就事件1、2、3导致的损失向业主提出索赔，说明理由，并计算索赔金额。

4. 将背景资料中的双代号网络改为单代号网络。

【参考答案】
1. 该工程的总工期＝15＋30＋50＋40＋10＝145d。关键路线为A、B、F、H、J。
2. 事件1对总工期没有影响，因为工作D有10d的总时差，延误8－10＝－2d。
事件2对总工期有影响，会使总工期延长8d，因为工作F为关键工作。
事件3对总工期有影响，会使总工期延长5d，因为工作E有10d的总时差，延误15－10＝5d。
施工单位可获得的工期补偿为5d。
3. 就事件1导致的损失，施工单位不能向业主提出索赔。
理由：不可抗力发生后，施工机械的损失由施工单位承担。
就事件2导致的损失，施工单位不能向业主提出索赔。
理由：施工单位租赁的施工机械未及时进场属施工单位的责任。
就事件3导致的损失，施工单位能向业主提出索赔。
理由：施工图纸的延误属业主的责任。
索赔金额＝15×1600＝24000元。
4. 修改后的单代号网络图如图2-11所示。

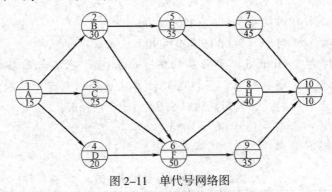

图2-11　单代号网络图

实务操作和案例分析题六

【背景资料】

某施工单位承接了某二级公路的普通水泥混凝土路面施工项目，合同段总长度36km，路面结构层为15cm厚级配碎石底基层、20cm厚水泥稳定碎石基层、24cm厚水泥混凝土面层，面层采用轨道摊铺机摊铺施工。钢材、水泥供应厂家由建设单位指定。施工单位对基层和面层分别组织一个专业队采用线性流水施工，其施工组织设计内容摘要如下：

摘要1：基层施工进度为每天450m，养护时间至少7d；水泥混凝土面层施工进度为每天400m，养护时间至少14d，所需最小工作面长度为3600m，其流水施工横道图见表2-11。

摘要2：施工单位现有主要施工设备包括混凝土生产设备、混凝土及原材料运输设备、吊车、布料机、摊铺机、整平机、压路机、拉毛养护机和石屑撒布机，项目部根据实际情况调用。

摘要3：项目部要求工地试验室在检查了产品合格证、质量保证书后向监理工程师提交每批水泥清单。

路面工程线性流水施工横道图　　　　　　　　　　表2-11

工作内容	时间（d）																								
	5	10	15	20	25	30	35	40	45	50	55	60	65	70	75	80	85	90	95	100	105	110	115	120
基层																								
面层																								

【问题】

1. 计算摘要1中路面基层和面层工作的持续时间。

2. 计算基层和面层的流水工期并按表绘制路面工程线性流水施工横道图（注：将表抄绘在答题纸上作答）。

3. 结合摘要2，为完成水泥混凝土面层施工，施工单位还需配备哪两个关键设备？并指出肯定不需要调用的两个设备。

4. 摘要3中工地试验室的做法能否保证进场水泥质量？说明理由。

【参考答案】

1. 工作持续时间＝工作总量÷每天的工作量。

路面基层工作的持续时间＝36000÷450＝80d。

路面面层工作的持续时间＝36000÷400＝90d。

2. 因为基层的速度450m/d快于面层的速度400m/d，基层与面层之间逻辑关系应选择STS（开始到开始）搭接关系，搭接时距计算应该除以两者中较快的速度，结果为3600÷450＝8d；考虑到养护至少7d，所以STS＝8＋7＝15d。

基层和面层的流水工期＝15＋90＝105d。

绘制路面工程线性流水施工横道图见表2-12。

路面工程线性流水施工横道图　　　　　　　　　　表2-12

工作内容	时间（d）																								
	5	10	15	20	25	30	35	40	45	50	55	60	65	70	75	80	85	90	95	100	105	110	115	120
基层	■	■	■	■	■	■	■	■	■	■	■	■	■	■	■	■								
面层				■	■	■	■	■	■	■	■	■	■	■	■	■	■	■	■	■	■			

3. 为完成水泥混凝土面层施工，施工单位还需配备的关键设备包括：切缝机组和振捣机。肯定不需要调用的两个设备是压路机和石屑撒布机。

4. 摘要3中工地试验室的做法不能保证进场水泥质量。

理由：没有依据标准规范规定的试验方法、试验项目、检验规则进行取样检定。

实务操作和案例分析题七

【背景资料】

甲公司承接了某一级公路K10＋100～K18＋230段的路基路面施工任务，施工前编制了双代号网络计划如图2-12所示，并通过监理审批。

根据与业主所签的施工合同，甲公司将K14＋280～K15＋400段的路基及防护工程分包给乙公司，乙公司再将部分劳务工作交由丙公司承担，并签订了合同。

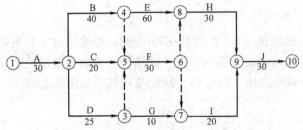

图 2-12 双代号网络计划（时间单位：d）

该项目在实施中发生了如下事件：

事件1：K11＋430～K11＋685段为软土地基，原设计方案为换填处理，由于当地材料缺乏，经监理、业主同意，决定变更为采用砂井处理。

事件2：为便于统一进行安全管理，乙公司现场安全管理人员由甲公司安全管理人员兼任。

事件3：因为业主原因，导致F工作停工35d，甲公司为此向业主提出工期索赔。

事件4：完工后，丙公司以分包人名义向甲公司和业主申请业绩证明。

【问题】

1. 该网络的计划工期为多少天？计算D工作的最迟结束时间，并指出网络计划的关键线路。

2. 按照《公路工程设计变更管理办法》，事件1中的变更属于哪一类变更？其变更应由哪级交通主管部门负责审批？砂井成孔有哪几种方法？

3. 事件2中，甲、乙两公司的做法是否正确？简述理由。

4. 事件3中，F工作的总时差为多少天？甲公司可以向业主提出多少天的索赔工期？

5. 事件4中，丙公司的做法是否正确？简述理由。

【参考答案】

1. 该网络的计划工期为190d。

D工作最迟结束时间是第100天。

扫码学习

网络计划关键线路：A→B→E→H→J（或①→②→④→⑧→⑨→⑩）。

2. 按照《公路工程设计变更管理办法》，事件1中的变更属于较大设计变更。

变更应由省级交通运输主管部门负责审批。沙井成孔方法有：水冲成孔法、套管法、螺旋钻孔法。

3. 事件2中，甲、乙两公司的做法不正确。

理由：甲公司安全管理员不得兼任乙公司安全管理人员，乙公司应有自己的专职安全员管理。

4. 事件3中，F工作的总时差为30d。甲公司可向业主提出5d的索赔工期。

5. 事件4中，丙公司的做法不正确。

理由：丙公司只是乙公司的劳务合作单位而非分包人，根据《公路工程施工分包管理办法》的规定，劳务合作不属于施工分包。劳务合作企业以分包人名义申请业绩证明的，承包人与业主不得出具。

实务操作和案例分析题八

【背景资料】

某等外级公路,起讫桩号K0+000~K7+300,沿途经过工业废矿区域,该地多雨潮湿、雨量充沛。随着当地旅游资源的开发,该路段已成为重要的旅游公路。经专家论证,确定该等外级公路升级改造成三级公路,路面结构形式如图2-13所示。

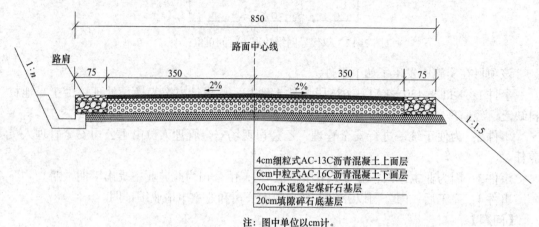

图2-13 路面结构形式示意图

施工中发生如下事件:

事件1:施工单位结合当地的自然条件,采用最适合的A法施工填隙碎石底基层,部分做法如下:

(1)集料层表面空隙全部填满后,立即用洒水车洒水,直到饱满。

(2)用轻型压路机跟在洒水车后碾压。

(3)碾压完成的路段应立即将表面多余的细料以及细料覆盖层扫除干净。

事件2:施工单位对水泥稳定煤矸石混合料进行了不同龄期条件下的强度和模量试验以及温度收缩和干湿收缩试验等,评价其性能。

事件3:为加快施工进度,施工单位编制施工组织设计时,分析了路面工程各结构层流水参数见表2-13,决定采用搭接流水方式施工。通过分析各结构层的施工速度,得出前道工序速度快于后道工序速度,以此确定了工序之间的搭接类型。

流水参数与参数类别　　　　　　　　　　　　　　表2-13

流水参数	参数类别
施工段	时间参数
施工过程数	空间参数
组织间歇	工艺参数

事件4:因该旅游公路不能中断交通,施工单位水泥稳定煤矸石基层施工完成后,不能及时铺筑沥青混凝土面层,在基层上喷洒透层油后,采用层铺法表面处治铺筑了相应的功能层B。

【问题】
1. 写出事件1中方法A的名称,填隙碎石底基层施工还有哪一种方法?
2. 逐条判断事件1中填隙碎石底基层施工的做法是否正确?若不正确,写出正确做法。
3. 事件2中,施工单位在煤矸石使用前,还应做什么处理?
4. 复制表2-13到答题卡上,对流水参数与各自所属参数类别一一对应连线。
5. 事件3中,施工单位确定了哪种搭接类型?
6. 写出事件4中功能层B的名称,该功能层还可采用哪种方法施工?

【参考答案】
1. A的名称:湿法。填碎石底基层施工方法还有干法施工。
2. 事件1中填隙碎石底基层施工的做法正确与否判断如下:
(1)正确。
(2)不正确。正确做法:宜用重型压路机跟在洒水车后碾压。
(3)不正确。正确做法:碾压完成的路段应让水分蒸发一段时间,结构层变干后,将表面多余的细料以及细料覆盖层扫除干净。
3. 煤矸石在使用前还应崩解稳定。
4. 对流水参数与各自所属参数类别连线见表2-14。

流水参数与参数类别　　　　　　　　　　　　　　　　表2-14

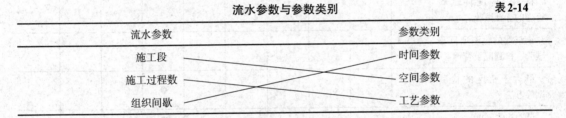

5. 确定的是开始到开始(STS)搭接类型。
6. 功能层B的名称:下封层(或封层)。
封层还可采用稀浆封层法施工。

第三章 公路工程施工质量管理

2011—2020年度实务操作和案例分析题考点分布

考点＼年份	2011年	2012年	2013年	2014年	2015年	2016年	2017年	2018年	2019年	2020年
分项工程质量评分及质量等级		●	●			●			●	
土方路基实测项目					●					
波形梁钢护栏的实测项目			●							
预应力锚索施工工艺及检查和实验		●				●				
材料、构配件试验管理的标准试验						●				
钢绞线的检测项目及试验、检测记录管理	●									
最大干密度的检测试验方法							●			
试验检测制度							●			
试验、检测记录管理							●			
取土试验与"标准试验"				●						
索塔的施工测量			●							
原材料的验证试验	●	●								
桥梁工程钻孔灌注桩的实测项目								●		
钻孔灌注桩的施工质量检验								●		
施工阶段测量管理	●									
沥青混凝土面层质量检验的实测项目								●	●	

【专家指导】

在施工过程中涉及质量的问题考核力度极大,且可考知识点也较多。质量管理的内容在历年真题中,涉及较多的有:各检验的实测项目及检验检测方法。关于各项目检验检测的相关知识点需要在复习过程中,进行熟练掌握。

要 点 归 纳

1. 现场质量检查控制【一般考点】

现场工程质量检查分开工前检查、施工过程中检查和分项工程完成后的检查。现场质量检查控制的方法主要有：测量、试验、观察、分析、记录、监督、总结改进。

2. 土方路基工程施工中常见质量控制关键点【重要考点】

（1）施工放样与断面测量。

（2）路基原地面处理，按施工技术合同或规范规定要求处理，并认真整平压实。

（3）使用适宜材料，必须采用设计和规范规定的适用材料，保证原材料合格，正确确定土的最大干密度和最佳含水量。

（4）压实设备及压实方案。

（5）路基纵横向排水系统设置。

（6）每层的松铺厚度，横坡及填筑速率。

（7）分层压实，控制填土的含水量，确保压实度达到设计要求。

根据不同的土的性质，测定最佳含水量的试验方法通常有：轻型、重型击实试验；振动台法；表面振动击实仪法。

压实度是现场干密度和室内最大干密度的比值。压实度越高，路基密实度越大，材料整体性能越好。其现场密度的测定方法有：灌砂法、环刀法、核子密度湿度仪法。

3. 路面基层（底基层）施工中常见的质量控制关键点【重要考点】

（1）基层施工所采用设备组合及拌合设备计量装置校验。

（2）路面基层（底基层）所用结合料（如水泥、石灰）剂量。

（3）路面基层（底基层）材料的含水量、拌合均匀性、配合比。

（4）路面基层（底基层）的压实度、弯沉值、平整度及横坡等。

（5）如采用级配碎（砾）石还需要注意集料的级配和石料的压碎值。

（6）及时有效的养护。

4. 水泥混凝土路面施工中常见质量控制关键点【重要考点】

（1）基层强度、平整度、高程的检查与控制。

（2）混凝土材料的检查与试验，水泥品种及用量确定。

（3）混凝土拌合、摊铺设备及计量装置校验。

（4）混凝土配合比设计和试件的试验。混凝土的水胶比、外掺剂掺加量、坍落度应控制。

（5）混凝土的摊铺、振捣、成型及避免离析。

（6）切缝时间和养护技术的采用。

5. 沥青混凝土路面施工中常见质量控制关键点【重要考点】

（1）基层强度、平整度、高程的检查与控制。

（2）沥青材料的检查与试验。沥青混凝土配合比设计和试验。

（3）沥青混凝土拌合设备及计量装置校验。

（4）路面施工机械设备配置与压实方案。

（5）沥青混凝土的拌合、运输及摊铺温度控制。

（6）沥青混凝土摊铺厚度的控制和摊铺中离析控制。

（7）沥青混凝土的碾压与接缝施工。

沥青混凝土配合比设计采用马歇尔试验配合比设计法。该法是首先按配合比设计拌制沥青混合料，然后制成规定尺寸试件，12h之后测定其物理指标（包括表观密度、空隙率、沥青饱和度、矿料间隙率等），然后测定稳定度和流值。

6. 桥梁基础工程施工中常见质量控制关键点【重要考点】

（1）扩大基础

1）基底地基承载力的检测确认，满足设计要求。

2）基底表面松散层的清理。

3）及时浇筑垫层混凝土，减少基底暴露时间。

4）大体积混凝土施工裂缝控制。

（2）钻孔桩

1）桩位坐标与垂直度控制。

2）护筒埋深。

3）泥浆指标控制。

4）护筒内水头高度。

5）孔径的控制，防止缩径。

6）桩顶、桩底标高的控制。

7）清孔质量（嵌岩桩与摩擦桩要求不同）。

8）钢筋笼接头质量。

9）导管接头质量检查与水下混凝土的灌注质量。

（3）沉井

1）初始平面位置的控制。

2）刃脚质量。

3）下沉过程中沉井倾斜度与偏位的动态控制。

4）封底混凝土的浇筑工艺确保封底混凝土的质量。

7. 土方路基工程质量检验【重要考点】

（1）基本要求

1）在路基用地和取土坑范围内，应清除地表植被、杂物、积水、淤泥和表土，处理坑塘，并按规范和设计要求对基底进行压实。

2）填方路基应分层填筑压实，每层表面平整，路拱合适，排水良好，不得有明显碾压轮迹，不得亏坡。

3）应设置施工临时排水系统，避免冲刷边坡，路床顶面不得积水。

4）在设定取土区内合理取土，不得滥开滥挖。完工后应按要求对取土坑和弃土场进行修整。

（2）实测项目

土方路基实测项目有：压实度（△）、弯沉（△）、纵断高程、中线偏位、宽度、平整度、横坡、边坡。

8. 填石路基工程质量检验【重要考点】

（1）基本要求

1）填石路基应分层填筑压实，每层表面平整，路拱合适，排水良好，上路床不得有碾压轮迹，不得亏坡。

2）修筑填石路堤时应进行地表清理，填筑层厚度应符合施工技术规范规定并满足设计要求，填石空隙用石碴、石屑嵌压稳定。

3）填石路基应通过试验路确定沉降差控制标准。

（2）实测项目

压实（△）、弯沉（△）、纵断高程、中线偏位、宽度、平整度、横坡、边坡坡度和平顺度。

9. 路面工程质量检验【重要考点】

（1）基层和底基层

1）稳定土、粒料基层和底基层基本要求

① 应选择质坚干净的粒料，石灰应经充分消解，矿渣应分解稳定，未分解渣块应予剔除。

② 路拌深度要达到层底。

③ 石灰类材料应处于最佳含水量状况下碾压，水泥类材料碾压终了的时间不应超过水泥的终凝时间。

④ 碾压检查合格后立即覆盖或洒水养护，养护期应符合规范要求。

2）实测项目

① 稳定土基层和底基层实测项目有：压实度（△）、平整度、纵断高程、宽度、厚度（△）、横坡、强度（△）。

② 级配碎（砾）石基层和底基层实测项目有：压实度（△）、弯沉值、平整度、纵断高程、宽度、厚度（△）、横坡。

（2）水泥混凝土面层

1）基本要求

① 基层质量应符合规范规定并满足设计要求，表面清洁、无浮土。

② 接缝填缝料应符合规范规定并满足设计要求。

③ 接缝的位置、规格、尺寸及传力杆、拉力杆的设置应符合设计要求。

④ 混凝土路面铺筑后按施工规范要求养护。

⑤ 应对干缩、温缩产生的裂缝进行处理。

2）实测项目

弯拉强度（△）、板厚度（△）、平整度、抗滑构造深度、横向力系数SFC、相邻板高差、纵横缝顺直度、中线平面偏位、路面宽度、纵断高程、横坡、断板率。

（3）沥青混凝土面层和沥青碎（砾）石面层

1）基本要求

① 基层质量应符合施工技术规范规定并满足设计要求，表面干燥、清洁、无浮土。

② 应严格控制沥青混合料拌合的加热温度。拌合后的沥青混合料应均匀、无花白、无粗细料分离和结团成块现象。

③ 应按规定要求控制碾压工艺，严格控制摊铺和碾压温度。

2）实测项目

矿料级配（△）、沥青含量（△）、马歇尔稳定度、压实度（△）、平整度、弯沉值、渗水系数、摩擦系数、构造深度、厚度（△）、中线平面偏位、纵断高程、宽度及横坡。

10. 桥梁工程预应力筋加工和张拉的质量检验【重要考点】

（1）基本要求

1）预应力束中的钢丝、钢绞线应顺直，不得有缠绞、扭结现象，表面不应有损伤。

2）单根钢绞线不得断丝。单根钢筋不得断筋或滑移。

3）同一截面预应力筋接头面积不超过预应力筋总面积的25%，接头质量应符合施工技术规范的规定。

4）预应力筋张拉或放张时混凝土强度和龄期应满足设计要求，应按设计规定的张拉顺序进行操作。

5）预应力钢丝采用镦头锚时，镦头应圆整，不得有斜歪或破裂现象。

6）管道应安装牢固，接头密合，弯曲圆顺。锚垫板平面应与孔道轴线垂直。

7）张拉设备配套标定和使用，并不得超过标定期限使用。

8）锚固后预应力筋应采用机械切割，外露长度符合设计要求。

（2）实测项目

1）钢丝、钢绞线先张法实测项目：镦头钢丝同束长度相对差、张拉应力值（△）、张拉伸长率（△）、同一构件内断丝根数不超过钢丝总数的百分数、预应力筋张拉后在横断面上的坐标、无粘结段长度。

2）后张法实测项目：管道坐标、管道间距（包含同排和上下层）、张拉应力值（△）、张拉伸长率（△）、断丝滑丝数。

11. 隧道工程喷射混凝土质量检验【重要考点】

（1）基本要求

1）开挖断面的质量，超欠挖处理、围岩表面渗漏水处理应符合施工技术规范规定，受喷岩面应清洁。

2）喷射混凝土支护应与围岩紧密黏结，结合牢固，不得有空洞。喷层内不应存在片石和木板等杂物。严禁挂模喷射混凝土。

3）钢架与围岩之间的间隙应采用喷射混凝土充填密实。

4）喷射混凝土表面平整度应符合施工技术规范规定。

（2）实测项目

喷射混凝土强度（△）、喷层厚度、喷层与围岩接触状况（△）。

12. 工程质量评定【重要考点】

（1）工程质量等级应分为合格与不合格。

（2）分项工程、分部工程、单位工程质量评定应有符合《公路工程质量检验评定标准 第一册 土建工程》JTG F80/1-2017附录K工程质量检验评定用表规定的资料。

（3）分项工程质量评定合格应符合下列规定：① 检验记录应完整；② 实测项目应合格；③ 外观质量应满足要求。

（4）分部工程质量评定合格应符合下列规定：① 评定资料应完整；② 所含分项工程及实测项目应合格；③ 外观质量应满足要求。

（5）单位工程质量评定合格应符合下列规定：①评定资料应完整；②所含分部工程应合格；③外观质量应满足要求。

（6）评定为不合格的分项工程、分部工程，经返工、加固、补强或调测，满足设计要求后，可重新进行检验评定。

（7）所含单位工程合格，该合同段评定为合格；所含合同段合格，该建设项目评定为合格。

13. 交工验收与竣工验收质量评定【重要考点】

（1）交工验收质量评定

合同段工程质量评分采用所含各单位工程质量评分的加权平均值，即工程各合同段交工验收结束后，由项目法人对整个工程项目进行工程质量评定，工程质量评分采用各合同段工程质量评分的加权平均值。即投资额原则使用结算价，当结算价暂时未确定时，可使用招标合同价，但在评分计算时应统一。

交工验收工程质量等级评定分为合格和不合格，工程质量评分值大于等于75分的为合格，小于75分的为不合格。

（2）竣工验收质量评定

竣工验收工程质量评分采取加权平均法计算，其中交工验收工程质量得分权值为0.2，质量监督机构工程质量鉴定得分权值为0.6，竣工验收委员会对工程质量的评分权值为0.2。

对于交工验收和竣工验收合并进行的小型项目，质量监督机构工程质量鉴定得分权值为0.6，监理单位对工程质量评定得分权值为0.1，竣工验收委员会对工程质量的评分权值为0.3。

工程质量评分大于等于90分为优良，小于90分且大于等于75分为合格，小于75分为不合格。

历 年 真 题

实务操作和案例分析题一［2018年真题］

【背景资料】

某施工单位承建了某一级公路工程，起讫桩号K6+000～K16+000，其中K12+420～K12+540为一座钻孔灌注桩箱型梁桥。路线施工总平面布置示意图如图3-1所示，拟建公路旁边修建了生产区、承包人驻地及汽车临时便道等，K7+000～K15+000段的汽车临时便道共9.3km，K6+000～K7+000及K15+000～K16+000段的汽车临时便道紧靠拟建公路并与拟建公路平行。桥梁东西两端路基土方可调配，桩号K14+300附近有一免费弃土坑。

在K7+000～K15+000挖填土石方调配完毕后，针对K6+000～K7+000（填方路段）和K15+000～K16+000（挖方路段），有如下两种路基土方调配方案：

方案一：K15+000～K16+000挖土方作为远运利用方调配至K6+000～K7+000填筑；

方案二：K6+000～K7+000填筑土方从桩号K6+500附近新设借土场借土填筑。

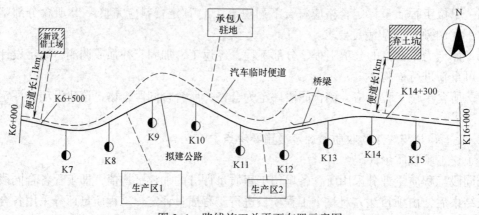

图 3-1 路线施工总平面布置示意图

针对以上两种方案，各分项综合单价见表3-1。

各分项综合单价表　　　　表 3-1

序号	分项名称	综合单价（元/m³）
1	挖掘机挖装土方	4
2	自卸汽车运土方第1公里	7
3	自卸汽车运土方每增运0.5km	1
4	借土场修建费（折算至每一挖方量综合单价）	4
5	借土场资源费	3

注：当汽车运输超过第1公里，其运距尾数不足0.5km的半数时不计，等于或超过0.5km的半数时按增运0.5km计算。

大桥钻孔灌注桩共20根，桩长均相同，某桥墩桩基立面示意图如图3-2所示，护筒高于原地面0.3m。现场一台钻机连续24h不间断钻孔，每根桩钻孔完成后立即清孔、安放钢筋笼并灌注混凝土，钻孔速度为2m/h，清孔、安放钢筋笼、灌注混凝土及其他辅助工作综合施工速度为3m/h。为保证灌注桩质量，每根灌注桩比设计桩长多浇筑1m，并凿除桩头。

该工程合同总价：6.982亿元，工期：3年，施工合同中约定，人工单价100元/工日，人工窝工补偿费80元/工日，除税金外企业管理费、利润等综合费率为20%（以直接工程费为计算基数）。施工过程中发生如下事件：

事件1：施工单位根据《公路水运工程安全生产监督管理办法》进行了如下安排：

（1）第一年计划完成施工产值2.1亿元，为保证安全生产，设置了安全生产管理机构，并配备了3名专职安全生产管理人员；

（2）依据风险评估结论，对风险等级较高的分部分项工程编制专项施工方案，并附安全验算结果，经施工单位技术负责人签字后报监理工程师批准执行。

事件2：灌注桩钻孔过程中发现地质情况与设计勘察地质情况不同，停工12d，导致人工每天窝工8工日，机械窝工费1000元/d，停工期间施工单位配合设计单位进行地质勘探用工10工日；后经设计变更每根灌注桩增长15m（原工期计划中，钻孔灌注桩施工为非关键工序，总时差8d）。

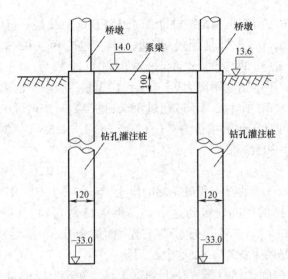

注：本图尺寸标高以m为单位，其余均以cm为单位。

图 3-2 某桥墩桩基立面示意图

事件3：施工单位加强质量管理，根据《公路工程质量检验评定标准》，对钻孔灌注桩设置质量检验的实测项目包括：桩位、孔径、孔深、混凝土强度和沉淀厚度。

事件4：钻孔灌注桩施工中，为保证隐蔽工程施工质量，各工序施工班组在上下班交接前均对当天完成的工程质量进行检查，对不符合质量要求的及时纠正，每道工序完成后由监理工程师检查认可后，方能进行下道工序。钻孔灌注桩混凝土浇筑完成后用无破损法进行了检测，监理工程师对部分桩质量有怀疑，要求施工单位再采取A方法对桩进行检测。

【问题】

1. 分别计算路基土方调配方案一和方案二综合单价，根据施工经济性选择出合理方案（计算结果保留整数）。

2. 根据《公路工程标准施工招标文件》，计算图3-2桥墩桩基单根桩最终计量支付长度（计算结果保留整数）。

3. 事件1中，逐条判断施工单位做法是否正确，并改正错误。

4. 针对事件2，计算工期延长的天数。除税金外可索赔窝工费和用工费各多少元（计算结果保留一位小数）？

5. 针对事件3，补充钻孔灌注桩质量检验的实测项目。

6. 针对事件4，写出A方法的名称。事件4中的一些工作反映了隐蔽工程"三检制"的哪一检工作？还缺少哪两检工作？

【解题方略】

1. 本题考查的是路基土方调配成本的计算。土方调配的运距，是指从挖方体积的重心到填方体积的重心之间的距离。在路线工程中为简化计算起见，这个距离可简单地按挖方断面间距中心至填方断面间距中心的距离计算，称平均运距。

方案一：

从最右端运土到最左端，其实就是从K15、K16中间重心的位置，一直到K6和K7中间重心的位置。因为6、7和15、16两端的临时道路和这个线是并行的，中间的临时道路是9.3km。9是18个0.5，0.3正好是超过0.5的一半，即按19个0.5来算。两端的是K6、K7，还有K14、K15、K16。两个500m加起来正好是1km。故为：$4+7+1\times19=30$。

对于方案一来说，平均运输距离为$9.3+1=10.3$km，当汽车运输超过第1公里，其运距尾数不足0.5km的半数时不计，等于或超过0.5km的半数时按增运0.5km计算，所以计算运距为10.5km。则自卸汽车运输单价为$7+(10.5-1)\div0.5\times1=26$元/m，所以方案一的综合单价为$4+26=30$元/$m^3$。

方案二：

答案要考虑的是最右端的弃土和最左端的借土。$4+7+1\times2$，其实就是右面的弃土，弃土因为它是从15、16的中间先走到这个15，再从15走到14、15的中间，然后再往上走的是1km的一个路线，$4+7$就是把它理解成上面那个1km，然后从15、16的中间走到14、15的中间，正好是两个0.5，1×2这个没问题。

借土是从6、7的中间，然后竖直往上到借土场。距离1.1km，1.1km其实就是1km+0.1km，0.1km是小于0.5的一半，这个肯定是不考虑，其实就是1km。前面那部分就是$4+7+1$，这个是对的。后面的$4+3$，这个就是表格里面那个借土场的费用，那两项就是$4+3$，加起来总共是32。

对于方案二来说，弃土的平均运输距离为$1+(15.5-14.3)=2.2$km，当汽车运输超过第1公里，其运距尾数不足0.5km的半数时不计，所以计算运距为2km。则弃土段自卸汽车运输单价为$7+(2-1)+0.5\times1=9$元/m^3，弃土段土方调配的综合单价为$4+9=13$元/m^3。借土的平均运输距离为$1.1+0.25=1.35$km，当汽车运输超过第1公里，其运距尾数不足0.5km的半数时不计，等于或超过0.5km的半数时按增运0.5km计算，所以计算运距为1.5km。则借土段自卸汽车运输单价为$7+(1.5-1)+0.5\times1=8$元/m^3，由于借土段还需考虑借土场修建费和资源费，所以借土段土方调配的综合单价为$4+8+4+3=19$元/m^3。因此方案二的综合单价为$13+19=32$元/m^3。

2. 本题考查的是灌注桩计量支付的长度。计算该题应注意不要漏算"经设计变更每根灌注桩增长15m"。

3. 本题考查的是公路工程施工安全生产条件。施工单位应当设置安全生产管理机构或者配备专职安全生产管理人员。2亿元以上的应配备不少于5名的专职安全生产管理人员，且按专业配备。

4. 本题考查的是工期延长窝工费和用工费的计算。工期延长12d导致的窝工包括人工和机械补偿两部分。用工费计算基数为10d，尤其应考虑20%的综合费率。

5. 本题考查的是桥梁工程钻孔灌注桩的实测项目。桥梁工程钻孔灌注桩实测项目有：混凝土强度（△）、桩位（△）、孔深（△）、孔径（△）、钻孔倾斜度、沉淀厚度（△）、钢筋骨架底面高程。

6. 本题考查的是钻孔灌注桩的施工质量检验。钻孔灌注桩施工质量检验，应选择有代表性的桩用无破损法进行检测，重要工程或重要部位的桩宜逐根进行检测。设计有规定或对桩的质量有怀疑时，应采取钻取芯样法对桩进行检测。工序交接检查，对于重要的工序或对工程质量有重大影响的工序，应严格执行"三检"制度（即自检、互检、专检），未经监理工程师（或建设单位本项目技术负责人）检查认可，不得进行下道工序施工。

【参考答案】

1. 路基土方调配方案一的综合单价：4＋7＋1×19＝30元/m³。

路基土方调配方案二的综合单价：4＋7＋1×2＋4＋7＋1＋4＋3＝32元/m³。

根据经济性选择的方案为方案一。

2. 该桥墩桩基单根灌注桩最终计量支付长度为：14－1＋33＋15＝61m。

3. 事件1中，施工单位做法正确与否的判断及错误改正：

（1）错误。改正：将"并配备了3名专职安全生产管理人员"更改为"应配备专职安全生产管理人员至少5名，且按专业配备"。

（2）正确。

4. 针对事件2，工期延长的天数为：12＋（15×20/2＋15/3）/24－8＝10.5d。

除税金外可索赔窝工费：8×12×80＋1000×12＝19680元。

除税金外可索赔用工费：10×100×（1＋20%）＝1200元。

5. 该桥梁工程钻孔灌注桩质量检验应补充的实测项目：钻孔倾斜度、桩身完整性（或钢筋骨架底面高程）。

6. 事件4中，A方法的名称为：钻取芯样。

事件4中的一些工作反映的是隐蔽工程"三检制"中的自检工作，其还缺少的工作为：互检和专检（或交接检）两检工作。

实务操作和案例分析题二 ［2015年真题］

【背景资料】

某段高速公路桩号为K0＋000～K13＋700，交通荷载等级为重交通。K9＋362处有一座7×30m预应力混凝土T型梁桥，桥梁造价为1000万元（含桥面铺装、交通安全设施等所有工程），K9＋100～K9＋600路线纵断面示意图如图3-3所示。施工单位中标进场后，经初步考察，拟组织下列机械进场：（A）挖掘机；（B）缆索式起重机；（C）羊足碾；（D）旋挖钻机；（E）架桥机；（F）打桩机；（G）平地机；（H）大吨位千斤顶；（I）压路机；（J）自卸汽车等。

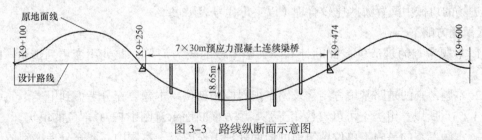

图3-3 路线纵断面示意图

在编制实施性施工组织设计时，施工单位发现K9＋100～K9＋600段弃方共计140000m³，弃方平均运距为450m，且弃土场占用良田较多；桥头两端挖方体经取样检测，甲类土CBR值为4.2%，乙类土CBR值为8.1%，土体均匀。经业主、设计、监理、施工等单位现场考察，综合各方面因素，业主单位提出设计变更，将桥梁变更为路堤，变更后的路基填方横断面示意图如图3-4所示。变更后，桥位段增加填方125000m³（均来自

K9+100~K9+600段路基挖方），增加的其他所有防护、排水、路面、交通安全设施等工程造价为680万元。该合同段路基挖方单价为14.36元/m³，填方单价为7.02元/m³。

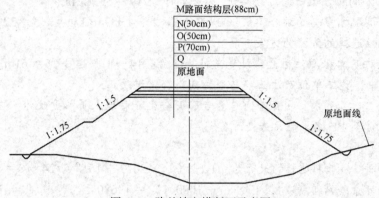

图3-4 路基填方横断面示意图

桥位段地表主要为旱地，原状土强度满足填方要求，设计要求清除表土深度为15cm。变更申请批复后，施工单位先将桥位段树木、表土、坟墓等清理完成，在基底填筑前，进行平整、碾压，并进行了相关检查或检测，然后逐层进行填筑施工。

【问题】

1. 计算路基方案和桥梁方案的造价差额（单位：万元，计算结果保留2位小数）。根据《公路工程设计变更管理办法》，判定该设计变更属于哪级变更？说明理由。该设计变更应该由什么单位审批？

2. 写出路基填方横断面示意图3-4中N、O、P、Q各部位名称。如果桥头两端挖方体作为填料，甲类土可以直接用于路基填方横断面示意图中哪些部位的填筑（以字母代号表示）？

3. 施工单位填筑前，对原地面还应如何处理？说明理由。

4. 施工单位完成原地面处理后，正式填方前通常应对处理后的原地面进行哪些检查或检测？

5. 施工单位在进行该段（K9+100~K9+600）变更后的路基工程施工时，从前期拟组织进场的机械中配置哪些比较合理（以字母代号表示）？

【解题方略】

1. 本题考查的是造价差额的计算。本题考核的较为简单，此处用变更后造价-1000万元。

2. 本题考查的是路基填方结构及路基填料应用部位。本题要充分考虑到甲类土的CBR值为4.2%，所以，甲类土可以直接用于路基填方横断面示意图中P、Q部位的填筑。

3. 本题考查的是施工单位填筑前的地面处理工作内容。本题中，要充分考虑到最低处填高、两侧填筑长度，从而计算出纵坡度。因为最低处填高为18.65m，两侧填筑长度分别为90m和120m，则对应的纵坡度分别为20.07%和15.54%，纵坡大于12%，所以填筑时纵向应挖台阶处理。

4. 本题考查的是土方路基实测项目。土方路基实测项目有：压实度（△）、弯沉值（△）、纵断高程、中线偏位、宽度、平整度、横坡、边坡。

5. 本题考查的是现场施工机械的配置。施工机械的配置主要在于掌握其特点及适用情况，然后结合背景资料进行分析选择。

【参考答案】
1. 造价差额与设计变更如下：
（1）路基方案和桥梁方案的造价差额＝680＋12.5×7.02－1000＝－232.25万元。
（2）根据《公路工程设计变更管理办法》，该变更属于较大设计变更。
理由：该桥总长为210m，属于大桥，且该变更为大中桥梁的数量发生变化。
（3）该设计变更应该由项目所在地省级交通运输主管部门审批。
2. 路基填方横断面示意图3-4中，N为上路床，O为下路床，P为上路堤，Q为下路堤。
甲类土可以直接用于路基填方横断面示意图中P、Q部位的填筑。
3. 应按设计要求挖台阶（或设置成坡度向内并大于4%、宽度大于2m的台阶）。因为桥位地面纵坡约为18%（18.65÷105≈18%），大于12%。
4. 应检查清除表土范围和清除表土深度，检测原地面压实度。
5. 从前期拟组织进场的机械中配置（A）（C）（G）（I）（J）比较合理。

实务操作和案例分析题三［2012年真题］

【背景资料】

某施工单位承接了西部高速公路M合同段的施工任务。工程开工前，施工单位对施工图进行了初审、内部会审。在此基础上，建设单位组织设计、施工等单位共同对施工图进行了综合会审。各阶段会审的主要内容包括：施工图是否符合国家有关标准和经济政策的规定；建筑结构与安装工程的设备同管线的结合部位是否符合要求；安装工程各分项专业之间有无重大矛盾；图纸的份数及说明是否齐全、清楚、明确；图纸上标注的尺寸、坐标、标高及地上地下工程和公路交会点等有无遗漏和矛盾。

路线K51＋350～K51＋680为路堑段，地表上部覆盖薄层第四系残积木，其下为风化较严重的砂岩。边坡最大高度45.3m，分五级，每级设置4m宽的平台。边坡支护采用预应力锚固技术，下面四级边坡每级设置三排无粘结预应力锚索网格梁，网格梁锚索间距为4m。

施工单位拟定的预应力锚索施工工艺流程为：

施工准备→测量放样→工作平台搭设→钻孔→清孔→制作锚索→安装锚索→A→网格梁施工→张拉和锁定→B。

为验证锚索锚固力是否符合设计文件要求和指导施工，施工单位进行了锚固性能基本试验。张拉分预张拉和超张拉两阶段进行，并采用"双控法"控制。锚索固定后，余露锚索采用电弧切割，并留5～10cm外露锚索。现场监理及时发现施工中的错误，并进行了纠正。

边坡支护施工完成后，质量检测机构对边坡支护质量进行了监测评估。其中实测项目经加权计算得93分，因网格梁外观缺陷扣1分，因项目工程施工原始记录部分不详扣2分。

【问题】
1. 补充图纸会审的主要内容。
2. 指出预应力锚索施工工艺流程中A、B代表的工序名称。

3. 写出"双控法"的含义。
4. 改正锚索锁定后施工单位的错误做法。
5. 计算边坡支护分项工程评分值,并评定其质量等级。

【解题方略】

1. 本题考查的是图纸会审的主要内容。本题考核的较为简单,考生进行查漏补缺即可。

2. 本题考查的是预应力锚索施工工艺流程。关于本题的解答考生须结合流程中前后工序进行综合判定,缩小答案范围。本题也可结合考生实际工作经验进行作答。

3. 本题考查的是双控法的含义。本题要求考生对双控法的含义有基本的了解。

4. 本题考查的是预应力锚索施工工艺。关于该类纠错题目,考生应仔细阅读所给资料,进行对比分析。

5. 本题考查的是分项工程得分的计算及其质量等级的评定。分项工程评分值＝分项工程得分－外观缺陷减分－资料不全减分。分项工程评分值不小于75分者为合格;小于75分者为不合格。

【参考答案】

1. 还需会审的内容有:
（1）结合现场调查情况,核算主要工程数量,检查其中错漏碰缺。
（2）核算工程主要结构的受力条件及主要设计数据。
（3）核算建筑物在施工过程中的稳定性和可能发生的变形以及对施工安全、变形观测的要求。

2. A代表"注浆",B代表"封锚"。

3. "双控法"是采用张拉力和伸长值控制张拉,用伸长值校核张拉力。

4. 锚索锁定后,应采用机械切割余露锚索。

5. 分项工程评分值＝93－1－2＝90分,质量等级为"合格"。

典型习题

实务操作和案例分析题一

【背景资料】

某施工单位承接了一级公路某标段施工任务,标段内有五座多跨简支桥梁。桥梁上部结构均采用20cm先张预应力空心板,五座桥梁共计35跨,每跨空心板数量均为20片。施工单位在路基上设置了如图3-5所示的预制场,所有空心板集中预制。为节省费用,编制的施工组织设计中要求张拉端钢绞线用连接器连接并重复使用。

施工中还有如下事件发生:

事件1:施工单位定制了8套模板（外模8套,充气式胶囊内模8套）循环重复使用,设定每片空心板预制周期为7d,整个预制施工采取平行流水作业。前20片空心板预制施工横道图见表3-2。

事件2:施工单位制定的空心板预应力施工操作要点如下:

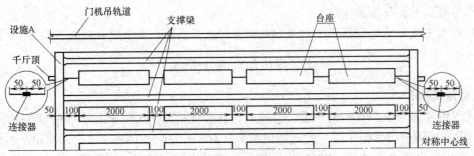

图 3-5 空心板预制场布置示意图（尺寸单位：cm）

前 20 片空心板预制施工横道图　　　　　　　　　　表 3-2

工期 预制数量	第1天	第2天	第3天	第4天	第5天	第6天	第7天	第8天	第9天
8片									
8片									
4片									

（1）预应力张拉采用两套千斤顶、油泵施工，张拉前只要分别对千斤顶、油泵进行检查，即可用于预应力张拉。

（2）预应力张拉采用双控，以张拉力控制为主，以钢绞线的计算伸长量进行校核。

（3）混凝土浇筑完成后，按要求及时拆除外模和内模胶囊，采用与空心板同条件养护的试块进行强度评定。

（4）混凝土试块达到设计强度的70%时，使用砂轮锯切断钢绞线放张。

事件3：空心板预制中，发现有5片空心板顶板厚度只有7cm（设计厚度为10cm），施工单位立即组织技术人员召开现场会，排除了外模板制作与安装、混凝土施工、台座变形等因素，查找到事故原因后，及时解决了问题。

【问题】

1. 写出图 3-5 中设施A的名称。
2. 事件1中，计算所有空心板预制完成的工期。
3. 逐条判断事件2中空心板预应力施工操作要点的正误，并改正错误之处。
4. 事件3中，分析空心板顶板厚度不足的原因。

【参考答案】

1. A为横梁。
2. 工期 = 34×7 + 9 = 247d。
3. 要点（1）错误。

改正：张拉前对千斤顶、油泵进行配套标定，才能使用。

要点（2）错误。

改正：应以钢绞线的实际伸长量进行校核。

要点（3）正确。

要点（4）错误。

改正：混凝土试块达到设计规定强度，设计未规定时，不得低于设计强度的80%；采用千斤顶放张（或砂箱法放张）。

4. 固定充气胶囊的钢筋不牢固或钢筋数量不足，内模气囊上浮导致顶板偏薄。

实务操作和案例分析题二

【背景资料】

某山岭隧道为单洞双向两车道公路隧道，其起讫桩号为K68＋238～K69＋538，隧道长1300m。该隧道设计图中描述的地质情况为：K68＋238～K68＋298段以及K69＋498～K69＋538段为洞口浅埋段，地下水不发育，出露岩体极破碎，呈碎裂状；K68＋298～K68＋598段和K69＋008～K69＋498段，地下水不发育，岩体为较坚硬岩，岩体较破碎，裂隙较发育且有夹泥，其中，K68＋398～K68＋489段隧道的最小埋深为80m；K68＋598～K69＋008段，地下水不发育，岩体为较坚硬岩，岩体较为完整，呈块状体或中厚层结构，裂隙面内夹软塑状黄泥。

施工过程中发生如下事件：

事件1：施工单位对该隧道的围岩进行了分级。按安全、经济原则从（1）全断面法；（2）环形开挖留核心土法；（3）双侧壁导坑法中比选出了一种浅埋段隧道施工方法。

事件2：根据设计要求，施工单位计划对K68＋398～K68＋489段隧道实施监控量测，量测项目有：洞内外观察、地表下沉、钢架内力和外力、围岩压力、周边位移、拱顶下沉、锚杆轴力等。

事件3：施工单位在K68＋690～K68＋693段初期支护施工时，首先采用激光断面仪对该段隧道开挖断面的超欠挖情况进行测量，检验合格后，采用干喷技术，利用挂模的方式喷射混凝土，并对喷射混凝土强度等实测项目进行了实测。

事件4：在二次衬砌施工前，施工单位发现K68＋328～K68＋368段多处出现了喷射混凝土掉落的现象，掉落处原岩表面残留有黄泥。施工单位提出了掉落段的处治方法，并进行了复喷施工。

【问题】

1. 判断隧道各段围岩的级别，指出事件1中比选出的施工方法。
2. 事件2中哪三项为必测项目？写出拱顶下沉量测的方法和工具。
3. 指出事件3施工中的错误。补充喷射混凝土质量检验实测项目的漏项。
4. 分析事件4中喷射混凝土因原岩面残留黄泥而掉落的原因，并写出施工单位复喷前应采取的措施。
5. 本项目是否需要编制专项施工方案？是否需要专家论证、审查？

【参考答案】

1. 隧道各段围岩的级别：

（1）K68＋238～K68＋298段围岩以及K69＋498～K69＋538段围岩应为Ⅴ级围岩；（2）K68＋298～K68＋598段围岩和K69＋008～K69＋498段围岩应为Ⅳ级围岩；（3）K68＋598～K69＋008段围岩应为Ⅲ级围岩。

事件1中，比选出的施工方法为环形开挖留核心土法。

2. 事件2中必测项目为：洞内外观察、拱顶下沉、周边位移。

拱顶下沉量测方法为水准测量法，拱顶下沉量测工具为水准仪和钢尺（或收敛计）。

3. 事件3中的错误是采用干喷技术,利用挂模的方式施工喷射混凝土。
喷射混凝土质量检验实测项目还包括:喷层厚度(△)、喷层与围岩接触状况(△)。
4. 事件四中喷射混凝土因原岩面残留黄泥而掉落的原因是:混凝土与围岩的粘结力不足。施工单位复喷前应采取的措施为:清洗原岩面。
5. 本项目是需要编制专项施工方案。
需要专家论证、审查。

实务操作和案例分析题三

【背景资料】

甲路桥公司承担一座9×30m的C50预应力混凝土简支T形梁桥的施工。桥位地质为较密实的土层,且无地下水,基础采用挖孔灌注桩。由于工期较紧,甲路桥公司经业主和监理同意将挖孔桩施工分包给某桩基施工单位,双方签订了分包合同,合同中规定了双方在安全生产管理方面的权利和义务。

大桥所用T梁采用后张法预制施工,桥位处有一大块空地可作为预制场。在预制施工中,施工单位投入了诸如测量工、试验工、混凝土工、钢筋工、电工等技术工种,制订了如下的主要施工组织要求:

(1)人工清表后,对预制场地整平压实,完善排水系统,预制台座均设置反拱。
(2)模板采用定型钢模板,所有模板均需试拼。
(3)混凝土浇筑时,先浇肋板再浇翼缘。
(4)为保证工期,每片梁在混凝土浇筑3d后必须进行张拉作业。
(5)张拉时,按设计提供的应力控制千斤顶张拉油压,按理论伸长量进行校核,张拉到设计应力相应油表刻度时立即锚固。
(6)拆除张拉设备,将孔道冲洗干净,吹除积水,尽早压注水泥浆。

施工中,先期预制的两片梁出现锚具下混凝土破坏现象。改进工艺要求后,顺利完成了余下梁的预制任务。

【问题】

1. 逐条判断T梁预制施工组织要求的正确性,并改正错误之处。
2. 针对背景资料中出现的预制梁破坏现象,提出补救措施。
3. 补充T梁预制施工中还需的技术工种。

【参考答案】

1. 第(1)条正确。
第(2)条正确。
第(3)条正确。
第(4)条错误。
改正:混凝土强度达到设计要求后,再进行张拉。
第(5)条错误。
改正:应按实际伸长量校核,张拉到设计应力相应油表刻度时,应稳压一段时间后再锚固。
第(6)条正确。

2. 锚具下混凝土破坏，应将预应力释放后，用环氧混凝土或高强度混凝土补强后重新张拉。

3. 模板工（木工）、电焊工及张拉工。

实务操作和案例分析题四

【背景资料】

某施工单位承接了长45.6km的二级公路路面施工，路面结构如图3-6所示。

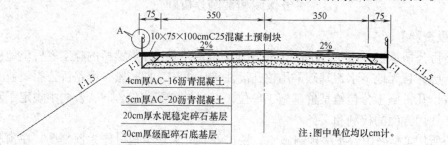

图3-6 路面结构图

施工单位进场后，在图纸会审的初审阶段，发现AC-20沥青混凝土与基层之间没有设计任何过渡层，为加强面层与基层的联结作用，提出在AC-20沥青混凝土与基层之间增设0.5cm厚稀浆封层的变更申请，并按合同约定组价得到新增项目的单价为5.8元/m^2。经正常审批后，设计单位认为该变更属于设计疏漏引起，同意增设，设计单位出具了《变更设计图》。监理单位审核后签发了《工程变更令》，审批后的单价为5.25元/m^2。施工单位根据《变更设计图》组织施工。

在进行稀浆封层施工过程中，采用中裂的拌合型乳化沥青，通过试验确定乳化沥青的用量。施工过程中发现乳化沥青的破乳时间太长，制约了AC-20沥青混凝土的摊铺进度，施工单位决定在稀浆封层中掺入适量的氧化剂作外加剂。

路面施工完成后，施工单位提出对稀浆封层进行单独计量，并呈送了计量报告，监理单位给予了签认。

【问题】

1. 指出稀浆封层施工中错误的做法，并写出正确的做法。
2. 分析监理单位签发《工程变更令》的理由。
3. 计算施工单位对稀浆封层申请计量的金额。
4. 指出图中交通安全设施A的名称，简述其主要作用。
5. 根据《图纸会审制度》，除背景资料中提及的阶段外，图纸会审还有哪两个阶段？

扫码学习

【参考答案】

1. 错误做法：掺入了氧化剂作为外加剂。

正确的做法：应该采用一定数量的水泥（或消石灰）作稀浆封层填料。

2. 因为该变更理由合理（属于设计疏漏引起的变更）；且变更程序符合要求，所以监理单位签发《工程变更令》合理。

3. 计量的金额＝计量单价×工程数量。
45600×7×5.25＝1675800元。

4. A为波形梁护栏。其主要作用是吸收能量,防止失控车辆冲出路基,视线诱导。

5. 还有内部会审和综合会审两个阶段。

实务操作和案例分析题五

【背景资料】

某施工单位承包了一条21.7km的二级公路,路面面层为沥青混凝土,基层为水泥稳定碎石。其中K22+300~K22+700路段,地面横坡陡于1:5,填方平均高度为12m左右。施工单位填筑前,对地基原状土进行了检测,土的强度符合要求,然后对地基进行了压实处理。由于前后路段开挖后,可调运利用的填料主要是石方,为节约用地,降低建设成本,在请示建设单位后,施工单位将填土路基变更为填石路基,边坡为1:1.5。为了加快施工进度,采用了倾填的方式进行施工,在路床底面下1.0m范围内改为分层填筑并压实。在整个施工过程中,施工单位对石方路基进行了质量检验。路堤填筑完毕后不久,该路段出现了部分边坡坍塌。经处理后,该项目通过验收,评定为合格工程。

【问题】

1. 背景资料中的"设计变更",是否符合变更设计制度的要求?为什么?较大问题的变更如何处理方为有效?

2. 从提供的背景资料中分析引起部分边坡坍塌的原因可能是什么?

3. 当采用倾填方式进行施工时,填石路堤在倾填前,对路堤边坡坡脚该如何处置?

4. 路堤边坡除了边坡坍塌外,还有哪些常见病害?

5. 施工单位对石方路基的质量检验,应该实测哪些项目?

6. 在工程质量评定等级时,通常采用双指标控制工程质量等级,请问双指标是哪两个指标?

【参考答案】

1. 不符合变更设计制度的要求。

理由:没有同设计单位洽商。

有效处理方式:较大问题的变更必须由建设单位、设计单位和施工单位三方进行洽商,由设计单位修改,向施工单位签发"设计变更通知单"。

2. 路堤边坡坍塌的原因可能是:

(1)边坡坡度过陡,没有做好排水工程,因局部冲刷淘空路基边坡坡脚。

(2)对路基边坡没有采取综合的防护措施。

3. 倾填前,应对路堤边坡挖成宽度不小于1m的台阶;路堤边坡坡脚应用粒径大于30cm的硬质石料码砌,码砌厚度不小于2m。

4. 路堤边坡除了坍塌外,其余病害有:边坡冲沟、防护体滑落、防护剥蚀、急流槽悬空等。

5. 压实度、纵断高程、中线偏位、宽度、平整度、横坡、边坡坡度和平顺度。

6. 优良率和工程质量评分值。

实务操作和案例分析题六

【背景资料】

某施工单位承接了一座80m+160m+80m预应力混凝土连续刚构桥。其中2号墩位于水中，河流平均水深达6m。施工期河流不通航，水面宽度240m。地质钻探资料揭示，有厚8～12m的粉质黏土覆盖层，覆盖层以下为黏土和砂性土，桩基设计采用钻孔灌注桩。

施工单位根据本桥的地质和水文情况，采用了施工栈桥、钻孔平台和钢板桩围堰等临时设施。栈桥基础施工有两个方案比选：①钻孔灌注桩基础；②钢管桩基础。

基桩施工完成后进行承台施工，承台施工工艺拟采用：①打设钢板桩围堰；②吸泥；③清底；④水下混凝土封底；⑤围堰支撑和围堰内抽水；⑥钢护筒切割；⑦立模；⑧钢筋制作安装；⑨浇筑承台混凝土。

【问题】

1. 简述栈桥和钢板桩围堰的作用。
2. 根据本桥水文地质情况，栈桥基础比选方案采用哪一个更合理？简述理由。
3. 补充承台施工所缺少的三个施工工艺。
4. 指出水中墩桩基础质量控制关键点。
5. 本桥施工组织设计中施工总体部署应包含哪几个方面的内容？

【参考答案】

1. 栈桥的作用是施工人员、材料和机械设备的运输通道。

   钢板桩围堰的作用是隔水以及辅助水中墩承台施工。

2. 栈桥基础采用钢管桩基础合理。

   钢管桩基础比钻孔灌注桩基础更经济、工期更短。

3. 缺少：凿除桩头、铺筑垫层、测量放样、承台混凝土养护。

4. 质量控制关键点有：

   （1）桩位坐标控制；

   （2）垂直度控制；

   （3）孔径的控制，防止缩径；

   （4）清孔质量；

   （5）钢筋笼接头控制；

   （6）水下混凝土灌注质量控制。

5. 施工总体部署主要内容包括：

   （1）项目组织机构设置；

   （2）施工任务划分；

   （3）施工顺序；

   （4）拟定主要项目的施工方案；

   （5）主要施工阶段工期分析。

实务操作和案例分析题七

【背景资料】

某施工单位承接了一段长66.8km，宽7m的水泥混凝土路面施工任务，该工程穿越人口密集区。根据现场实际情况，所需混凝土需由现场制备，并采用轨道式摊铺机施工。该工程合同约定工期为85d，经计算，摊铺机总工作量为320个台班。项目部将整个标段划分为两个工作量相等的施工区段，每段安排一台摊铺机，按每天两班组织平行施工。当工程量完成到一半时，由于业主原因，工程中止了10d，为赶工期，剩余摊铺工作拟安排三班倒施工，并另外备用一台设备。

为实现全面成本管理，项目部将施工成本目标层层分解，定期对相关人员和部门进行考核。

当施工完成1200m长的路面时，针对影响路面质量的水泥混凝土面板的弯拉强度、面板厚度、中线平面偏位、路面宽度、纵断高程和路面横坡6项指标，检测了已完的1200m长的路段，得到这6项指标不合格的频数见表3-3。通过分析，找到了影响质量的主要因素，并在此后的施工中加强了对这些因素的控制。

影响路面质量的各因素统计计算表　　　　　　　　　　表3-3

序号	影响路面质量的因素	频数	频率（%）	累计频率（%）
1	面板的弯拉强度	38	A1	B1
2	面板的厚度	25	A2	B2
3	中线平面偏位	22	A3	B3
4	路面宽度	18	A4	B4
5	纵断高程	6	A5	B5
6	路面横坡	3	A6	B6

【问题】

1. 按背景资料所述情况，在采用三班倒后，施工单位能否按时完成路面摊铺任务？说明理由（列出分析计算过程）。
2. 当采用三班倒施工时，从环境保护角度分析施工单位需进行外部协调工作的原因，并提出外部协调工作的内容。
3. 项目部成本管理的做法体现了成本管理的哪条原则？该原则的核心是什么？
4. 背景资料中对路面质量分析采用的是什么方法？并计算表格中A1～A6和B1～B6的值。

【参考答案】

1. 根据公式：$t = \dfrac{D}{R \times n}$

当工程量完成到一半时，已完摊铺台班：320/2＝160个台班，则剩余台班量为：320－160＝160个台班。

由于分成两个工作量相等的区段进行平行施工，且每天安排两班施工，所以实际已用时间为：

$$t = \dfrac{160/2}{1 \times 2} = 40$$

当剩余一半工作采用三班倒施工时，还需的工作时间是：

$$t = \dfrac{160/2}{1 \times 3} = 26.7 \approx 27d$$

所以：40＋27＋10＝77＜85

故能按期完工。

2. 原因：（1）工程位于居民密集区；（2）混凝土搅拌机、振捣棒属于强噪声作业。

需做工作：（1）昼夜施工时，应尽量采取降噪措施，并会同建设单位做好周围居民工作；（2）同时报工程所在地的环保部门备案。

3. 体现了成本责任制原则。其关键是划清责任，并要与奖惩制度挂钩，使各部门、各班组和个人都来关心施工项目成本（回答"成本分解，层层控制"，以及有责任表述的均可）。

4. 这种分析方法叫因素分析法（或排列图法），具体数值见表3-4。

影响路面质量的各因素统计计算表　　　　表3-4

序号	影响路面质量的因素	频数	频率（%）	累计频率（%）
1	面板的弯拉强度	38	33.9	33.9
2	面板的厚度	25	22.3	56.3
3	中线平面偏位	22	19.6	75.8
4	路面宽度	18	16.1	91.9
5	纵断高程	6	5.4	97.3
6	路面横坡	3	2.7	100

（注：频率栏指标2分，累计频率栏指标3分，每栏只要有一处错误则该栏为0分，小数点后的保留位数不作要求）。

第四章 公路工程施工安全管理

2011—2020年度实务操作和案例分析题考点分布

年份 考点	2011年	2012年	2013年	2014年	2015年	2016年	2017年	2018年	2019年	2020年
公路工程危险性较大的分部分项工程范围								●	●	
施工安全风险评估的方法、范围、步骤、组织及评估报告内容				●	●		●	●	●	
安全专项方案的编制、论证及审批流程	●		●			●	●			
特种设备的种类及安全管理						●				
水泥路面抗弯拉强度与沥青混凝土路面弯沉值					●					
挂篮应满足的使用与安全要求				●						
高空工程施工安全管理的一般要求				●						
隧道复合式衬砌施工的安全管理				●					●	
潜在的安全质量事故		●	●							
生产安全事故等级的划分	●	●								
公路工程施工安全生产条件								●		
基坑开挖的施工安全要点	●									
基坑施工应采取的安全防护措施	●									
栈桥施工的架设方法								●		
地质引起的主要施工安全危险源							●			
路面工程施工安全管理的一般要求			●							

续表

年份 考点	2011年	2012年	2013年	2014年	2015年	2016年	2017年	2018年	2019年	2020年
双导梁架桥机架设的方法		●								
双导梁架桥机架设T形梁前的安全管理		●								
施工现场危险告知制度	●									
施工单位开挖路堑的安全防护								●		
应急预案的组成、评审与备案									●	
安全生产事故隐患排查治理职责与公路工程重大事故隐患清单										●
专项方案与技术交底	●									●

【专家指导】

施工安全管理考查频次较高的要点主要集中在施工安全风险评估的方法、范围、步骤及要求，安全专项方案的范围、编制、论证及审批流程等内容中。考生需要结合真题着重进行熟练地掌握。关于各项安全技术要点、安全施工要求等也是很好的命题点，考生应注意把握。

要 点 归 纳

1. 危险源的控制【一般考点】

在确定控制措施或考虑改变现行控制措施时，可考虑按顺序选择风险控制方法：（1）消除；（2）替代；（3）工程控制措施；（4）标志、警告或管理控制；（5）个人防护设备。

2. 专项方案与技术交底【重要考点】

（1）施工单位应当依据风险评估结论，对风险等级较高的分部分项工程编制专项施工方案，并附安全验算结果。

（2）专项施工方案应当由施工单位技术负责人审核签字、加盖单位公章，并由总监理工程师审查签字、加盖执业印章后方可实施。

（3）对于超过一定规模的危大工程，施工单位应当组织召开专家论证会对专项施工方案进行论证。实行施工总承包的，由施工总承包单位组织召开专家论证会。

（4）专项施工方案实施前，编制人员或者项目技术负责人应当向施工现场管理人员进行方案交底。

（5）施工现场管理人员应当向作业人员进行安全技术交底，并由双方和项目专职安全生产管理人员共同签字确认。

3. 应急预案的体系和编制内容【重要考点】
（1）应急预案体系
应急预案体系由综合应急预案、专项应急预案和现场处置方案组成。
（2）应急预案内容
应急预案内容主要包括：总则、生产经营单位危险性分析、应急组织机构及职责、预防与预警措施、应急响应、信息发布、后期处置、保障措施。
4. 应急预案的评审、公布、备案与修订【重要考点】
（1）应急预案的评审
施工单位应当对编制的应急预案组织评审，并形成书面评审纪要。参加应急预案评审的人员应当包括有关安全生产及应急管理方面的专家，且评审人员与施工单位有利害关系的，应当回避。
（2）应急预案公布
施工单位应急预案经评审或者论证后，由施工单位主要负责人签署公布，并及时发放到本单位有关部门、岗位和相关应急救援队伍。
（3）应急预案备案
施工单位应当在应急预案公布之日起20个工作日内，按照分级属地原则，向属地安全生产监督管理部门和有关部门进行告知性备案。
（4）应急预案的修订
施工单位遇下列情形之一的，应急预案应当及时修订并归档：
1）依据的法律、法规、规章、标准及上位预案中的有关规定发生重大变化的。
2）应急指挥机构及其职责发生调整的。
3）面临的事故风险发生重大变化的。
4）重要应急资源发生重大变化的。
5）预案中的其他重要信息发生变化的。
6）在应急演练和事故应急救援中发现问题需要修订的。
7）编制单位认为应当修订的其他情况。
5. 高处作业安全管理措施【重要考点】
（1）高处作业不得同时上下交叉进行。
（2）高处作业人员不得沿立杆或栏杆攀登。高处作业人员应定期进行体检。
（3）高处作业场所临边应设置安全防护栏杆。
（4）高处作业场所的孔、洞应设置防护设施及警示标志。
（5）安全网质量应符合现行《安全网》GB 5725的规定，并应符合下列规定：
1）安全网安装应系挂安全网的受力主绳验收。安装和使用安全网不得系挂网格绳。安装完毕应进行检查、验收。
2）安全网安装或拆除应根据现场条件采取防坠落安全措施。
3）作业面与坠落高度基准面高差超过2m且无临边防护装置时，临边应挂设水平安全网。作业面与水平安全网之间的高差不得超过3.0m，水平安全网与坠落高度基准面的距离不得小于0.2m。
（6）安全带使用除应符合现行《安全带》GB 6095的规定外，还应符合下列规定：

1）安全带除应定期检验外，使用前还应进行检查。织带磨损、灼伤、酸碱腐蚀或出现明显变硬、发脆以及金属部件磨损出现明显缺陷或受到冲击后发生明显变形的，应及时报废。

2）安全带应高挂低用，并应扣牢在牢固的物体上。

3）安全带的安全绳不得打结使用，安全绳上不得挂钩。

4）缺少或不易设置安全带吊点的工作场所宜设置安全带母索。

5）安全带的各部件不得随意更换或拆除。

6）安全绳有效长度不应大于2m，有两根安全绳的安全带，单根绳的有效长度不应大于1.2m。

7）严禁安全绳用作悬吊绳。严禁安全绳与悬吊绳共用连接器。新更换安全绳的规格及力学性能必须符合规定，并加设绳套。

（7）高处作业上下通道应根据现场情况选用钢斜梯、钢直梯、人行塔梯，各类梯子安装应牢固可靠。

（8）高处作业现场所有可能坠落的物件均应预先撤除或固定。

6. 路基工程施工安全管理措施【重要考点】

（1）路基挖（填）方工程

1）取土场（坑）的边坡、深度等应满足设计要求，且不得危及周边建（构）筑物等既有设施的安全。

2）取土场（坑）底部应平顺并设有排水设施，取土场（坑）边周围应设置警示标志和安全防护设施，宜设置夜间警示和反光标识。

3）地面横向坡度陡于1:10的区域，取土坑应设在路堤上侧。

4）取土坑与路基间的距离应满足路基边坡稳定的要求，取土坑与路基坡脚间的护坡道应平整密实，表面应设1%~2%向外倾斜的横坡。

5）路堑开挖应采取保证边坡稳定的措施，边坡有防护要求的应开挖一级防护，且应自上而下开挖，不得掏底开挖、上下同时开挖、乱挖超挖。

（2）不良地质工程

1）滑坡、崩塌、泥石流等地质灾害，应对地质灾害危险性进行风险等级的划分，风险等级高的区域必须采取支护措施，风险等级相对较低的或无法采取措施的高风险区域进行安全警戒和安全监测。

2）崩塌危岩体区域，应尽量在施工前将危岩体清除，或采取主动网、被动网防护，采用锚杆、锚索固定，设置挡土墙，采取灌浆固结或柔性支护等措施进行防治。对规模较大的滑坡，施工阶段应当尽量避免对坡脚进行开挖扰动；对于部分覆盖层厚度较大的地段，采用合理的开挖坡比，并辅以相应的挡土墙等防治措施。

3）泥石流地段，应采取防排水、排导、清方、拦挡等综合处治措施。

4）滑坡体未处理之前，严禁在滑坡体上增加荷载，严禁在滑坡前缘减载。滑坡体可采用削坡减载方案整治，减载应自上而下进行，严禁超挖或乱挖，严禁爆破减载。

7. 沥青混凝土路面工程施工安全管理措施【重要考点】

（1）封层、透层、粘层施工应符合下列规定：

1）喷洒前应做好检查井、闸井、雨水口的安全防护。

2）洒布车行驶中不得使用加热系统，洒布地段不得使用明火。

3）小型机具洒布沥青时，喷头不得朝外，喷头10m范围内不得站人，不得逆风作业。

4）大风天气，不得喷洒沥青。

（2）沥青储存地点应配备灭火器、消防砂等消防设施，并应设置警示标志。

（3）沥青脱桶、导热油加热沥青作业应采取防火、防烫伤措施。

（4）沥青混合料拌合作业应符合下列规定：

1）拌合作业开机前应警示，拌合机前不得站人，拌合过程中人员不得跨越皮带或调整皮带运输机。

2）拌合机点火失效时，应关闭喷燃器油门，并应通风清吹后再行点火。

3）拌合过程中人员不得在石料溢流管、升起的料斗下方站立或通行。

4）沥青罐内检查不得使用明火照明。

5）沥青拌合站应配备灭火器、消防砂等消防设施。

（5）整平和摊铺作业应临时封闭交通、设明显警示标志，下承层内的各类检查井口应稳固封盖，辅助作业人员应面向压路机方向作业，设备之间应保持安全距离。

8. 桥梁工程支架现浇法施工风险控制措施【重要考点】

（1）支架立柱应置于平整、坚实的地基上，立柱底部应铺设垫板或混凝土垫块扩散压力；支架地基处应有排水措施，严禁被水浸泡。

（2）支架的立柱应设水平撑和双向斜撑，斜撑的水平夹角以45°为宜；立柱高于5m时，水平撑间距不得大于2m，并在两水平撑之间加剪刀撑。

（3）支架高度较高时，应设一组缆风绳。

（4）支架搭设应满足下列要求：

1）立杆应竖直，2m高度的垂直偏差不得大于1.5cm；每搭完一步支架后，应进行校正；立杆的纵、横间距应符合施工设计的要求，每搭完一步支架后，应进行校正。

2）可调底座的调节螺杆伸出长度超过30cm时，应采取可靠的固定措施。

3）满堂红支架的四边和中间每隔四排立杆应设置一道纵向剪刀撑，由底至顶连续设置。

4）高于4m的满堂红支架，其两端和中间每隔四排立杆应从顶层开始向下每隔两步设置一道水平剪刀撑。

（5）严禁使用机械牵引、推倒的方法拆除支架。

（6）拆除作业应自上而下进行，不得上下多层交叉作业。

9. 悬臂浇筑施工风险控制措施【重要考点】

（1）挂篮加工完成后应先进行试拼；挂篮正式拼装应在起步长度梁段（墩顶段或0号段）混凝土达到要求的强度后才能进行，拼装时应两边对称进行。

（2）浇筑墩顶段（0号段）混凝土前，应对托架、模板进行检验和预压，消除杆件连接缝隙、地基沉降和其他非弹性变形。

（3）挂篮的抗倾覆、锚固和限位结构的安全系数均不得小于2。

（4）挂篮行走滑道应平顺、无偏移；挂篮行走应缓慢，速度宜控制在0.1m/min以内，并应由专人指挥。

（5）挂篮安装后，应进行全面的安装质量检查，确认安装质量符合要求后，应按设计荷载进行加载试验，以检验挂篮的承载能力、测量弹性变形量和残余变形量、控制各段梁体的抛高量（预抬量或预拱度）；加载和卸载要分级进行。

（6）挂篮应呈全封闭状态，四周应有围护设施，操作平台下应挂安全网、上下应有专用扶梯。

（7）混凝土浇筑前，应再次检查挂篮的承重结构、锚固系统、悬吊系统、模板系统等的安全性、可靠性。

（8）挂篮移动行走，在解除挂篮尾部锚固前，应先在挂篮尾部安装足够的平衡重，以防止挂篮倾覆；挂篮的移动行走应两端对称、缓慢地进行，并应加强观测，防止转角、偏位而造成挂篮受扭。

10. 其他安全管理措施【重要考点】

（1）触电事故预防管理措施

1）施工用电设备数量在5台及以上，或用电设备容量在50kW及以上时，应编制用电组织设计。

2）坚持"一机、一闸、一漏、一箱"。

3）雨天禁止露天电焊作业。

（2）中毒事故预防管理措施

1）人工挖孔桩中，要进行毒气试验和配备通风设施。

2）严禁现场焚烧有害有毒物质。

3）工人生活设施符合卫生要求，不吃腐烂、变质食品。炊事员持健康证上岗。暑伏天要合理安排作息时间，防止中暑脱水现象发生。

（3）暴风雨预防管理措施

1）下雨时停止在不良地质及影响范围内施工，人员应撤至安全位置。

2）预防监控措施：基础土方施工应根据实际情况设置有效的排（降）水措施；六级以上大风严禁登高作业，塔式起重机、施工电梯等应按规定安装接地保护和避雷装置。

11. 公路桥梁和隧道工程施工安全风险评估范围【重要考点】

（1）桥梁工程

1）多跨或跨径大于40m的石拱桥，跨径大于或等于150m的钢筋混凝土拱桥，跨径大于或等于350m的钢箱拱桥，钢桁架、钢管混凝土拱桥。

2）跨径大于或等于140m的梁式桥，跨径大于400m的斜拉桥，跨径大于1000m的悬索桥。

3）墩高或净空大于100m的桥梁工程。

4）采用新材料、新结构、新工艺、新技术的特大桥、大桥工程。

5）特殊桥型或特殊结构桥梁的拆除或加固工程。

6）施工环境复杂、施工工艺复杂的其他桥梁工程。

（2）隧道工程

1）穿越高地应力区、岩溶发育区、区域地质构造、煤系地层、采空区等工程地质或水文地质条件复杂的隧道，黄土地区、水下或海底隧道工程。

2）浅埋、偏压、大跨度、变化断面等结构受力复杂的隧道工程。

3）长度3000m及以上的隧道工程，Ⅵ、Ⅴ级围岩连续长度超过50m或合计长度占隧道全长的30%及以上的隧道工程。

4）连拱隧道和小净距隧道工程。

5）采用新技术、新材料、新设备、新工艺的隧道工程。

6）隧道改扩建工程。

7）施工环境复杂、施工工艺复杂的其他隧道工程。

12. 公路桥梁和隧道工程施工安全风险评估组织与评估报告【重要考点】

（1）公路桥梁和隧道工程施工安全风险评估工作原则上由项目施工单位具体负责。当被评估项目含多个合同段时，总体风险评估应由建设单位牵头组织，专项风险评估工作仍由合同施工单位具体实施。

当施工单位的施工经验或能力不足时，可委托行业内安全评估机构承担相关风险评估工作。

（2）评估工作负责人应当具有5年以上的工程管理经验，并有参与类似工程施工的经历。

（3）风险评估工作应形成评估报告。评估报告应反映风险评估过程的主要工作。报告内容应包括评估依据、工程概况、评估方法、评估步骤、评估内容、评估结论及对策建议等。评估结论应当明确风险等级、可能发生事故的关键部位、区域或节点、事故可能性等级、规避或者降低风险的建议措施等内容。

历 年 真 题

实务操作和案例分析题一［2019年真题］

【背景资料】

某施工单位承建一分离式双向四车道高速公路山岭隧道工程，其起讫桩号为K19+720～K20+200，全长480m。隧道左右洞相距36m，地质情况相同，其中K19+720～K19+775段和K20+165～K20+200段穿越强风化泥质灰岩段，岩质较软，岩体破碎，为Ⅴ级围岩段；K19+775～K19+875和K20+035～K20+165段穿越中风化泥质灰岩段，岩质中硬，岩体破碎～较破碎，为Ⅳ级围岩段；K19+875～K20+035段穿越微风化泥质灰岩段，岩质中硬，岩体较破碎，为Ⅲ级围岩段。该隧道设计支护结构为复合式衬砌（即初期支护+混凝土二次衬砌），隧道设钢支撑和仰拱。施工过程中发生了如下事件：

事件1：开工前，施工单位对该隧道的Ⅳ级和Ⅴ级围岩的连续长度及合计长度进行了统计，并由（A）负责对该隧道进行了施工安全风险评估，出具了评估报告。报告内容包括：评估依据、工程概况、（B）、（C）、评估内容、评估结论及对策等。

事件2：施工单位采用钻爆法开挖，Ⅳ级围岩段，爆破设计周边眼为60个，爆破后，某开挖面残留有痕迹的炮眼数为45个。

事件3：施工单位在Ⅳ级围岩段初期支护施工作业时，采用了钢拱架形式的钢支撑。

事件4：施工单位在进行仰拱及防水板施工作业时，采取了如下做法：

（1）Ⅳ级围岩的仰拱距掌子面的距离为55±4m，Ⅴ级围岩的仰拱距掌子面的距离为45±4m；

(2)仰拱施工采用左右半幅分次浇筑方式；
(3)防水板搭接长度为80±10mm。

【问题】
1. 结合事件1和背景，写出隧道进行施工安全风险评估的理由。
2. 事件1中A、B、C各代表什么？
3. 针对事件2和背景，计算周边炮眼痕迹保存率，并判断该值是否满足《公路隧道施工技术细则》的要求？
4. 事件3中，按材料的组成还可以采取哪种形式钢支撑？
5. 逐条判断事件4中的做法是否正确？并改正。

【解题方略】
1. 本题考查的是施工安全风险评估范围。长度3000m及以上的隧道工程，Ⅵ、Ⅴ级围岩连续长度超过50m或合计长度占隧道全长的30%及以上的隧道工程应进行施工安全评估。考虑Ⅴ级围岩的连续长度，K19+720~K19+775段，连续长度为55m，超过50m，故连续长度符合施工安全风险评估范围。

2. 本题考查的是施工安全风险评估组织与评估报告的内容。施工安全风险评估工作原则上由项目施工单位具体负责。关于B、C的确定属于查漏补缺型的考核。报告内容应包括评估依据、工程概况、评估方法、评估步骤、评估内容、评估结论及对策建议等。

3. 本题考查的是炮眼痕迹保存率。本题中炮眼痕迹保存率＝45÷60×100%＝75%。

4. 本题考查的是钢支撑的分类。钢支撑按其材料的组成可分为钢拱架和格栅钢架。故本题较容易进行判断。

5. 本题考查的是仰拱施工与公路隧道施工安全步距要求。回答本题的依据为《公路工程施工安全技术规范》JTG F90—2015。事件4中，仰拱施工采用左右半幅分次浇筑方式错误较为明显，仰拱施工宜整断面一次成型。

【参考答案】
1. K19+720~K19+775段，Ⅴ级围岩连续长度为55m，超过50m，所以需要进行风险评估。

2. A为施工单位，B为评估方法，C为评估步骤。

3. 根据《公路隧道施工技术细则》中相关规定，对于中硬岩炮眼痕迹保存率应不小于70%，而本次爆破后炮眼痕迹保存率为75%，＞70%，故满足要求。

4. 按材料的组成还可以采取格栅钢架形式的钢支撑。

5. 事件4中，(1)错误，改正：Ⅳ级围岩的仰拱与掌子面距离不得超过50m，Ⅴ级围岩仰拱与掌子面距离不得超过40m。

事件4中，(2)错误，改正：仰拱施工宜整断面一次成型。

事件4中，(3)错误，改正：搭接长度不应小于100mm。

实务操作和案例分析题二［2016年真题］

【背景资料】
某施工单位承建了某双线五跨变截面预应力混凝土连续刚构梁桥，桥长612m，跨径布置为81m+3×150m+81m。主桥基础均采用钻孔灌注桩，主墩墩身为薄壁单室空心墩，墩身最大高度60m。主桥0号、1号块采用单箱单室结构,顶板宽12m,翼板宽3m。主桥桥位处河道宽550m,水深0.8~4m,河床主要为砂土和砂砾。

施工中发生如下事件:

事件1:根据本桥的地质、地形和水文情况,施工单位主桥上部结构采用悬臂浇筑施工法。其中0号、1号块采用托架法施工,悬臂端托架布置示意图如图4-1所示。

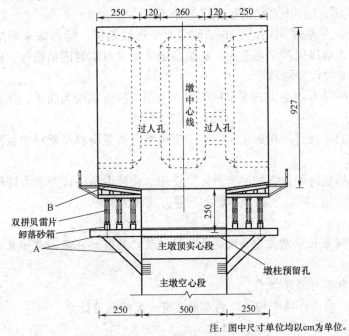

图4-1 悬臂端托架布置示意图

事件2:项目部编制了该桥悬臂浇筑专项施工方案,主要内容为:工程概况、编制依据、施工计划、施工工艺技术、施工安全保证措施、劳动力计划、C和D。专项方案编制完成后,由项目部组织审核,项目总工签字后报监理单位。

事件3:0号、1号块混凝土施工拟采用两次浇筑的方案:

第一次浇筑高度5.27m,主要工艺流程为:托架及平台拼装→安装底模及外侧模→E→安装底板、腹板、模隔板钢筋→安装竖向预应力管道及预应力筋、埋设预埋件→F→浇筑混凝土→养护。

第二次浇筑高度4m,主要工艺流程为:G→内侧模加高→安装内支架及顶板、翼板模板→H→安装纵向预应力管道→安装横向预应力管道及预应力筋、埋设各种预埋件→浇筑混凝土→养护。

事件4:施工单位采用墩侧塔吊运输小型机具和钢筋等材料;采用专用电梯运送施工人员;采用拌合站拌合、混凝土罐车运输、输送泵泵送混凝土入模浇筑。

【问题】

1. 写出图中A和B的名称。

2. 根据本桥结构,施工单位在悬臂施工过程中是否需要采取临时固结措施?说明理由。

3. 事件2中C、D的内容是什么?专项施工方案审批流程是否正确?如有错误则改正。

4. 指出事件3中工艺流程E、F、G、H的名称。

5. 事件4中施工单位采用的施工机械设备哪些属于特种设备？特种设备持证要求有哪些？

【解题方略】

1. 本题考查的是悬臂端托架布置示意图。本题要求考生对悬臂端托架布置进行熟练地掌握，亦可结合实际工作中总结的经验进行作答。

2. 本题考查的是临时固结措施的采取。对于连续箱梁，梁与墩未固结在一起，施工时，两侧悬浇施工难以保持绝对平衡，必须在施工中采取临时固结措施，使梁具有抗弯能力。本题中并非必须设置的情形。

3. 本题考查的是专项施工方案审批流程。本题考核方式较为简单，亦是考生必须掌握的要点。

4. 本题考查的是悬臂浇筑施工工艺。考生可结合背景资料及教材中悬臂浇筑施工工艺流程图进行作答。

5. 本题考查的是特种设备的种类及安全管理。特种设备持证要求为特种设备安全管理的重要内容，需要考生熟练掌握。本题的问答方式较为简单。

【参考答案】

1. 悬臂端托架布置示意图中，A是悬臂端托架。悬臂端托架布置示意图中，B是悬臂端底模板。

2. 不需要采取临时固结措施。

理由：本桥结构为连续刚构，结构本身具有一定的抗弯能力。

3. 事件2中，C是方案设计图，D是方案计算书。

专项施工方案审批流程错误。

改正如下：专项方案编制完成后，应由施工单位技术部门组织本单位施工技术、安全、质量等部门的专业技术人员进行审核，由施工单位技术负责人签字。

4. 事件3中，E是预压，F是安装内侧模，G是处理施工缝，H是绑扎顶板、翼板钢筋。

5. 塔吊和施工电梯属于特种设备。

特种设备持证有以下要求：设备的出厂合格证、检验合格证、使用地报检合格证、操作人员特殊工种证。

实务操作和案例分析题三［2014年真题］

【背景资料】

某大桥主桥为四跨一联的预应力混凝土连续箱梁桥，最大跨径120m，主桥墩柱高度为16～25m，各梁段高度为2.7～5.6m。主桥0号、1号梁段采用搭设托架浇筑施工，其余梁段采用菱形桁架式挂篮按"T"形对称悬臂浇筑。

事件1：施工单位在另一同类桥梁（最大梁段重量与截面尺寸与本桥均相同）施工中已设计制作了满足使用要求的菱形桁架式挂篮，单侧挂篮结构及各组成部件如图4-2所示，经技术人员验算校核，该挂篮满足本桥施工所要求的强度和刚度性能，且行走方便，便于安装拆卸，按程序检查验收合格后用于本桥施工。

事件2：施工单位在施工组织设计中，制订的主桥挂篮悬臂浇筑施工工序为：① 挂篮组拼就位→② 安装箱梁底模及外侧模板→③ 安装底板、腹板钢筋及底板预应力管道→④→⑤ 安装内侧模、顶模及腹板内预应力管道→⑥ 安装顶板钢筋及顶板预应力管道→⑦ 浇筑腹板及顶板混凝土→⑧→⑨ 穿预应力钢丝束→⑩→⑪ 封锚及预应力管道压浆→⑫ 挂篮前移就位。

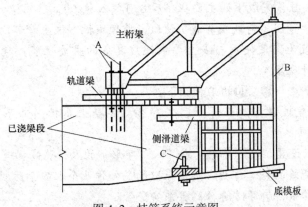

图 4-2 挂篮系统示意图

事件3：施工单位编写了挂篮悬臂浇筑安全专项施工方案，制定了详细的安全技术措施，设置了合格的登高梯道、高处作业平台及护栏，做好个人安全防护，施工前组织有关人员进行安全技术交底。

【问题】

1. 写出挂篮系统示意图中A、B、C各部件的名称。按平衡方式划分，该挂篮属于哪一种类型？
2. 在事件1中，挂篮还应完成哪些主要程序后方可投入施工？
3. 写出事件1中挂篮为满足使用与安全要求还应具备的主要性能。
4. 写出事件2中工序④、⑧、⑩的名称。
5. 在事件3中应设置何种形式的人行登高梯道？从事挂篮悬臂浇筑的施工作业人员应采取哪些主要的高处作业个人安全防护措施？

【解题方略】

1. 本题考查的是挂篮的组成及其结构形式。挂篮组成部分包括：主桁架、锚固、平衡系统及吊杆、纵横梁等。挂篮按结构形式划分，包括桁架式、三角斜拉带式、预应力束斜拉式、斜拉自锚式；按行走方式划分，包括滑移式和滚动式；按平衡方式，包括压重式和自锚式。
2. 本题考查的是挂篮投入施工应完成的工序。挂篮投入施工应完成的工序。包括：挂篮组拼验收，预压（荷载或静载）试验，监理审批，报主管部门登记备案。
3. 本题考查的是挂篮应满足的使用与安全要求。除必须满足强度、刚度、稳定性要求外，还要使其行走、锚固方便可靠，重量不大于设计规定。
4. 本题考查的是悬臂浇筑施工工艺。考生可结合背景资料及教材中悬臂浇筑施工工艺流程图进行作答。
5. 本题考查的是高空工程施工安全管理的一般要求。本题考核较为简单，考生应对教材中高空工程施工安全管理的内容进行熟练掌握。

【参考答案】
1. 挂篮系统中A、B、C各部件的名称如下：
A：锚固钢筋装置（锚固系统）；B：前吊带装置；C：底模后吊带装置。
按平衡方式划分，该挂篮属于自锚式挂篮。
2. 在事件1中，挂篮完成下列主要程序后方可投入施工：
挂篮组拼验收，预压（荷载或静载）试验，监理审批，报主管部门登记备案。
3. 事件1中挂篮为满足使用与安全要求还应具备的主要性能：稳定性、锚固方便可靠、质量不大于设计规定。
4. 事件2中工序④、⑧、⑩的名称如下：
工序④：浇筑底板混凝土及养护；工序⑧：混凝土养护；工序⑩：张拉预应力钢丝束。
5. 在事件3中应设置"之"字形（或"人"字形）的人行登高梯道。
从事挂篮悬臂浇筑的施工作业人员应采取的高处作业个人安全防护措施包括：头戴安全帽，身穿紧口工作服，脚穿防滑鞋，腰系安全带。

实务操作和案例分析题四［2014年真题］

【背景资料】
某隧道为上、下行双线四车道隧道，其中左线长858m，右线长862m，隧道最大埋深98m，净空宽度9.64m，净空高度6.88m，设计车速为100km/h，其中YK9＋928～YK10＋004段为Ⅴ级围岩，采用环形开挖面核心土法施工，开挖进尺为3m。该段隧道复合式衬砌横断面示意图如图4-3所示，采用喷锚网联合支护形式，结合超前小导管作为超前支护措施，二次衬砌采用灌注混凝土，初期支护与二次衬砌之间铺设防水层。

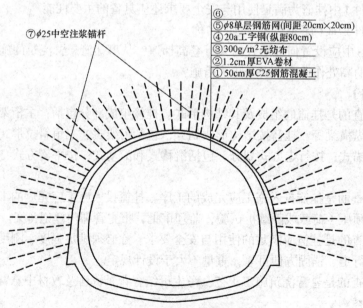

图4-3 复合式衬砌横断面示意图

在一个模筑段长度内灌注边墙混凝土时，施工单位为施工方便，先灌注完左侧边墙混凝土，再灌注右侧边墙混凝土。

施工单位根据《公路桥梁和隧道工程施工安全风险评估指南（试行）》，在总体风险评估基础上，对YK9+928～YK10+004段开展了专项风险评估，确定风险等级为Ⅳ级，撰写了风险评估报告，报告内容包括：评估依据、工程概况……

【问题】

1. 指出环形开挖面核心土施工中的错误之处，并改正。
2. 图4-3所示，写出结构层⑥的名称，并写出初期支护、防水层、二次衬砌分别由哪几部分组成（只需写出相应的编号）？
3. 为充分发挥喷锚网联合支护效应，资料中系统锚杆应与哪些支护彼此牢固连接（只需写出相应的编号）？
4. 资料中边墙灌注施工错误，写出正确的做法。
5. 补全资料中风险评估报告内容的缺项。

【解题方略】

1. 本题考查的是隧道工程施工安全管理的一般要求。本题较为简单，考生应牢记隧道软弱围岩施工应遵循的原则。
2. 本题考查的是隧道复合式衬砌施工的安全管理。考生应结合复合式衬砌横断面示意图所示信息进行归类。
3. 本题考查的是预防塌方的施工措施。当开挖出工作面后，应及时有效地完成喷锚支护或喷锚网联合支护，并应考虑采用早强喷射混凝土、早强锚杆和钢支撑支护措施等。
4. 本题考查的是混凝土的灌注的施工要点。本题考核的较为简单属于实记内容。考生亦可结合工作经验进行作答。
5. 本题考查的是风险评估报告内容。本题属于查漏补缺型的题目。考生应对风险评估报告的内容进行熟练地掌握。

【参考答案】

1. 错误之处：开挖进尺为3m。
改正：开挖进尺应为0.5～1.0m，确保施工安全。
2. 根据图4-3，结构层⑥的名称：喷射混凝土。
初期支护、防水层、二次衬砌的组成部分如下：
初期支护：④⑤⑥⑦；防水层：②③；二次衬砌：①。
3. 为充分发挥喷锚网联合支护效应，资料中系统锚杆应与④⑤支护彼此牢固连接。
4. 施工错误：先浇筑一边，再浇筑另一边。
正确的做法：灌注边墙混凝土时，要求两侧混凝土保持分层对称地均匀上升，以免两侧边墙模板受力不均匀而倾斜或移位。
5. 资料中风险评估报告内容还应包括：评估方法、评估步骤、评估内容、评估结论、对策建议等。

实务操作和案例分析题五［2012年真题］

【背景资料】

某施工单位承接了某隧道施工任务，该隧道为分离式双洞隧道，洞口间距50m。其中左线长3996m，进口里程桩号为ZK13+956；右线长4013m，进口里程桩号为YK13+952。

根据地质勘察报告，YK14+020~YK16+200段分布有冲刷煤屑、瓦斯包体和含水瓦斯包体，岩层节理及裂隙发育。其中，YK14+850~YK14+900段穿越背斜组成的复式褶皱带，为挤压强烈、地应力相对集中地段。

开工当年10月5日，该隧道右洞采用全断面开挖至YK14+872处，二衬距掌子面68m。

10月6日，监理单位发现YK14+859~YK14+866段初期支护变形超限，立即书面通知施工单位停止掘进。10月13日，施工单位根据设计变更的要求对变形超限段进行了处理。10月20日，YK14+859~YK14+863段发生塌方，至10月23日，塌方段在拱顶部位形成高2~3m，宽2~3m，长3~4m的塌腔。施工单位立即会同监理、设计和业主单位对塌方段进行了现场确认及变更立项，由设计单位出具了变更设计图。为防止类似的塌方事故，施工单位进一步加强了对未塌方段的塌方预测。

10月27日8时。在未对瓦斯浓度进行检测的情况下，34名工人进入洞内开展塌方段及未塌方段的处理作业，作业采用的台车上配备了普通配电箱和普通电源插座。10时起，由于风机出现故障，洞内停止通风。11时20分左右，右洞发生瓦斯爆炸，34名工人全部罹难。

【问题】

1. 根据地质条件，指出该隧道潜在的安全事故类型。
2. 列举施工单位可采用的隧道塌方常用预测方法。
3. 根据背景资料，简述对塌方段的处理措施。
4. 指出施工单位的哪些错误做法可能导致了本次瓦斯爆炸事件？
5. 根据现行的《生产安全事故报告和调查处理条例》，判断该事故等级。

【解题方略】

1. 本题考查的是潜在的安全事故类型。回答本题需要根据背景资料归纳分析，从塌方、瓦斯等隐患入手。
2. 本题考查的是预测塌方常用的方法。本题考核的较为简单，考生应避免丢分。
3. 本题考查的是隧道塌方的处理措施。处理塌方应先加固未塌地段，防止继续发展，并要按相关要求进行处理。
4. 本题考查的是瓦斯地段施工特点。施工过程中应严格执行防止瓦斯事故的措施。本案中，考生应从瓦斯检查制度、明火、进洞人员安全教育、瓦斯浓度等方面入手。
5. 本题考查的是生产安全事故等级的划分。特别重大事故，是指造成30人以上死亡，或者100人以上重伤（包括急性工业中毒，下同），或者1亿元以上直接经济损失的事故。

【参考答案】

1. 潜在的安全事故类型有：
（1）塌方；（2）瓦斯爆炸；（3）瓦斯突出；（4）瓦斯燃烧；（5）涌水、突泥；（6）岩爆。
2. 可采用：（1）观察法；（2）一般测量法；（3）声学测量法；（4）微地震学测量法。
3. 塌方段的处理措施：
（1）加固塌体两端洞身。
（2）封闭塌腔顶部和侧部。
（3）塌腔顶部加固。

（4）清渣。
（5）灌注衬砌混凝土。
4. 错误做法有：
（1）采用的配电箱及插座为非隔爆型（或普通配电箱及普通插座），可能产生火花。
（2）洞内停止通风，可能导致瓦斯浓度增加。
（3）未进行瓦斯浓度检测，瓦斯浓度可能达到爆炸界限而未通知人员撤离。
5. 特别重大事故。

实务操作和案例分析题六［2011年真题］

【背景资料】

某高速公路特大桥主桥全长820m（2×50m+9×80m），为变截面预应力连续箱梁桥，分上下游两幅，每幅单箱单室，顶板宽13m，底板宽6.5m，箱梁采用长线法台座预制，缆索吊装，悬臂拼装。

为加强安全管理，项目部在全桥施工过程中建立了安全生产相关制度，实行了安全生产责任制，并对危险性较大工程编制了安全施工专项方案。

为保证工程质量，项目部加强进场材料管理，对钢筋、钢绞线、水泥等重要材料严格检测其质量证明书、包装、标志和规格。在工地试验室，对砂卵石等地材严格按规范要求进行试验检测。某次卵石试验中，由于出现记录错误，试验人员立即当场用涂改液涂改更正，并将试验记录按要求保存。

缆索吊装系统主要由塔架、主索（承重索）、起吊索、牵引索、扣索、工作索、天车（滑轮索）、索鞍、锚碇等组成。塔架高度85m，采用钢制万能杆件连接组拼，塔架示意图如图4-4所示。

主索锚基坑地层及断面示意图如图4-5所示。基坑开挖完成后，混凝土浇筑前突降大雨，基坑出现大面积垮塌，并导致2人受伤。主桥墩柱、盖梁施工完成后，安放支座、现浇主梁0号块混凝土，然后吊拼1块箱梁，同时进行墩顶箱梁的临时固结，再依次拼接各梁段。

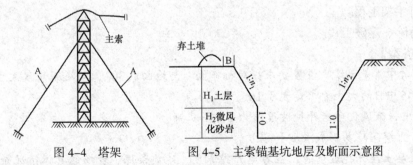

图4-4 塔架　　图4-5 主索锚基坑地层及断面示意图

【问题】
1. 图4-4中A是何种设施？说明设置A的主要要求。
2. 结合背景资料，说明图4-5中B的大小的要求，图4-5中将微风化砂岩开挖坡度设为1:0是否正确？说明理由。确定上层土层开挖坡度时，应主要考虑哪些因素？
3. 结合图4-5和背景资料，为防止同类垮塌事故，该基坑开挖时可采取哪些处理措施?

4. 补充钢绞线还需进行的检查项目，改正对砂卵石地材试验检测记录的错误做法。

5. 简要说明墩顶箱梁临时固结的施工步骤。

6. 结合背景资料描述的施工内容，根据交通运输部《公路水运工程安全生产监督管理办法》，项目部应编制哪几个主桥施工安全专项方案?

【解题方略】

1. 本题考查的是风缆的设置及其要点。风缆应成对称布置，且上、下游风缆的长度相差不宜过大。风缆与拱肋轴线夹角宜大于45°；与地平面夹角宜为30°，距离宜小于100m。

2. 本题考查的是基坑开挖的施工安全要点。确定上层土层开挖坡度时，应考虑开挖深度、地质条件、现场的具体情况等因素。

3. 本题考查的是基坑施工应采取的安全防护措施。本题中，施工方应充分考虑到地质条件、天气等不安全因素。

4. 本题考查的是钢绞线的检测项目及试验、检测记录管理。本题检测项目同样是对考生进行查漏补缺能力的考核。原始记录如果需要更改，作废数据应划两条水平线，并将正确数据填在上方，同时加盖更改人印章。

5. 本题考查的是悬臂浇筑施工中应注意要点。该部分内容需要考生对教材中临时固结内容进行实记。

6. 本题考查的是安全专项方案的编制。《建设工程安全生产管理条例》第二十六条明确规定：施工单位应当在施工组织设计中编制安全技术措施和施工现场临时用电方案，对下列达到一定规模的危险性较大的分部分项工程编制专项施工方案，并附具安全验算结果，经施工单位技术负责人、总监理工程师签字后实施，由专职安全生产管理人员进行现场监督：

（1）基坑支护与降水工程。

（2）土方开挖工程。

（3）模板工程。

（4）起重吊装工程。

（5）脚手架工程。

（6）拆除、爆破工程。

【参考答案】

1. 图4-4中A是风缆。设置要求：对称布置，与地面成30°，与塔架角度大于45°。

2. 图4-5中B的大小要求是大于1m。

图4-5中将微风化砂岩开挖坡度设为1:0不正确。

理由：上缓下陡易形成滑坡和塌方。

确定上层土层开挖坡度时，应考虑开挖深度、地质条件、现场的具体情况等因素。

3. 基坑顶面设置截水沟，坡面可采取混凝土护壁、锚杆支护、锚桩支护等措施加固，排水沟和集水井降水，必要时可采用井点降水法。

4. 补充钢绞线检查项目：表面质量、直径偏差和力学性能试验。

改正：在作废数据处划两条水平线，正确数据填在上方，加盖更改人印章。

5. 临时固结的施工步骤：将0号块梁段与桥墩钢筋或预应力筋临时固结，待解除固结时再将其切断；在桥墩一侧或两侧设置临时支撑或支墩；顺桥向用扇形或门式托架将0号块梁段临时支撑，待悬浇到至少一端合拢后恢复原状。临时支承可采用硫磺水泥砂浆、砂筒或混凝土块等卸落设备，能较方便地拆除临时支承。

6. 滑坡和高边坡处理、土方开挖工程、模板工程、起重吊装工程、脚手架工程等均需编制安全专项方案。

典 型 习 题

实务操作和案例分析题一

【背景资料】

某施工单位承接了某高速公路路基H合同段工程施工，该区段设计车速100km/h，平均挖深19m，路基宽度26m，其中K20+300～K20+520为石质路堑。该区段岩石为石炭系硅质灰岩，岩石较坚硬，多为厚层构造，局部呈薄层状构造，裂隙发育。要求路堑采用钻爆开挖，爆破石渣最大允许直径为30cm，对开挖石渣尽可能提高利用率。

施工单位编制的爆破设计方案摘要如下：

（1）边坡采用预裂爆破，路基主体尽量采用深孔爆破，局部采用钢钎炮、烘膛炮等方法。

（2）采用直径8cm的钻头钻孔，利用自行式凿岩机或潜孔钻一次钻到每阶平台设计标高位置。

（3）爆破顺序采用从上至下的分台阶，顺路线方向纵向推进爆破，控制最大爆破深度不超过10m，纵向每40～50m为一个单元，边坡和主体采用微差爆破一次性完成。

（4）边坡预裂爆破孔间距为1m，采用"方格型"布置，按水平方向控制炮杆位置，路基主体内炮孔间距4m，采用"梅花型"均匀布置。

爆破设计方案报主管部门审批时未通过，退回后由施工单位重新修改。

在确定爆破安全距离时，施工单位按《爆破安全规程》中"安全距离不小于200m"的规定，将安全距离设为200m，并布置警戒线。爆破结束后，未出现安全事故。

K20+300～K20+520段需开挖石方140000m³，采用2台装载机（每台作业率720m³/台班）和6台自卸汽车（每台作业率300m³/台班）配合装运石方，其他机械均配套，将石方调运到两端的填方路段。

施工完成后，对路基工程进行了质量检验，其中针对K20+300～K20+520路段，实测了纵断高程、中线偏位、宽度、横坡。

【问题】

1. 指出并改正爆破设计方案中的错误之处。
2. 施工单位确定爆破安全距离的做法是否恰当？说明理由。
3. 在不考虑加班的情况下，K20+300～K20+520路段石方调运工作需要多少天（列式计算）？
4. K20+300～K20+520段路基施工的质量检验，还应实测哪些项目？

【参考答案】

1. 错误一：采用"方格型"布置。

改正：采用"一字型"布置。
错误二：按水平方向控制炮杆位置错误。
改正：按边坡坡度控制炮杆位置。
2. 施工单位确定爆破安全距离的做法不恰当。
理由：除考虑《爆破安全规程》中露天爆破安全距离不得小于200m外，还应考虑个别飞散物影响，地震波、空气冲击波的影响，经计算后再确定安全距离。
3. 在不考虑加班的情况下，K20+300～K20+520路段石方调运工作天数＝140000/（2×720）＝97.2d≈98d。
4. K20+300～K20+520段路基施工的质量检验还应实测的项目：压实（△）、弯沉（△）、平整度、边坡坡度、边坡平顺度。

实务操作和案例分析题二

【背景资料】

某高速公路M合同段（K17+300～K27+300），主要为路基土石方工程，本地区岩层构成为泥岩、砂岩互层，抗压强度20MPa左右，地表土覆盖层较薄。在招标文件中，工程量清单列有挖方2400000m³（土石比例为6∶4），填方249000m³，填方路段填料由挖方路段调运，考虑到部分工程量无法准确确定，因此采用单价合同，由监理工程师与承包人共同计量，土石开挖综合单价为16元/m³，施工过程部分事件摘要如下：

事件1：施工单位开挖路基后，发现挖方土石比例与设计文件出入较大，施工单位以书面形式提出设计变更，后经业主、监理、设计与施工单位现场勘察、洽商，设计单位将土石比例调整为3.4∶6.6，变更后的土石方开挖综合单价调整为19元/m³，经测算，变更后的项目总价未超过初步设计批准的概算。

事件2：在填筑路堤时，施工单位采用土石混合分层铺筑，局部路段因地形复杂而采用竖向填筑法施工，并用平地机整平每一层，最大层厚40cm，填至接近路床底面标高时，改用土方填筑。

事件3：该路堤施工中，严格质量检验，实测了压实度、弯沉值、纵断高程、中线偏位、宽度、横坡、边坡。

【问题】

1.《公路工程设计变更管理办法》将设计变更分为哪几种？事件1中的设计变更属于哪一种？说明理由。
2. 指出事件2中施工方法存在的问题，并提出正确的施工方法。
3. 指出事件3中路堤质量检验实测项目哪个不正确？还需补充哪个实测项目？
4. 针对该路段选择的填料，在填筑时，对石块的最大粒径应有何要求？

【参考答案】

1. 公路工程设计变更分为重大设计变更、较大设计变更和一般设计变更。
事件1中的设计变更属于较大设计变更。
理由：因为单项变更金额达到720万元（2400000×（19－16）＝7200000元），超过500万元的规定。
2. 事件2中存在的问题及正确施工方法：

（1）不应采用平地机整平。

因含石量为66%，整平应采用大型推土机辅以人工进行。

（2）不应采用竖向填筑法。

土石路堤只能采用分层填筑，分层压实。

3. 不应该实测弯沉值。还需补充平整度项目。

4. 土石混合料中石料强度大于20MPa时，石块的最大粒径不得超过压实层厚的2/3，超过的石料应清除或打碎。

实务操作和案例分析题三

【背景资料】

某二级公路，全长9.32km，全路段的石方爆破主要集中在K2+300～K2+420，K3+240～K3+480，K6+450～K6+490，K8+590～K8+810，爆破路段附近无重要建筑物，施工单位编制了"公路路堑石方爆破工程专项施工方案"，专项施工方案编制的主要内容包括工程概况、编制依据、施工计划、施工工艺技术、劳动力计划等。施工单位编制的爆破施工流程为：施爆区现场勘测→爆破设计及设计审批→配备专业施爆人员→施爆区施工放样→用机械清除施爆区强风化岩石→A→爆破器材检查与试验炮→炮孔检查与废渣清除→装药并安装引爆器材→布置安全岗和施爆区安全员→炮孔堵塞→撤离施爆区内人员→起爆→B→解除警戒→测定爆破效果（包括飞石、震动波对施爆区内、外构造物造成的破坏和损失）。

施工单位编制的爆破施工方案为：根据爆破工程量要求，综合考虑爆破区地形、地质、环境条件、设备和技术条件等，石方爆破自上而下分台阶逐层进行，采用电力起爆，爆破高度小于5m时，用浅眼爆破法分层爆破，分层高度2～3m；爆破高度5～10m时，用深孔爆破法一次爆破到设计标高；爆破高度超过10m时，分台阶进行深孔爆破，工作台阶分层高度定为5～10m，永久边坡采用光面爆破的方法进行处理。

台阶爆破参数示意如图4-6所示。

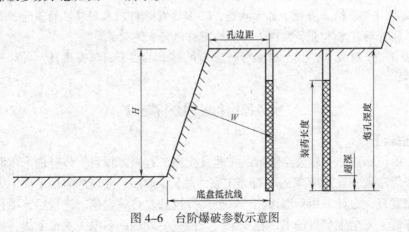

图4-6 台阶爆破参数示意图

施工单位根据爆破施工方案、工程量、施工进度计划、施工质量要求、现有机械技术状况等配置了机械设备，石方爆破主要机械设备见表4-1。

在爆破施工现场，工班长要求操作人员严禁穿化纤衣服，手机必须处于静音状态，堵塞材料应采用钻孔的石渣、黏土、岩粉等，堵塞长度严格按照爆破设计进行，不得自行增加药量或改变堵塞长度，如需调整，应征得现场技术人员和监理工程师的同意并做好变更记录。

石方爆破主要机械设备表　　　　　　　　　　　　表4-1

序号	名称	型号	单位	数量
1	潜孔钻机	KQD100	台	4
2	浅孔凿岩机	7655	台	3
3	C	EP200	台	1
4		VY-12/7	台	1
5		DY-9/7	台	1
6		V-6/8	台	1

【问题】
1. 补充专项施工方案编制的主要内容。
2. 写出爆破施工流程中工序A、B以及石方爆破主要机械设备表中机械设备C的名称。
3. 爆破施工方案中采用的光面爆破是否合理？说明理由。
4. 写出台阶爆破参数示意图中爆破参数H和W的名称。
5. 指出工班长对操作人员所提要求中的错误并改正。

【参考答案】
1. 还有施工安全保证措施、计算书及附图。
2. A为钻孔，B为清除盲炮，C为空气压缩机。
3. 合理。因为光面爆破采用控制抵抗线和药量的方法进行爆破，使之形成光滑平整的边坡，可减小永久性边坡修整的工作量。
4. H为台阶高度，W为最小抵抗线。
5. 错误：（1）手机必须处于静音状态；（2）堵塞材料应采用钻孔的石渣、黏土、岩石等；（3）征得现场技术人员和监理工程师的同意做好变更记录。

改正：（1）手机关机；（2）堵塞材料应采用黏土；（3）应征得设计人员的同意并出具变更通知单。

实务操作和案例分析题四

【背景资料】

某施工单位承接了一座公路隧道的土建及交通工程施工项目，该隧道为单洞双向行驶的两车道浅埋隧道，设计净高5m，净宽12m，总长1600m，穿越的岩层主要由页岩和砂岩组成，裂隙发育，设计采用新奥法施工、分部开挖和复合式衬砌。进场后，项目部与所有施工人员签订了安全生产责任书，在安全生产检查中发现一名电工无证上岗，一名装载机驾驶员证书过期，项目部对电工予以辞退，并要求装载机驾驶员必须经过培训并经考核合格后方可重新上岗。

隧道喷锚支护时，为保证喷射混凝土强度，按相关规范要求取样进行抗压强度试验。

取样按每组三个试块,共抽取36组,试验时发现其中有2组试块抗压强度平均值为设计强度为90%、87%,其他各项指标符合要求。检查中还发现喷射混凝土局部有裂缝、脱落、露筋等情况。隧道路面面层为厚度5cm、宽度9m的改性沥青AC-13,采用中型轮胎式摊铺机施工,该摊铺机施工生产率为80m³/台班,机械利用率为0.75,若每台摊铺机每天工作2个台班,计划5d完成隧道路面沥青混凝土面层的摊铺。

路面施工完成后,项目部按要求进行了照明、供配电设施与交通标志、防撞设施、里程标、百米标的施工。

【问题】

1. 指出项目部的安全管理中体现了哪些与岗位管理有关的安全生产制度?补充其他与岗位管理有关的安全生产制度。
2. 喷射混凝土的抗压强度是否合格?说明理由。针对喷射混凝土出现的局部裂缝、脱落、露筋等缺陷,提出处理意见。
3. 按计划要求完成隧道沥青混凝土面层施工,计算每天所需要的摊铺机数量。
4. 补充项目部还应完成的其他隧道附属设施与交通安全设施。

【参考答案】

1. 项目部的安全管理中体现了与岗位管理有关的安全生产制度包括:安全生产责任制度、安全教育培训制度、特种作业人员管理制度。

其他与岗位管理有关的安全生产制度包括:安全生产组织制度;安全生产奖惩制度;安全生产值班制度;外协单位和外协人员安全管理制度;专、兼职安全管理人员管理制度。

2. 喷射混凝土的抗压强度合格。

理由:任意一组试块抗压强度平均值,不得低于设计强度的80%为合格。

针对喷射混凝土出现的局部裂缝、脱落、露筋等缺陷,其处理意见:应予修补,凿除喷层重喷或进行整治。

3. 按计划要求完成隧道沥青混凝土面层施工,每天所需要的摊铺机数量 $N=\dfrac{P}{W_1QK_B}=$(1600×9×0.05)÷(80×2×5×0.75)=1.2≈2台。

4. 项目部还应完成的其他隧道附属设施包括:通风设施、安全设施、应急设施等。项目部还应完成的交通安全设施包括:交通标线、隔离栅、视线诱导设施、防眩设施、桥梁防护网、公路界碑等。

实务操作和案例分析题五

【背景资料】

某山区二级公路有一座分离式隧道,左线起止桩号为ZK3+640~ZK4+560,右线起止桩号为YK3+615~YK4+670,进出口段为浅埋段,Ⅳ级围岩,洞身穿越地层岩性主要为砂岩、泥岩砂岩互层,Ⅱ、Ⅲ级围岩。

该隧道采用新奥法施工,施工单位要求开挖时尽量减少对围岩的扰动,开挖后及时施作初期喷锚支护,严格按规范要求进行量测,并适时对围岩施作封闭支护。施工监控量测得出的位移—时间曲线如图4-7所示。

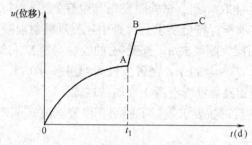

图 4-7 位移—时间曲线示意图

施工单位项目部实行安全责任目标管理，决定由专职安全员对隧道的安全生产全面负责。爆破施工前，招聘了8名员工，并立即由专职安全员进行培训，经项目部考核合格后安排从事爆破作业。施工过程中要求电钻工戴棉纱手套，穿绝缘胶鞋；隧道开挖及衬砌作业地段的照明电压为110~220V。

【问题】
1. 按长度划分，左右线隧道分别属于哪种隧道？按地质条件划分，该隧道属于哪种隧道？
2. 施工单位对隧道的施工要求体现了新奥法的哪些基本原则？
3. 图中的时间点t_1表明当时围岩和支护已呈什么状态？此时在现场应采取哪些措施？
4. 指出施工单位在施工安全管理方面的错误做法并改正。

【参考答案】
1. 按长度划分，左线隧道属于中隧道；右隧道属于长隧道。
按地质条件划分该隧道属于岩石隧道。
2. 施工单位对隧道的施工要求体现的新奥法的基本原则：少扰动、早喷锚、勤量测、紧封闭。
3. 图中的时间点t_1表明当时围岩和支护已呈不稳定状态。此时在现场应采取的措施：密切监视围岩动态，并加强支护，必要时暂停开挖。
4. 施工单位在施工安全管理方面的错误做法及其改正如下：
（1）错误做法：由专职安全员对隧道的安全生产全面负责。
正确做法：应由项目经理对隧道的安全生产全面负责。
（2）错误做法：由专职安全员对新员工进行培训，经项目部考核合格后安排从事爆破作业。
正确做法：所有新员工要经过三级安全教育，还要经过专业培训，并取得爆破作业资格。
（3）错误做法：施工过程中要求电钻工戴棉纱手套。
正确做法：施工过程中应要求电钻工戴绝缘手套。
（4）错误做法：隧道开挖及衬砌作业地段的照明电压为110~220V。
正确做法：隧道开挖及衬砌作业地段的照明电压应为12~36V。

实务操作和案例分析题六

【背景资料】
某施工单位承包了南方某二级公路D合同段路基施工，其中K8+200~K8+320为沿河路基，设计为浆砌块石路肩挡土墙，如图4-8所示，挡土墙最大高度为11.2m，设计高程211.33m，设计洪水位202.10m，常水位198.90m。施工单位选择在枯水季节施工，挡土墙施工前全面做好排水系统，施工工艺如图4-9所示。

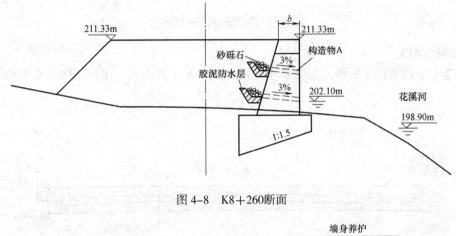

图4-8 K8+260断面

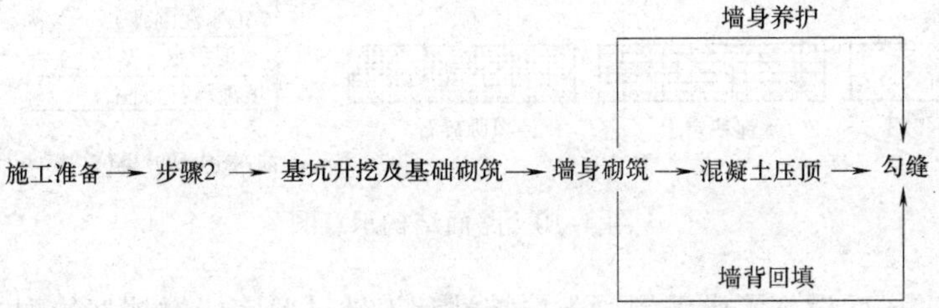

图4-9 施工工艺

在基坑挖到设计高程后，经检验基底承载力等各项指标满足要求，开始进行基础砌筑。基础施工完后，立即进行基坑回填。基础圬工强度达到要求后，进行墙身砌筑。

挡土墙砌筑与路基回填交替施工，对挡土墙按高度分阶段验收。墙背填料采用与前后路段路堤填料相同的黏土，做到逐层填筑，逐层压实。

【问题】
1. 按照施工技术管理制度要求，施工单位在基坑回填前必须履行哪道程序？
2. 墙背填料采用黏土是否合适？说明理由。
3. 写出步骤2所对应的工艺名称以及墙身中的构筑物A的名称。
4. 根据国家标准《高处作业分级》GB/T 3608—2008，该挡土墙的墙身砌筑属于几级高处作业？

【参考答案】
1. 还需办理基础隐蔽工程质量检验手续。
2. 不合适。因为该挡土墙浸水，应选择强度高、透水性好的材料（或：因为黏土透水性不好，遇水强度差）。
3. 步骤2对应的施工工艺是测量放样。墙身中的构筑物A是泄水孔。
4. 国家标准《高处作业分级》GB/T 3608—2008规定，高处作业分级：
（1）作业高度在2m至5m时，称为1级高处作业。
（2）作业高度在5m以上至15m时，称为2级高处作业。

(3)作业高度在15m以上至30m时,称为3级高处作业。
(4)作业高度在30m以上时,称为特级高处作业。
故,该挡土墙的砌筑属于2级高处作业。

实务操作和案例分析题七

【背景资料】

某施工单位承接了一段二级公路水泥混凝土路面工程施工,路面结构示意图如图4-10所示。

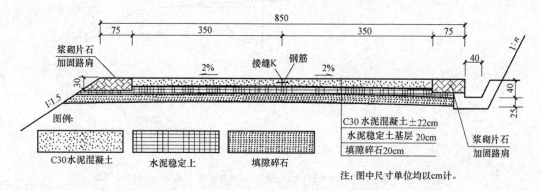

图4-10 路面结构示意图

施工单位进场后设立了水泥混凝土搅拌站和工地试验室,搅拌站的配电系统实行分级配电:设置总配电箱(代码A),以下依次设置分配电箱(代号B)和开关箱(代码C),开关箱以下是用电设备(代号D)。动力配电箱与照明配电箱分别设置。配电箱与开关箱装设在通风、干燥及常温场所,每台用电设备实行"一机一闸"制。施工单位对配电箱与开关箱设置提出一系列安全技术要点,部分摘录如下:

要点一:配电箱的导线进线口和出线口应设在箱体的上顶面。

要点二:移动式开关箱的进口线、出口线必须采用绝缘铝导线。

要点三:总配电箱应装设总隔离开关、分路隔离开关、总熔断器、分路熔断器、电压表、总电流表。

基层采用路拌法施工,施工工艺流程如图4-11所示。为顺利完成基层的施工,施工单位配备了稳定土拌合机、装载机、运输车、多铧犁。

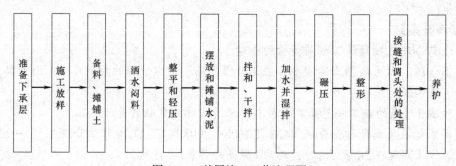

图4-11 基层施工工艺流程图

施工单位对路面面层分左右两幅铺筑,先铺筑左幅,后铺筑右幅,在公路中心处设置接缝K,接缝的1/2板厚处安装光圆钢筋,钢筋的全长范围涂防粘涂层。

【问题】

1. 写出图4-10中接缝K的名称,并改正接缝钢筋施工中的错误做法。
2. 改正图4-11中工艺顺序的错误之处,并补充背景资料中基层施工还需配置的机械设备。
3. 改正要点一、要点二中的错误。
4. 补充要点三中总配电箱还应装设的电器装置。
5. 用代号写出配电系统与用电设备在使用过程中的送电、断电顺序。

【参考答案】

1. 图4-10接缝K的名称为纵向施工缝(或纵缝)。

改正一:接缝处应安装螺纹钢筋。

改正二:应对钢筋中部100mm进行防锈处理。

2. 错误之处:整形和碾压顺序颠倒;整形应在碾压之前。

基层施工还需配备的机械设备:压路机、平地机、推土机、洒水车。

3. 改正要点一的错误:进线口和出线口应设在箱体的下底面。

改正要点二的错误:移动式开关箱的进口线、出口线必须采用橡胶绝缘电缆。

4. 要点三中总配电箱还应装设的电器装置为漏电保护器和总电度表。

5. 配电系统与用电设备在使用过程中的送电顺序:A→B→C→D。

配电系统与用电设备在使用过程中的断电顺序:D→C→B→A。

实务操作和案例分析题八

【背景资料】

某施工单位承接了一条二级公路的隧道施工项目,该隧道主要穿越砂层泥岩和砂岩,岩层节理、裂隙发育,富含裂隙水。隧道全长800m,设计净高5m,净宽12m,为单洞双向行驶的两车道隧道。

施工单位针对该项目编制了专项施工方案,其中包括工程概况、编制依据、劳动力计划等内容。拟采取二台阶开挖方法施工,施工顺序如图4-12所示,并按表4-2①→⑨的顺序作业。针对该隧道施工过程中有可能出现突水安全事故的特点,编制了应急预案。

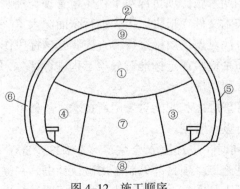

图4-12 施工顺序

施工工作内容　　　　　　　　　　表4-2

序号	工作内容
①	上台阶开挖
②	上台阶支护
③	下台阶右马口开挖
④	下台阶左马口开挖（围岩较弱处）
⑤	下台阶右马口初支
⑥	下台阶左马口初支
⑦	
⑧	
⑨	

【问题】

1. 专项施工方案中的劳动力计划包括哪些类别的人员？
2. 改正③→⑥的施工工序，说明修改原因。
3. 补充表4-2中⑦~⑨项工作的内容。
4. 施工单位编制的应急预案属于哪一类？除此之外，应急预案还有哪些种类？

【参考答案】

1. 专项施工方案中的劳动力计划包括专职安全生产管理人员、特种作业人员等。
2. 改正③→⑥的施工工序为④→⑥→③→⑤。修改原因：下台阶应先开挖围岩较弱处，各部分初期支护应在开挖后立即进行（或边开挖边支护）。
3. 表列⑦~⑨项工作的内容分别为下部核心土开挖、施作仰拱、施作二次衬砌。
4. 施工单位编制的应急预案属于专项应急预案。除此之外，应急预案还有综合应急预案和现场处置方案。

实务操作和案例分析题九

【背景资料】

某施工单位承接了某二级公路E3标段（K15+000~K25+000）路基工程施工。由于该标段工程量集中，工期紧张，项目部对工程质量管理与控制尤其重视，要求项目总工对质量控制负总责，对技术文件、报告、报表进行全面深入审核与分析，并采取测量、试验、分析、监督等各种方法对现场质量进行检查控制。该标段作为一个单位工程，划分了分部、分项工程，依据质量检验评定标准对分项工程进行评分，项目部按优、良、合格、不合格四个等级来评定工程质量。

项目部还根据不同管理层次和职能对采用新技术、新材料、新工艺的各环节设置了质量控制关键点，以便进行重点监控。

项目部在抓质量的同时，也注重安全生产。在K23+200~K24+100路段拟采用大型综合爆破进行石方路基施工。项目部编制了爆破设计书，并提交监理工程师审批后，成立了现场指挥机构并组织人员实施，在危险边界设置了明显标志，撤离了警戒区内人员、牲畜，并在警戒区四周安排警戒人员，最后成功完成了大型综合爆破。石方路基施工完成后，项目部实测了压实度、纵断高程、中线偏位、宽度、横坡、边坡平顺度，各项指标均满足相应标准和要求。

【问题】

1. 指出背景资料中项目部的两处错误做法，给出正确做法。
2. 根据质量控制关键点的设置原则，除背景资料提及的在"新技术、新材料、新工艺各环节"设置质量控制关键点处，还应在哪些情况下设置？
3. 项目部在K23＋200～K24＋100段施工时，是否符合爆破安全规程的相关要求？说明理由。
4. 补充石方路基实测项目。

【参考答案】

1. "要求项目总工对质量控制负总责"错误。

改正为：项目经理本人对质量控制负总责。

"工程质量等级评定分为优、良、合格、不合格四个等级错误"。

改正为：工程质量等级评定为合格、不合格两个等级。

注：因第3题对爆破单独设问，所以若爆破问题在本题回答则不给分。

2. 质量控制关键点还应设置在：
（1）施工过程中的重要项目、薄弱环节和关键部位；
（2）影响工期、质量、成本、安全、材料消耗等重要因素的环节；
（3）质量信息反馈中缺陷频数较多的项目。

3. 不符合。大型爆破应征得当地县（市）以上公安部门同意。

4. 平整度、边坡坡度。

实务操作和案例分析题十

【背景资料】

某双车道公路隧道。全长620m，地层岩性为石灰岩，地下水较丰富。有一条F断层破裂带，隧道最大埋深490m，纵坡为-3%。其围岩级别及长度如图4-13所示。合同总工期为20个月。

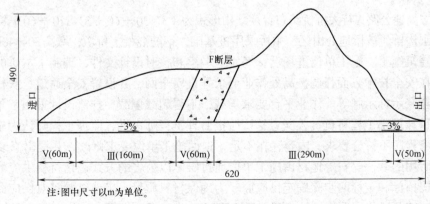

图4-13 隧道纵断面示意图

为保证施工安全，施工单位结合项目地质和设备条件，拟在全断面法、台阶法、单侧壁导坑法、CD法、CRD法5种工法中选择组织施工。

根据以往施工经验及该项目实际情况，施工前，相关人员经讨论分析确定隧道主要施工内容的进度计划指标为：Ⅲ级围岩70～90m/月，Ⅳ围岩50～70m/月，Ⅴ级围岩30～50m/月，施工准备3个月，隧道内沟槽、路面及附属设施施工3个月。

【问题】

1. 从满足进度要求及经济性考虑，给隧道应布置几个工作面？工作面掘进方向如何设置较为合理？分别说明理由。

2. 按照《公路桥梁和隧道工程施工安全风险评估指南（试行）》，该隧道是否需要进行安全风险评估？说明理由。

3. 根据背景资料给出的地质条件，写出该隧道在地质方面存在的主要安全危险源以及可能造成的安全事故类别。

4. 根据背景资料，针对不同级别的围岩分别采用哪些施工工法较合理？

【参考答案】

1. Ⅴ级围岩地段施工工期＝（60＋60＋50）/30＝5.7≈6个月

Ⅲ级围岩地段施工工期（160＋290）/70＝6.42≈6.5个月

总工期＝3＋6＋6.5＋3＝18.5个月。隧道施工工期按照最慢的施工速度总工期为18.5个月＜20个月，为了节约施工成本，可以采用一个工作面进行施工。

自出口向进口方向掘进。由于地下水丰富，反坡施工更有利于地下水的自然排出，节省排水费。

2. 该隧道工程应当进行安全风险评估。理由：在该隧道工程中，Ⅴ级围岩连续长度均超过50m，根据规范应当进行安全风险评估。

3. 地质方面存在的主要危险源有溶洞、地下水、断层破裂带、洞口浅埋段。

可能造成的安全事故类别有：隧道坍塌、突泥、突水。

4. Ⅲ级围岩隧道段应当采用台阶法或全断面法；Ⅴ级围岩采用台阶法或CD法、单侧壁导坑法。

实务操作和案例分析题十一

【背景资料】

某南方高速公路A特大桥桥跨布置及结构形式为（3×30＋60＋3×110＋60＋3×10）m连续箱梁刚构桥。该桥地处山区，主桥采用桩基础，钢筋混凝土桥墩，墩高30～40m，主跨采用悬臂浇筑施工。施工单位进场后，经实地考察和核对设计文件，编制了本桥的施工组织设计。在安全技术方面强调按高处作业要求挂设安全网，并设置安全通道、扶梯、防护栏杆和安全警示标示牌等。作业平台要求均载，不得超载偏载，挂篮设计采用三角斜拉带式。经项目经理部工程科负责人同意签认后报监理工程师审批，监理工程师认为施工组织设计的报审程序不符合要求，内容存在不足，退回施工单位要求修改，并提出修改意见。

该桥所用的砂、碎石等地材由施工单位通过媒体以公告的方式邀请材料供应商参加竞标，并且按招标和定标两步骤确定供应商。为确保材料质量，工地试验室对供应商送至项目部的砂、碎石进行了取样试验，质量满足要求后确定了地材供应商。

为了进行挠度观测，在箱梁的顶底板布置了测点，测量了立模时的标高。悬臂浇筑施工期间昼夜温差大，梁段混凝土强度满足要求后，作业班组进行预应力张拉。施工监测人员发现梁底高程误差超出了允许范围，经分析排除了以下原因：混凝土的重力密度的变化与截面尺寸的变化；混凝土弹性模量随时间的变化；结构体系转换以及桥墩变位对挠度产生的影响；施工临时荷载对挠度的影响。

【问题】

1. 改正本桥施工组织设计报审程序的不当之处。除背景资料中提到的安全防护措施外，桥墩顶作业还要采取哪些安全防护措施？说明理由。

2. 砂、碎石等地材的招标方式、招标程序是否符合规定？若不符合规定，请给出正确的做法。工地试验室的砂、碎石取样试验方式有何不妥？

3. 分析说明造成本桥施工挠度控制不当的可能原因。

4. 施工挠度观测时，还应选择在哪些工序作业前后作标高测量？

【参考答案】

1. 改正本桥施工组织设计报审程序的不当之处：施工组织设计的初稿完成后，要组织参加编制的人员及单位进行评价和优化，最终形成正式文件，经过单位技术负责人的审核签认后报监理工程师审批。

除背景资料中提到的安全防护措施外，桥墩顶作业还要采取的安全防护措施：顶端装设防撞信号灯。

理由：桥梁主塔（墩）塔身高于30m时，应在其顶端装设防撞信号灯，主塔还应采取防雷措施，设置可靠的防雷电装置。遇雷雨时，作业人员应立即撤离危险区域，任何人员不得接触防雷装置，本题中墩高为30～40m。

2. 砂、碎石等地材的招标方式、招标程序不符合规定。

正确的做法：招标方通过媒体以公告的方式邀请材料供应商参加竞标，招标方按照法律规定的程序进行招标、开标、评标、定标及活动。成立评标小组，严格按照评标要求进行评审，评标工作按商务、材质技术、价格三大部分进行。对投标书的有效性、投标人法人授权书、投标资格文件、商务文本、投标文本和报价进行综合分析，必要时对样品进行检验比较。招标单位以会议和会签的形式组织有关人员对材料供货商进行集体评价，在评价的基础上选择合格的材料供应商，经主管领导批准后，方可确定为材料供应商。

工地试验室的砂、碎石取样试验方式的不妥之处：对供应商送至项目部的砂、碎石进行了取样试验。

3. 造成本桥施工挠度控制不当的可能原因：混凝土的收缩徐变规律与环境的影响；日照及温度变化也会引起挠度的变化；张拉有效预应力的大小。

4. 施工挠度观测时，还应选择在测立模时、混凝土浇筑前、混凝土浇筑后、预应力束张拉前、预应力束张拉后等作业作标高测量。

第五章 公路工程施工成本管理

2011—2020年度实务操作和案例分析题考点分布

考点＼年份	2011年	2012年	2013年	2014年	2015年	2016年	2017年	2018年	2019年	2020年
路基挖方成本的计算							●			
调值公式法计算合同价款			●							
工程预付款及其起扣点的计算		●								
工程款的支付		●								
因钢材价格变动引起的调价款的计算		●								
造价差额的计算					●					
水泥砂浆合同总价的计算			●							
已完工作预算费用和已完工作实际费用的计算					●					
费用偏差（CV）和进度偏差（SV）的计算					●					
细粒式沥青混凝土的直接工程费的计算				●						
预算单价的计算				●						
定值权重的计算									●	
工程计量的程序以及计量结果审查的主要内容				●						

【专家指导】

施工成本管理的知识点所占篇幅较小，且近几年考核的力度相对较小。成本管理中，我们应根据最新考试用书对公路项目施工成本计划的编制、标后预算编制、施工成本控制、施工成本核算及施工进度款结算的内容进行掌握。

要 点 归 纳

1. 公路项目施工成本计划的编制【重要考点】

编制施工成本计划的关键是确定责任目标成本，这是成本计划的核心，是成本管理所要达到的目标,成本目标通常以项目成本总降低额和降低率来定量地表示。

工程项目施工成本计划应在项目经理的组织和主持下,根据合同文件、企业下达的责任目标成本、企业施工定额、经优化选择的施工方案以及生产要素成本预测信息等进行编制。

2. 公路项目标后预算的概念【重要考点】

标后预算是在施工企业中标后,施工前编制的施工预算。它是在中标的合同工程量清单(以下称主合同工程量清单)基础上,将企业费用和项目施工费用重新分解后计算的项目施工总费用,包括直接费、设备购置费、措施费、专项费用以及现场管理费。

3. 标后预算编制方法【重要考点】

标后预算总费用中的项目预算总成本包括直接费、设备购置费、措施费、专项费用与现场管理费五项。该处考核的要点主要集中在直接工程费的计算。

影响直接工程费高低的因素有三个方面:一是工程量;二是单位实体工、料、机资源的消耗数量;三是各种资源的单价。工程量业主在工程量清单中已列明,因此,标后预算清单细目的工程量与报价单同一细目的工程量相同;单位实体人工和机械的消耗数量一般采用企业定额或根据实施性施工组织设计中计划配置的人力资源、机械设备配套计算;材料消耗量可以根据设计数量和混合料目标配合比计算,并参考同地区同类项目的历史消耗量等分析测算得出。人工和机械台班的单价可以按照企业实际测算确定,材料的预算单价应按实际采购单价并考虑一定场外运输损耗和采购及保管费等计算。

(1)人工费的计算

人工费的测算方法根据项目经理部的管理模式确定。如果采取内部班组承包形式或者劳务分包形式的,可以根据市场行情和合同谈判情况,测算分包单价。

$$人工费=承包(分包)单价×承包(分包)工程量$$

如果项目经理部自己组织施工的,可按施工组织设计配备的生产工人数量、辅助生产工人数量和计划工期,结合其月平均工资和工资附加费进行测算。

$$人工费=(月平均工资+工资附加费)×用工数量×计划工期(月)$$

(2)材料费计算

材料费是指施工过程中耗用的构成工程实体的各种原材料、辅助材料、构(配)件零件、半成品、成品的用量以及周转材料摊销量,根据工程所在地的材料市场价格确定,材料预算价格由材料原价、运杂费、场外运输损耗、采购及保管费组成,其中材料原价、运杂费按不含增值税(可抵扣进项税额)的价格确定。

$$工程实体材料费用=\Sigma(工程实体各种材料消耗×相应材料单价)$$
$$钢筋、钢绞线、型钢、管钢等材料消耗量=设计图纸的设计工程量×(1+经验损耗率)$$
$$周转材料摊销费=周转材料设计数量×单价×摊销率×计划使用时间$$

(3)机械费的计算

根据施工组织设计提供的机械设备配备情况,分租赁和自有两种情况计算机械费用。

1)自有机械

$$自有机械总费用=\Sigma 某种机械型号的(不变费用+可变费用)$$

不变费用包括折旧费、检修费、维护费和安拆辅助费。

$$折旧费=设备原值×年折旧率×使用时间(年)$$

可变费用包括：燃、油料费、电费、机驾人员工资及其他费用等。

2）租赁机械

根据租赁合同确定计算方法。

4. 公路工程项目成本控制方法【重要考点】

（1）以目标成本控制成本支出

在公路工程施工项目的成本控制中，可根据项目经理部制定的目标成本控制成本支出，这是最有效的方法之一，该方法主要从以下几个方面加以控制：

1）人工费的控制；

2）材料费的控制；

3）周转工具使用费的控制；

4）施工机械使用费的控制；

5）现场管理费的控制。

（2）以施工方案控制资源消耗

采用施工方案控制资源消耗的方法和步骤是：

1）在工程项目开工以前，根据施工图纸和工程现场的实际情况，同时制订施工方案，包括人力物资需用计划、机具设备等，以此作为指导和管理施工的依据。

2）组织实施。

3）采用价值工程，优化施工方案。

（3）用净值法进行工期成本的同步控制。

（4）运用目标管理控制工程成本。

5. 降低公路工程项目施工成本的方法和途径【一般考点】

（1）进行合同交底。同时，投标单位应将合同协议书、投标书、合同专用条款、通用条款、技术规范、标价的工程量清单移交给项目经理部。

（2）项目经理部应认真研读合同文件，对设计图纸进行会审，对合同协议、合同条款、技术规范进行精读，结合现场的实际情况，对可能变更的项目、可能上涨的材料单价等进行预测。

（3）企业根据项目编制的实施性施工组织设计、材料的市场单价以及项目的资源配置编制并下达标后预算；项目经理部根据标后预算核定的成本控制指标，预测项目的阶段性目标，编制项目的成本计划，并将成本控制指标和成本控制责任分解到部门班组和个人。

（4）制订先进、经济合理的施工方案。

（5）落实技术组织措施。

（6）组织均衡施工，加快施工进度。

（7）降低材料成本。

（8）提高机械利用率。

6. 施工成本核算的内容【重要考点】

施工成本核算的内容：人工费的核算；材料费核算；机械使用费的核算（租入机械费用和自有机械费用）；措施费的核算；间接费用的核算。

7. 编写工程量清单注意事项【一般考点】

（1）将开办项目作为独立的工程子目单列出来。

（2）合理划分工程子目。
（3）工程子目的划分要大小合适。
（4）工程量的计算整理要细致准确。
（5）计日工清单或专项暂定金额不可缺少。
（6）应与工程量清单计量规则一致。

历 年 真 题

实务操作和案例分析题一［2019年真题］

【背景资料】

某山区5×40m分离式双向四车道公路简支T梁桥，2019年3月25日开标，2019年4月12日下发中标通知书，某承包商以2580万元价款中标。该桥梁整体处于3.0%的纵曲线上，单幅桥设计横坡为2.0%，桥两端为重力式桥台，中间墩为桩柱墩，桥台、墩身盖梁与T梁之间设置板式橡胶支座，该桥立面示意图如图5-1所示。该桥在桥台处设置80mm钢制伸缩缝。T梁单片梁重120t，预制梁采用龙门吊调运，架桥机架设。

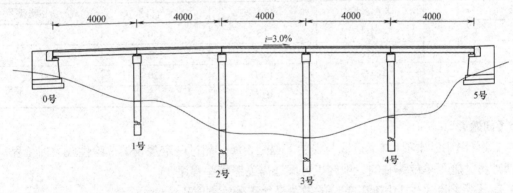

图 5-1 某简支T梁桥立面示意图（单位：cm）

合同中约定，工程价款采用价格指数调价公式按月动态结算，月底计量当月完成的工程量，于第2月中旬支付。合同履行期间，以基本价格指数为基础，部分材料（钢材、水泥、砂、碎石）价格指数涨跌幅超过±5%时，其风险由业主承担，超过部分据实调整；未超过±5%，其风险由承包商承担，不予调整材料价差。除以上4种材料外，其余因素均不调整价差。基本价格指数为投标截止日前一个月价格指数，现行价格指数为工程实施月价格指数，均以工程所在地省级工程造价管理机构发布的价格指数为准，不同规格的同种材料价格指数取平均值。

施工过程中发生了如下事件：

事件1：施工单位编制了T梁运输与安装专项施工方案。专项施工方案经施工单位技术负责人审核签字、加盖单位公章后，上报总监理工程师审查签字，并加盖执业印章后实施。

事件2：本桥T梁采用C50混凝土，低松弛钢绞线，夹片式锚具。施工单位在T梁预制、张拉施工中采取了如下做法：

（1）T梁预制台座设置了反拱值。

（2）用标准养护的混凝土试块强度作为预应力筋施加张拉条件。

（3）预应力张拉程序为：0→初应力→$1.03\sigma_{con}$（持荷5min锚固）。

（4）由于设计未规定，预应力张拉时要求混凝土的弹性模量不低于混凝土28d弹性模量的75%。

（5）施工单位采取在模板制造时设置模板横坡的方式对T梁进行横坡调整。

事件3：预制施工时，施工单位对梁长、梁端竖直度参数进行严格控制，T梁安装严格按放样位置进行。T梁安装完成后，发现梁端顶面与桥台台背之间间隙在20~30mm之间，小于伸缩缝安装间隙要求。经检验，预制T梁和台背各项检验指标均满足规范要求，可以排除施工误差对梁端顶面与台背间隙的影响。施工单位采取调整支座垫石倾斜度、支座倾斜安装的做法弥补支座垫板未作调坡处理的缺陷。

事件4：2019年6月中旬承包商向业主申请支付工程进度款，按投标报价计算工程进度款为150万元（未调材料价差），合同中约定的调价公式中定值权重为（A），可调差材料权重与价格指数见表5-1。

可调差材料权重与价格指数 表5-1

序号	材料名称	变值权重	基本价格指数	现行价格指数
1	钢材	0.3	150	180
2	水泥	0.13	121	115
3	碎石	0.11	120	100
4	砂	0.06	134	140

【问题】

1. 事件1中，本项目T梁运输与安装工程是否属于超过一定规模的危险性较大的工程？说明理由。施工单位编制的专项施工方案还需完善哪些程序？

2. 逐条判断事件2中施工单位的做法是否正确？并改正。

3. 说明事件3中T梁梁端顶面与桥台台背之间间隙过小的原因。指出事件3中支座安装方法的错误，并说明理由。

4. 事件4中，6月申请支付的工程进度款需进行材料调价差，定值权重A等于多少？表5-1中基本价格指数和现行价格指数分别指2019年哪个月的价格指数（小数点后保留1位）？

5. 事件4中，6月申请支付的工程进度款，按合同约定，哪些材料可调价差？材料调价差后，业主应支付承包商多少万元？（计算过程小数点后保留3位，最后结果小数点后保留1位）？

【解题方略】

1. 本题考查的是危险性较大的分部分项工程。要对桥涵工程中需编制专项施工方案的范围以及需专家论证、审查的范围有所了解。

2. 本题考查的是T梁的预制与张拉施工要点。当梁体混凝土强度达到设计规定的张拉强度（试压与梁体同条件养护的试件）时，方可进行张拉。普通松弛力筋：0→初应力→1.03σ_{con}（锚固）；低松弛力筋：0→初应力→σ_{con}（持荷5min锚固）。该处要注意区分。事件2中，（4）错在75%。

3. 本题考查的是T梁安装。本题第一问给出了"排除施工误差对梁端顶面与台背间隙的影响"，考生即应从安装方面的问题入手作答。本题第二问的作答依据为《公路桥涵施工技术规范》。

4. 本题考查的是定值权重的计算。考生了解定值权重＝1－变值权重，即可轻松作答。根据"基本价格指数为投标截止日前一个月价格指数"即可判断出基本价格指数为2019年2月的价格指数。6月中旬承包商向业主申请支付工程进度款，申请的是5月的工程进度款。

5. 本题考查的是合同价款的调整。回答该题应根据背景资料提供的指数计算出钢材、水泥、砂、碎石价格指数涨幅是否超过±5%。

钢材价格指数涨幅＝30/150×100%＝20%，涨幅超过5%。超出部分据实调整。

水泥价格指数涨幅＝（115－121）/121×100%≈－5%，跌幅未超过5%，不调整。

碎石价格指数涨幅＝（100－120）/110×100%＝－16.7%，跌幅超过5%，据实调整。

砂价格指数涨幅＝（140－134）/134×100%＝4.5%，涨幅未超过5%，不调整。

所以，钢材和碎石这两种材料可调差价。

【参考答案】

1.（1）T梁运输与安装属于超过一定规模的危险性较大的工程。

理由：因为T梁的长度为40m，根据《公路工程施工安全技术规范》中的相关规定，桥梁工程中的梁、拱、柱等构件施工属于危险性较大分部分项工程，同时长度不小于40m的预制梁的运输与安装还需要组织专家论证、审查。

（2）施工单位还需要组织专家论证、审查。

2. 事件2中，（1）正确。

事件2中，（2）错误，改正：应采用同环境、同条件养护的混凝土试块强度作为预应力筋施加张拉条件。

事件2中，（3）错误，改正：0→初应力→σ_{con}（持荷5min锚固）。

事件2中，（4）错误，改正：设计无要求时，混凝土弹性模量不应低于28d弹性模量的80%。

事件2中，（5）正确。

3. T梁梁端顶面与桥台台背之间间隙过小的原因：由于T梁需按纵坡倾斜安装，T梁上端面侵占了伸缩缝安装空间。

错误之处：施工单位调整支座垫石倾斜度、支座倾斜安装。

理由：支座垫石必须水平设置，支座必须水平安装，不得有脱空或不均匀受力等现象。

4. A＝1－0.3－0.13－0.11－0.06＝0.4。

基本价格指数为2019年2月的价格指数，现行价格指数为2019年5月的现行价格。

5. 6月可调差材料：钢材、碎石。

材料调差后业主应支付承包商：

P＝150［0.4＋0.3×（180/150－5%）＋0.13×1＋0.11×（100/120＋5%）＋0.06×1］＝154.8万元。

实务操作和案例分析题二 [2017年真题]

【背景资料】

某施工单位承建了西北某二级公路,总工期2年,起讫桩号为K0+000~K4+213,该地区全年平均气温16.2℃,每年1~2月份昼夜平均温度在-5℃以下的连续天数约55d。施工单位编制了实施性施工组织设计,路基计划施工工期1年,桥梁计划施工工期1.5年,路面及其他工程计划施工工期0.5年。

施工单位进行了路基土石方计算与调配,路基土石方数量计算与调配见表5-2。

路基土石方计算与调配表　　　　　　　表5-2

起讫桩号	普通土挖方（天然密实方）m³	填方（压实方）m³	本桩利用（压实方）m³	填缺（压实方）m³	挖余（天然密实方）m³	纵向调配
K0+000~K0+600	4000	8000				
K0+600~K1+000	3000	6700				
K1+000~K1+120	0	2880				
K1+120~K1+420	0	0				
K1+420~K2+000	14384	2100				
K2+000~K3+000	5800	10000				
K3+000~K3+410	6032	1000				
K3+410~K4+000	18328	900				
K4+000~K4+21	4524	400				

注:1. 该路段挖方土满足路基填料相关要求,土方的天然密实方与压实方的换算系数取1.16,土方调运采用自卸汽车运输,土方运输损耗系数为0.03。

2. 弃土采用自卸汽车运输,土方的天然密实方与压实方的换算系数取1.05,弃方不计土方运输损耗。

施工单位拟定了A、B、C、D四个弃土场,弃土场平面示意图如图5-2所示,施工单位会同有关单位到现场查看后决定放弃B、C弃土场,采用A、D两个弃土场。弃土按设计要求碾压密实,压实度要求达到90%。经测算,A弃土场可弃土方15000m³（压实方）,D弃土场可弃土方20000m³（压实方）。

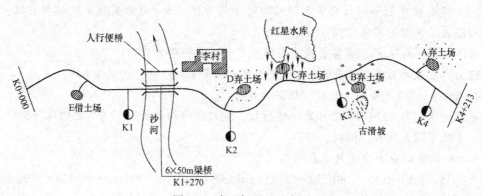

图5-2　弃土场平面示意图

针对当地气候条件，施工组织设计中包含的1～2月份路基施工措施有：

（1）填筑路堤，应按横断面全宽平填，当天填的土必须当天完成碾压。

（2）当路堤顶面施工至距上路床底面1m时，应碾压密实后停止填筑。

（3）填挖方交界处，不应在1～2月份施工。

（4）弃土堆的高度一般不应大于3m，弃土堆坡脚到路堑边坡顶的距离一般不得小于3m。

【问题】

1. 说明放弃B、C弃土场的理由。

2. 填写出表5-2中虚框中的数据。

（复制表中虚框内的表格作答，计算结果保留整数）

3. 按费用经济原则，计算A、D两个弃土场的弃土数量。

（弃方数量按天然密实方计，单位：m^3，计算结果保留整数）

4. 逐条判断1～2月份施工措施是否正确，并改正错误。

【解题方略】

1. 本题考核的是弃土场的选择。弃土场选择的原则：

（1）避免选择在雨水汇集量大，冲刷严重的地方。

（2）不占或少占耕地，选择在荒山或荒地。

（3）在可能的情况下，应利用弃土造田，增加耕地。

（4）弃渣堆置应不使河床水流产生不良的变化，不妨碍航运，不对永久建筑物与河床过流产生不利影响。

（5）取土场的排水设计应符合有关技术规范对水土保持、生态环境保护的总体要求，按照"因地制宜，安全可靠，切实可行，经济合理"的原则，紧密与当地生产规划、土地利用以及土地合理利用相结合，以恢复原土地利用类型为主，为恢复原土地利用类型创造条件。

（6）取土场尽可能选在沿线附近，减少运输和工程费用等。

2. 本题考核的是路基土石方计算与调配。

路基土石方的调配原则：

（1）先横向后纵向，填方优先考虑本桩利用，以减少借方和调运方数量。

（2）土石方调配应考虑桥涵位置对施工运输的影响，一般大沟不作跨越运输，同时应注意施工的可能与方便，尽可能避免和减少上坡运土。

（3）根据地形情况和施工条件，选用适当的运输方式，确定合理的经济运距。

（4）土方调配"移挖作填"应综合考虑，保护生态环境，避免水土流失。

（5）不同的土方和石方应根据工程需要分别进行调配。

（6）回头曲线路段，优先考虑上下线的土方竖向调运。

土石方调配校核的关系式为：

（1）填方＝本桩利用＋填缺；挖方＝本桩利用＋挖余。

（2）填缺＝远运利用＋借方；挖余＝远运利用＋废方。

（3）（跨公里调入方）＋挖方＋借方＝（跨公里调出方）＋填方＋废方。

在解答本题时，首先填写本桩利用，一定要注意K2＋000～K3＋000桩的本桩利用＝5800/1.16＝5000。

本题答案中其他数据的关系如下：
10000－5000＝5000。
14384－2100×1.16＝11948。
6032－1000×1.16＝4872。
18328－900×1.16＝17284。
4524－400×1.16＝4060。

3. 本题考核的是弃土场的弃土数量。在计算过程中一定要注意背景资料中的表格下面的备注内容。应充分利用好这几个系数。

4. 本题考核的是施工措施正确与否的判断。主要根据规范规定来确定是否正确。

【参考答案】

1. 放弃B、C弃土场的理由：
（1）B弃土场靠近古滑坡，易扰动古滑坡。
（2）C弃土场位于水库尾端，易对水库造成污染。
（3）弃方量大的路段分别靠近A、D弃土场，B、C弃土场运距较远。
（4）B、C弃土场地处水田段或旱地段，占用耕地。

2.

2100	0	11948
5000	5000	0
1000	0	4872
900	0	17284
400	0	4060

3. 大桥前后的土石分开调配，大桥前的土石方应在桥前处理。桥后的土石方在桥后处理，在横向调配后进行纵向调配，解决填缺，K3+410～K4+213挖余量大（21344m³），且离A弃土场近，可将A弃土场弃满，剩余土方弃至D弃土场。

纵向调运数量＝5000×（1.16＋0.03）＝5950m³。
挖余总数量＝11948＋4872＋17284＋4060＝38164m³。
A弃土场的弃土数量＝15000×1.05＝15750m³。
D弃土场的弃土数量＝38164－15750－5950＝16464m³。

扫码学习

4. 第（1）条正确
第（2）条错误。"当路堤顶面施工至距上路床底面1m时"改为"当路堤顶面施工至距路床底面1m时"。
第（3）条正确。
第（4）条正确。

实务操作和案例分析题三［2015年真题］

【背景资料】

某公路工程于2013年6月签订合同并开始施工，合同工期为30个月。2014年1月开始桥梁上部结构施工，承包人按合同工期要求编制了桥梁上部结构混凝土工程施工进度时标网络计划（如图5-3所示），该部分各项工作均按最早开始时间安排，且等速施工，监理工程师批准了该计划。

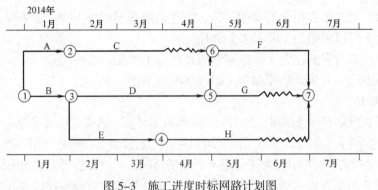

图5-3 施工进度时标网路计划图

C工作预应力筋加工所用锚具、夹具和连接器进场时，按出厂合格证和质量证明书检查了其锚固性能类别、型号、规格及数量。预应力筋张拉程序按照：0→初应力→σ_{con}（锚固）进行。C工作完成后，驻地监理工程师对计量结果进行了审查，签字确认后，承包人报业主申请支付工程款。

施工期间，工作D、E、F的实际工程量与计划工程量相比有所减少，但实际工作持续时间与计划持续时间相同。由于业主修改匝道设计，致使H工作推迟开工1个月，另外由于工程量增加，致使该工作的持续时间延长了1个月。各工作的计划工程量与实际工程量见表5-3。

计划工程量和实际工程量　　　　　　　　　　　　　　表5-3

工作	A	B	C	D	E	F	G	H
计划工程量（m³）	3000	2800	5400	9600	5200	4200	2800	4000
实际工程量（m³）	3000	2800	5400	9000	4800	3800	2800	5400

合同约定，桥梁上部结构混凝土工程综合单价为1000元/m³，按月结算。结算价按项目所在地结构混凝土工程价格指数进行调整，项目实施期间各月结构混凝土工程基期价格指数见表5-4（2013年6月为基期）。项目所在地每年7月份进入雨季。

结构混凝土工程基期价格指数表　　　　　　　　　　　　　表5-4

时间	2013年6月	2014年1月	2014年2月	2014年3月	2014年4月	2014年5月	2014年6月	2014年7月
基期指数（%）	100	105	110	110	115	120	120	110

承包人在申请H工作工期延期提出了费用索赔，包括：不可辞退工人窝工费、施工机具窝工费、雨期施工增加费、现场管理费、利润、增加的利息支出等，同时也提出了工期索赔。

【问题】

1. 网络计划中，E工作的自由时差和总时差各为多少个月？

2. 预应力筋加工所用锚具、夹具和连接器进场时，除背景资料的检查外，还应进行那些检验及试验？预应力筋张拉程序是否正确？说明理由。

3. C工作的计量程序是否正确？说明理由。驻地监理工程师对计量结果审查的主要内容有哪些？

4. 承包人针对H工作提出的费用索赔，哪些无法获得监理支持？说明理由。针对本网络计划，承包人可以索赔的工期有多少个月？

5. 计算工作H各月的已完工作预算费用和已完工作实际费用。

6. 计算2014年6月末的费用偏差（CV）和进度偏差（SV）。

【解题方略】

1. 本题考查的是双代号网络计划图中时间参数的计算。首先考生要了解总时差等于其紧后工作的总时差加本工作与该紧后工作之间的时间间隔所得之和的最小值，即：$1+0=1$。其次自由时差是指在不影响其紧后工作最早开始的情况下，该工作可以利用的机动时间。

2. 本题考查的是预应力筋加工所用的锚具、夹具等的检查和实验以及其张拉程序。考生应掌握其还应进行的检验，包括外观检查、硬度检查以及静载锚固性能实验等。同时也要掌握其检验的方法，张拉的基本程序这部分内容比较简单，考生掌握即可。

3. 本题考查的是工程计量的程序以及计量结果审查的主要内容。考生主要需要掌握工程计量的流程，计量结果审查的主要内容还是属于比较简单的内容。

4. 本题考查的是工程变更索赔的内容。首先考生要了解工程变更索赔的意义和内容。其次做这些题的时候要灵活运用即可。

5. 本题考查的是已完工作预算费用和已完工作实际费用的计算。本题中，已完工作预算费用的计算是基础。已完工作实际费用（$ACWP$）=已完成工作量×实际单价。

6. 本题考查的是费用偏差（CV）和进度偏差（SV）的计算。$SV=BCWP-BCWS$，$CV=BCWP-ACWP$。这两个公式为必须掌握的内容，记住公式带入数值即可。

【参考答案】

1. 依据背景资料中的时标网络计划图可知，E工作的自由时差为0个月，总时差为1个月。

2. 除背景资料的检查外，还应进行外观检查、硬度检验、静载锚固性能试验。

背景资料中的预应力筋张拉程序不正确。

理由：预应力筋张拉程序应为0→初应力→$1.05\sigma_{con}$（持荷2min）→σ_{con}（锚固）。

3. C工作的计量程序不正确。

理由：缺少总监理工程师审定，只有总监理工程师审查批准的工程项目，才予以支付工程款。

驻地监理工程师对计量结果的审查主要有：计量的工程质量是否达到合同标准；计量的过程是否符合合同条件。

4. 承包人针对H工作提出的费用索赔，无法获得监理单位支持的有：雨期施工增加费、利润。

理由：雨期施工增加费采用全年摊销的方法，无论是否在雨期施工，均按规定的取费标准计取，不再单独计算。

工期延误没有引起工程量的减少，利润已含在综合单价中，没有影响利润计取。

针对本网络计划，承包人可以索赔的工期为1个月。

5. 工作H的已完工作预算费用和已完工作实际费用计算如下：

（1）5、6、7月：已完工作每月预算费用＝5400÷3×1000÷10000＝180万元。

（2）5月：已完工作实际费用＝1800×（1000×120%）÷10000＝216万元。

（3）6月：已完工作实际费用＝1800×（1000×120%）÷10000＝216万元。

（4）7月：已完工作实际费用＝1800×（1000×110%）÷10000＝198万元。

6. 2014年6月末的费用偏差（CV）和进度偏差（SV）计算如下：

（1）$SV = BCWP - BCWS$ ＝[（3000＋2800＋5400＋9000＋4800＋3800＋2800＋3600）－（3000＋2800＋5400＋9600＋5200＋4200＋2800＋4000）]×1000÷10000＝－180万元。进度拖后180万元。

（2）$CV = BCWP - ACWP$ ＝[（3000＋2800＋5400＋9000＋4800＋3800＋2800＋3600）×1000－（3000＋2800）×（1000×105%）－（5400÷2＋9000÷3＋4800÷2）×（1000×110%）－（5400÷2＋9000÷3＋4800÷2）×（1000×110%）－9000÷3×（1000×115%）－（3800÷2＋2800＋5400÷3）×（1000×120%）－（3800÷2＋5400÷3）×（1000×120%）]÷10000＝－440万元。费用超支440万元。

注：6月末工作完成实际工程量为1800＋1800＝3600m³。

典 型 习 题

实务操作和案例分析题一

【背景资料】

施工单位承接了某国道的交通安全设施施工项目，起讫桩号K296＋400～K316＋600。该工程参照《公路工程标准施工招标文件》签订合同。合同约定：针对变更工程，投标报价中若无适用清单项目，可重新拟定价格；企业管理费和利润均以直接费为计算基数，企业管理费费率为7%，利润率为6%；针对小型变更项目，监理工程师有权要求施工单位按计日工施工。

根据施工图设计，中央分隔带护栏为混凝土护栏，采用预制安装施工工艺；K300＋210～K300＋250临崖路段路侧护栏为混凝土护栏，其构造形式如图5-4所示。

施工中发生如下事件：

事件1：施工单位在工地附近设置了小型构件预制场，用于混凝土护栏、里程碑等构件的预制。小型构件预制场采用封闭式管理，平面布置图中将场地划分为构件生产区、废料处理区等4个主要功能区。

事件2：混凝土护栏预制、安装时，施工单位采取了如下做法：

（1）混凝土护栏预制采用木模板，入模前进行了模板拼缝检查，并选用优质隔离剂，保证混凝土外观。

（2）K298＋300～K299＋900中央分隔带混凝土护栏安装时，施工人员同时从两端向中间施工。

（3）在吊装、堆放混凝土护栏过程中，个别混凝土护栏构件的边角出现了破损，护栏安装就位后，施工人员及时采用M10水泥砂浆进行了修补。

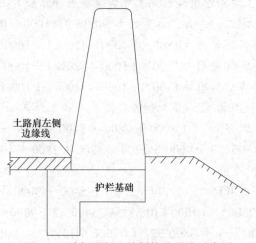

图 5-4 路侧混凝土护栏构造形式示意图

事件3：由于设计变更导致部分已安装完成的混凝土护栏需拆除，经监理工程师现场核查，拆除工作共持续两天，每天1个施工技术员和1个工长现场指挥拆除，20个工人参与护栏拆除，另有1台1m³/斗装载机配合1辆8t自卸汽车运输，每日工作10h（不含午餐午休时间）。以上拆除工作所增加费用，监理工程师要求施工单位按计日工清单结算，合同中部分计日工劳务和计日工施工机械清单报价见表5-5。

计日工劳务和计日工施工机械清单报价　　　　　表5-5

编号	子目名称	单位	暂定数量	单价（元）	合价（元）
101	班长	工日	30	170	5100
102	普通工	工日	200	150	30000
103	混凝土工	工日	50	160	8000
104	钢筋工	工日	50	160	8000
105	木工	工日	50	160	8000
…	…				
301	装载机				
301-1	1.5m³以下	台班	30	900	27000
301-2	1.5～2.5m³	台班	30	1100	33000
302	自卸汽车				
302-1	6t以下	台班	50	900	45000
302-2	10t以下	台班	50	1000	50000
…	…				

【问题】

1. 图5-4中，混凝土护栏按构造划分属于什么类型？混凝土护栏的基础为哪种方式？

2. 写出事件1中小型构件预制场内另外2个功能区的名称。

3. 逐条判断事件2中施工单位的做法是否正确？若不正确，写出正确做法。

4. 事件3中，施工单位可计量计日工劳务多少个工日？计日工装载机和自卸汽车各多少个台班？计日工劳务费和计日工施工机械费分别为多少元（计算结果保留小数点后1位）？

【参考答案】

1. 混凝土护栏按构造划分属于单坡形混凝土护栏。

混凝土护栏的基础为座椅式。

2. 事件1中小型构件预制场内另外2个功能区为：存放区、养护区。

3. （1）不正确。错误之处：混凝土护栏采用了木模板。

正确做法：预制混凝土护栏块使用的模板，应采用钢模板。

（2）不正确。错误之处：施工人员同时从两端向中间施工。

正确做法：混凝土护栏的安装应从一端逐步向前推进。

（3）不正确。错误之处：采用了M10水泥砂浆进行了修补。

正确做法：个别混凝土护栏构件的边角出现了破碎，应在安装就位后，采用高于混凝土护栏强度的材料及时修补。

4. 施工单位可计量计日工劳务：

计日工劳务：$20 \times 10 \times 2/8 = 50$ 工日。

计日工装载机台班：$1 \times 10 \times 2/8 = 2.5$ 台班。

计日工自卸汽车台班：$1 \times 10 \times 2/8 = 2.5$ 台班。

计日工劳务费：$50 \times 150 = 7500$ 元。

计日工施工机械费：$2.5 \times 900 + 2.5 \times 1000 = 4750$ 元。

实务操作和案例分析题二

【背景资料】

某新建一级公路工程第二标段里程桩号为K15+300～K24+150，其中K22+750～K22+900为一座大桥，上部结构为预制箱梁。工程所在地区属于冬Ⅱ区，地处海拔1700～1800m之间，工期12个月，春季开工。

施工现场总平面布置示意图如图5-5所示，现场需在A、B、C三个区域分别布置桥梁梁板预制场（含水泥混凝土拌合站）、水泥稳定土拌合站和承包人驻地三种临时工程。

由于预制场地地基地质良好，现场预制箱梁采用了混凝土底模。承包人在驻地现场入口醒目位置设置了工程简介牌和安全生产牌等。现场清表后新建临时便道1、2、3，其他便道为现场已有便道。

该工程拟就近从采石场采购1000m³碎石，碎石出厂价80元/m³，运杂费5元/m³，以上价格不含增值税，该材料增值税率3%，场外运输损耗率1%，场内运输操作损耗率2%，采购及保管费率2.67%。

【问题】

1. 根据《公路工程施工安全技术规范》JTG F90—2015，为保证临时工程的安全，B区与采石场爆破区直线距离S最短需要多少米？依据施工方便、合理、安全、经济、环保等施工现场总平面图布置原则，A、B、C区分别布置哪种临时工程最合理？

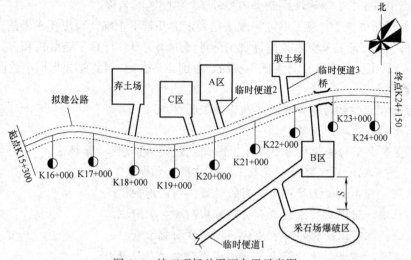

图 5-5 施工现场总平面布置示意图

2. 按照文明工地要求，承包人在驻地现场入口醒目处还需设置哪些标示牌？预制场为预制箱梁采用的底模是否合理？若不合理宜采用哪种底模？

3. 根据《公路工程基本建设项目概算预算编制办法》，分别判断临时便道现场清表是否需计取冬期施工增加费、高原地区施工增加费和行车干扰工程施工增加费？临时便道1、2、3是否应按临时设施费计取？

4. 计算该批碎石场外运输损耗费、采购及保管费和碎石材料预算单价（计算结果小数点后保留2位）。

【参考答案】

1. 最短距离 $S=500m$；A区：承包人驻地；B区：桥梁梁板预制场（含水泥混凝土拌合站）；C区：水泥稳定土拌合站。

2. 还需设置：施工平面图、文明施工牌、消防保卫牌、廉政监督牌（或管理人员名单及监督电话牌）。

设置混凝土底模不合理，宜采用钢模。

3. 现场清表工程需计取冬期施工增加费，需计取高原地区施工增加费，不计取行车干扰工程施工增加费，临时便道1、2、3不按临时设施费计取。

4. （1）场外运输损耗费：

$(80+5) \times 1\% \times 1000 = 850.00$ 元。

（2）采购及保管费：

$(80+5) \times (1+1\%) \times 2.67\% \times 1000 = 2292.20$ 元。

（3）碎石材料预算单价：

$(80+5) \times (1+1\%) \times (1+2.67\%) = 88.14$ 元/m^3。

实务操作和案例分析题三

【背景资料】

某高速公路跨江特大桥项目，中标价2.49亿元，主桥为（105+180+105）m预应力混凝土连续箱梁刚构桥，两岸引桥均为40m预制T梁，南岸16孔，北岸20孔，均为4孔一联先简支后连续结构。设计通航水位+12.30m，该标高对应的河面宽460m，主墩处水深6.2～8.6m。由于有通航要求和受流凌影响，所以不准搭设施工便桥。主桥主墩采用ϕ2.0m钻孔桩基础，低桩承台，矩形空心墩，墩高34～38m。每个承台20根桩，承台长30m，宽20m，厚4.5m，所需混凝土由现场制备。引桥采用钻孔桩基础，圆柱墩，设系梁和盖梁，墩高8～28m，平均高度25m。地势起伏较大。施工单位进场后，经实地考察和校对设计文件，编制了施工组织设计。

项目经理部设立了安全机构，配备了3名持有交通部颁发的安全生产考核合格证书的专职安全生产管理人员。机务部检查确认施工船只证照齐全，船机性能良好，船员满员且持证上岗，能满足施工要求，报项目经理批准后，随即开始水上钻孔桩平台打桩作业。项目经理部为保证钻孔桩质量，设置了钻孔桩质量控制关键点：① 桩位坐标控制；② 护筒埋深控制；③ 泥浆浓度控制；④ 桩底贯入度控制；⑤ 护筒内水头高度控制；⑥ 导管接头质量检查与水下混凝土浇筑质量。

施工单位进场后，业主另外又委托其施工进场道路，并约定只按实际发生的工程费支付进场道路直接费，其他工程费的综合费率为10%，其中安全文明施工措施费1%，雨期施工增加费1万元（费率1%）。进场道路完工后，经监理工程师核实确认，施工机械使用费20万元，材料费70万元。

在1号主墩钻孔桩开钻前夕，承包人接到监理工程师指令：石油部门要在墩位处补充调查地下石油管线，要求1号主墩停止钻孔桩施工3d。监理工程师根据机械设备进退场申请单和现场核实，确认有两台钻机停工，其中一台为租赁，其分摊进退场费用后的实际租赁费2000元/d；另一台为自有，投标报价为台班费1600元，停置费1000元/d，利润率7%。

【问题】

1. 本项目配备的专职安全生产管理人员数量是否符合《公路水运工程安全生产监督管理办法》的规定？说明配备标准，项目经理部还有哪些人员需持有安全生产考核合格证书？

2. 本工程主桥施工需在水上搭设的临时工程有哪些？

3. 对项目经理部设置的钻孔桩质量控制关键点存在的错误之处进行修正、补充。

4. 根据背景资料，针对引桥40m预制T梁的架设，采用双导梁架桥机、起重机、跨墩龙门吊三种架设方法，哪种最合理？说明理由。

5. 列式计算施工单位施工进场道路可获得的直接费。

6. 列式计算1号主墩钻孔桩停工3d可索赔的钻机停工费用。

【参考答案】

1. 本项目配备的专职安全生产管理人员数量不符合《公路水运工程安全生产监督管理办法》的规定。

配备标准：施工单位应当根据工程施工作业特点、安全风险以及施工组织难度，按照年度施工产值配备专职安全生产管理人员，不足5000万元的至少配备1名；5000万元以上不足2亿元的按每5000万元不少于1名的比例配备；2亿元以上的不少于5名，且按专业配备。

项目经理部还有项目经理、项目副经理、项目总工程师需持有安全生产考核合格证书。

2. 本工程主桥施工需在水上搭设的临时工程：临时码头、围堰及施工平台。

3. 更正的质量控制点两项："泥浆浓度控制"应更改为"泥浆指标控制"；"桩底贯入度控制"应更改为"桩顶、桩底标高控制"。

遗漏的四个质量控制点为：清孔质量、垂直度控制、孔径控制、钢筋笼接头质量控制。

4. 双导梁架桥机架设法最合理。

理由：（1）地质起伏较大，不宜用跨墩龙门吊架设；

（2）桥墩较高，梁重（长、大），不宜用起重机架设；

（3）双导梁架桥机适用于孔数较多的重型梁吊装，对桥下地形没有要求，该架设方法最合理。

5. 其他工程费：1÷1%×10%＝10万元

直接工程费：10÷10%＝100万元

施工单位施工进场道路可获得的直接费：100＋10＝110万元

6. 租赁钻机停置索赔费：2000×3＝6000元

自有钻机停置索赔费：1000×3＝3000元

合计索赔费：6000＋3000＝9000元

实务操作和案例分析题四

【背景资料】

某新建一级公路工程K11＋120～K20＋260合同段位于海拔3000m以上的地区。路面结构设计示意图如图5-6所示，该合同段工程与其他工程或已有道路无交叉。依据交通运输部颁布的《公路工程基本建设项目概算预算编制办法》JTG B06—2007，《公路工程预算定额》JTG/T B06—02—2007编制的该工程施工图预算，其中K11＋120～K12＋120底基层工程量为22300m²（底基层平均面积）。

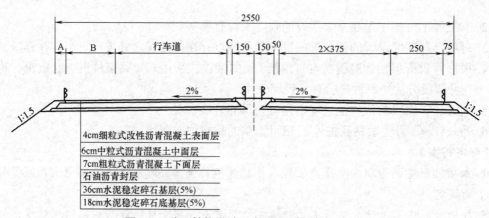

图 5-6 路面结构设计示意图（尺寸单位：cm）

厂拌基层稳定土混合料的定额见表5-6标示。各定额分项预算价格分别为：人工80元/工日；稳定土混合料162.72元/m³；水泥400元/t；水4元/m³；碎石80元/m³；3m³以内轮胎式装载机1200元/台班；300t/h以内稳定土厂拌设备1500元/台班。

厂拌基层稳定土混合料定额表（水泥稳定类）　　　　表5-6

工程内容：装载机铲运料，上料，配运料，拌合，出料　　　　　　　　　单位：1000m²

序号	项目	单位	代号	水泥碎石 水泥剂量5%	
				压实厚度15cm	每增减1cm
1	人工	工日	1	2.8	0.2
2	稳定土混合料	m³	—	(151.5)	(10.10)
3	32.5级水泥	t	823	16.755	1.117
4	水	m³	866	21	1
5	碎石	m³	958	220.32	14.69
6	3m³以内轮胎式装载机	台班	1051	0.48	0.03
7	300t/h以内稳定土厂拌设备	台班	1160	0.24	0.02
8	基价	元	1999	—	—

项目部在施工底基层、基层时采用方法有：

(1) 采用沥青混凝土摊铺机分一层两幅摊铺水泥稳定碎石底基层。

(2) 采用稳定土摊铺机分一层两幅摊铺水泥稳定碎石基层。

(3) 先用轻型两轮压路机跟在摊铺机后及时进行碾压，后用重型振动压路机，轮胎压路机继续碾压密实。

项目部于2014年6～8月完成了该合同段工程所有路面施工，该地区属于冬Ⅲ区，11月进入冬季。

【问题】

1. 写出路面结构设计图A、B、C的名称。

2. 计算K11+120～K12+120段底基层施工需拌制的水泥稳定碎石混合料的数量，并计算该部分厂拌底基层水泥稳定碎石混合料的材料费和施工机械使用费（计算结果保留小数点后两位）。

3. 该合同段的冬期施工增加费、高原地区施工增加费和行车干扰工程增加费是否需要计取？并分别写出该三项增加费的计算基数构成。

4. 分别判断底基层、基层施工中3个施工方法是否正确？如不正确，请改正。

【参考答案】

1. A为土路肩，B为硬路肩，C为路缘带。

2. 水泥稳定碎石混合料制备量：22300(151.5+10.10×3)/1000=4054.14m³。

材料费：22300×[(16.755+1.117×3)×400+(21+1×3)×4+(220.32+14.69×3)×80]/1000=653158.08元。

施工机械使用费：22300×[(0.48+0.03×3)×1200+(0.24+0.02×3)×1500]/1000=25288.20元。

3. 冬期施工增加费、高原地区施工增加费要记取，行车干扰工程增加费不需要记取。冬期施工增加费计算基数为直接工程费；高原地区和行车干扰费计算基数为人工加施工机械使用费。

4. 底基层、基层施工中3个施工方法的正误与改正：
（1）正确。
（2）错误，采用稳定土摊铺机（或沥青混凝土摊铺机）应分两层两幅摊铺水泥稳定碎石基层。
（3）正确。

实务操作和案例分析题五

【背景资料】

某施工单位承接了一段长30.8km的双向两车道新建二级公路D合同段路基、路面施工，路基宽8.5m，路面宽7.0m，路面结构设计图如图5-7所示。

路面结构代号	Ⅰ	Ⅱ
自然区划	V_2	V_2
路基土组	黏性土及页岩	黏性土及页岩
路基干湿类型	中湿	潮湿
路面设计弯沉(0.01mm)	66	66
路面结构层	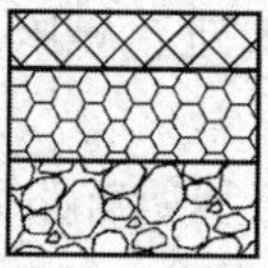 厚9cm,宽7m 厚20cm,宽7.5m 厚20cm,宽8m	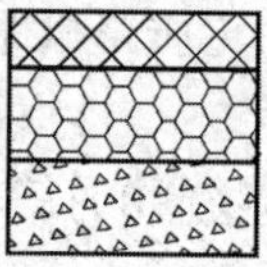 厚9cm,宽7m 厚20cm,宽7.5m 厚20cm,宽8m
路基设计弯沉(0.01mm)	≤230	≤280
E_0	33MPa	30MPa

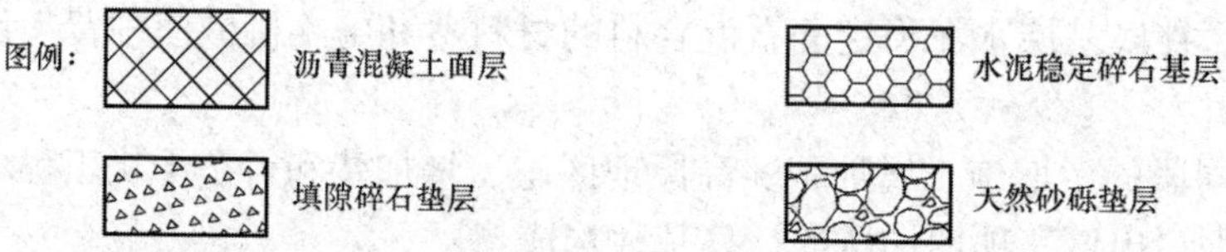

图例：沥青混凝土面层　　水泥稳定碎石基层
　　　填隙碎石垫层　　　天然砂砾垫层

图5-7 路面结构设计图

该工程采用清单计价，施工合同中的清单单价见表5-7。

合同清单单价表　　　　　　　表5-7

项目	单位	单价（元）	备注
9cm厚中粒式沥青混凝土面层	m²	126.9	
20cm厚水泥稳定碎石基层	m²	68.5	
20cm厚填隙碎石垫层	m²	52.5	
20cm厚天然砂砾垫层	m²	26.1	
…	…	…	

施工单位采用湿法施工填隙碎石垫层,在准备好下承层后,按下列工艺流程组织施工:施工放样→摊铺粗碎石→初压→撒布填隙料→复压→再次撒布填隙料→再次碾压→局部补撒填隙料→振动压实填满孔隙→步骤A→碾压滚浆→步骤B。

施工过程中发生了以下两个事件:

事件1:K5+500~K6+300路段,设计图为"中湿"类型路基,原设计采用Ⅰ型路面结构,施工单位现场复核后,确定该路段属于"潮湿"类型路基,监理单位现场确认并书面同意按Ⅱ型路面结构进行施工。

事件2:K15+000~K16+000路段,底基层完工后,施工单位组织自检,在实测纵断高程时发现该路段比设计标高整体低了2.5cm,原因是施工单位测量人员在设置测量转点时发生错误。其余实测项目均合格。施工单位总工程师提出了将该路段水泥稳定碎石基层的厚度由20cm加厚至22.5cm的缺陷修复方案,并按该方案组织施工,基层施工完成后通过了检测。该方案导致施工单位增加了64219元成本。

施工单位针对事件1和事件2分别提出增加费用变更申请,监理单位审批并同意了事件1的变更费用申请,但对事件2的变更费用不予确认。

【问题】

1. 写出步骤A和步骤B所对应的工艺流程名称。
2. 写出底基层施工工艺流程中"碾压滚浆"结束的判断依据。
3. 写出图中E_0的中文名称。
4. 计算事件1的变更增加费用。
5. 监理单位对事件1和事件2申请的审批结果是否合理?分别说明理由。
6. 判别本项目K5+500~K6+300路段的路基干湿类型应采用什么指标?

【参考答案】

1. 步骤A所对应的工艺流程名称为:洒水饱和。

步骤B所对应的工艺流程名称为:干燥。

2. 底基层施工工艺流程中"碾压滚浆"结束的判断依据:一直进行到填隙料和水形成粉砂浆为止。粉砂浆应填塞全部孔隙,并在压路机轮前形成微波纹状。

3. 图中E_0的中文名称:路基弹性模量。

4. 事件1的变更增加费用=(52.5-26.1)×800×8=168960元/m^2。

5. 监理单位对事件1申请的审批结果合理。

理由:事件1的变更是设计与现场实际不符造成的,不属于施工单位责任。

监理单位对事件2申请的审批结果合理。

理由:施工单位测量人员在设置测量转点时发生错误而导致的费用增加应由施工单位承担。

6. 路基临界高度。

实务操作和案例分析题六

【背景资料】

某施工单位承接了某一级公路水泥混凝土路面"白改黑"工程施工,该工程路基宽2×12m,路面宽度2×10m,长45.5km,工期4个月。施工内容包括:旧路面病害的治理、玻纤格栅铺设、6cm厚AC-20下面层摊铺、5cm厚AC-16中面层摊铺、4cm厚SBS改性沥青SMA上面层摊铺。设计中规定上面层SMA混合料必须采用耐磨值高的玄武岩碎石。

施工单位采用厂拌法施工。为保证工期，施工单位配置了2台3000型间歇式沥青混凝土拌合站（假设SMA沥青混合料的压实密度为2.36t/m³，每台3000型拌合站每拌制一满盘料的重量为3000kg），4台10m可变宽摊铺机，8台双钢轮压路机及4台胶轮压路机。

玻纤格栅采用人工铺设：先洒一层热沥青作粘层油（0.4～0.6kg/m³），然后用固定器将一端固定好，用人工将玻纤格栅拉平、拉紧后，用固定器固定另一端。

施工单位采用马歇尔试验配合比设计法通过三阶段确定了混合料的材料品种、配合比、矿料级配及最佳沥青用量，用以指导施工。

该工程施工期间，原材料价格波动很大，施工合同中约定只对沥青、柴油及玄武岩采用调值公式法进行价差调整。

基期为当年5月，工程款按月计量，每月调整价差，该工程投标函投标总报价中，沥青占35%，柴油占15%，玄武岩占20%。各月价格见表5-8。

各月价格　　　　　　　　　　　　　表5-8

月份	沥青（元/t）	柴油（元/L）	玄武岩（元/m³）
5（基期）	3800	5.9	200
7	4050	6.13	195
8	4280	6.13	215
…	…	…	…

施工单位7月份完成工程产值3156万元，8月份完成工程产值4338万元。

【问题】

1. 该工程中，铺设玻纤格栅的主要作用是什么？
2. 指出并改正玻纤格栅施工的错误之处。
3. 配合比设计包含了哪三个阶段？
4. 该工程SMA沥青混合料最少需要拌制多少盘（列式计算）？
5. 8月份调价之后的当月工程款是多少（列式计算）？

【参考答案】

1. 铺设玻纤格栅的主要作用是防止反射裂缝（防止水泥面板的接缝反射到新铺的沥青路面上）。

2. 错误之处：玻纤格栅施工顺序。

改正：应该先铺设玻纤格栅，再洒热沥青作粘层油。

3. 配合比设计包含了目标配合比设计阶段、生产配合比设计阶段、生产配合比验证阶段。

4. SMA混合料重量：$0.04 \times 2 \times 10 \times 45500 \times 2.36 = 85904$t。

至少要拌制的盘数：$85904/3 = 28635$盘。

5. 8月份调价之后的当月工程款：$4338 \times (0.3 + 0.35 \times 4280/3800 + 0.15 \times 6.13/5.9 + 0.2 \times 215/200) = 4338 \times (0.3 + 0.394 + 0.156 + 0.215) = 4338 \times 1.065 = 4619.97$万元。

第六章 公路工程施工合同管理

2011—2020年度实务操作和案例分析题考点分布

考点＼年份	2011年	2012年	2013年	2014年	2015年	2016年	2017年	2018年	2019年	2020年
工期和费用的索赔		●		●			●	●		●
业主向承包商的索赔							●			
工程变更索赔的内容					●					
合同单价的调整				●					●	
价格结算及争议的处理				●						
工程变更的审批程序	●									

【专家指导】

施工合同管理中，主要围绕索赔的内容进行考核，其中，考核频次最高的知识点为工期和费用的索赔，值得复习过程中多加注意。对索赔的相关知识应进行全面的掌握，避免丢分。

要 点 归 纳

1. 合同文件的优先顺序【重要考点】

根据《公路工程标准施工招标文件》（2018年版）的规定，组成合同的各项文件应互相解释，互为说明。除项目专用合同条款另有约定外，解释合同文件的优先顺序如下：

（1）合同协议书及各种合同附件（含评标期间和合同谈判过程中的澄清文件和补充资料）。

（2）中标通知书。

（3）投标函及投标函附录。

（4）项目专用合同条款。

（5）公路工程专用合同条款。

（6）通用合同条款。

（7）工程量清单计量规则。

（8）技术规范。

（9）图纸。

（10）已标价工程量清单。

（11）承包人有关人员、设备投入的承诺及投标文件中的施工组织设计。

（12）其他合同文件。

2. 分包工程的管理【重要考点】

（1）严格履行开工申请手续。

（2）将分包工程列入工地会议议程。

（3）检查核实分包人实施分包工程的主要人员与施工设备。

（4）对分包工程实施现场监督检查。

3. 分包合同管理【重要考点】

（1）分包工程的支付管理

分包工程的支付，应由分包人在合同约定的时间，向承包人报送该阶段施工的付款申请单，承包人经过审核后，将其列入施工合同的进度付款申请单内一并提交监理工程师审批。由监理工程师向承包人出具经发包人签认的进度付款证书。发包人应在监理工程师收到进度付款申请单后的28d内，将进度应付款支付给承包人。分包人不能直接向监理工程师提出支付要求，必须通过承包人。发包人也不能直接向分包人付款，也必须通过承包人。

（2）分包工程的变更管理

承包人接到监理工程师依据合同发布的涉及发包工程的变更指令后，以书面确认方式通知分包人执行。承包人也有权根据工程的实际进展情况通过监理工程师向发包人提出有关变更建议。

监理工程师一般不能直接向分包人下达变更指令，必须通过承包人。分包人不能直接向监理工程师提出分包工程的变更要求，也必须由承包人提出。

（3）分包工程的索赔管理

分包合同履行过程中，当分包人认为自己的合法权益受到损害，无论事件起因于发包人或监理工程师，还是承包人的责任，他都只能向承包人提出索赔要求。如果是因发包人或监理工程师的原因或责任造成了分包人的合法利益的损害，承包人应及时按施工合同规定的索赔程序，以承包人的名义就该事件向监理工程师提交索赔报告。

4. 工程变更的基本类型【重要考点】

根据《公路工程标准施工招标文件》（2018年版），工程变更有如下几种类型。除专用合同条款另有约定外，在履行合同中发生以下情形之一，应按照本条规定进行变更。

（1）取消合同中任何一项工作，但被取消的工作不能转由发包人或其他人实施，由于承包人违约造成的情况除外。

（2）改变合同中任何一项工作的质量或其他特性。

（3）改变合同工程的基线、高程、位置或尺寸。

（4）改变合同中任何一项工作的施工时间或改变已批准的施工工艺或顺序。

（5）为完成工程需要追加的额外工作。

5. 工程变更的审批程序【重要考点】

（1）一般工程变更的审批程序

1）工程变更的提出人向驻地监理工程师提出工程变更的申请，包括变更的原因、工程变更对造价的影响等分析，必要时附上有关的变更设计资料。

2）驻地监理工程师对变更申请的可行性进行评估，并写出初步的审查意见。

3）总监理工程师对驻地监理工程师审查的变更申请进行进一步的审定，并签署审批意见。总监理工程师签署工程变更令。

4）承包单位组织变更工程的施工（包括可能的设计工作）。

5）监理工程师和承包人协商确定变更工程的造价及办理有关的结算工作。

（2）重要工程变更的审批程序

其审批程序是：监理工程师在下达工程变更令之前，一是要报业主批准，二是要同承包人协商确定变更工程的价格不超过业主批准的范围。如果超过业主批准的总额，监理工程师应在下达工程变更令之前请求业主作进一步的批准或授权。

（3）重大工程变更的审批程序

对这些工程变更工作，业主在审批工程变更之前应事先取得国家计划主管部门的批准。

6. 变更估价【重要考点】

（1）除专用合同条款对期限另有约定外，承包人应在收到变更指示或变更意向书后的14d内，向监理工程师提交变更报价书。报价内容应根据合同约定的估价原则，详细开列变更工作的价格组成及其依据，并附必要的施工方法说明和有关图纸。

（2）变更工作影响工期的，承包人应提出调整工期的具体细节。

（3）除专用合同条款对期限另有约定外，监理工程师应在收到承包人变更报价书后的14d内，根据合同约定的估价原则，按照合同约定商定或确定变更价格。

7. 工期延误的分类【重要考点】

（1）按延误索赔结果划分：可原谅可补偿的延误；可原谅不可补偿的延误；不可原谅的延误。

（2）按延误是否处于关键路线上划分：关键性延误；非关键性延误。

（3）按照延误发生的时间划分：单一性延误；共同延误。

共同延误的责任归属原则：初始事件原则；不利于承包商原则；责任分摊原则；工期从宽、费用从严原则。

8. 工程价款的主要结算方式【一般考点】

工程价款的主要结算方式：按月结算、竣工后一次结算、分段结算、目标结算方式、双方约定的其他结算方式。

9. 工程进度款的支付【一般考点】

（1）进度付款申请单

承包人应在每个付款周期末，按监理工程师批准的格式和专用合同条款约定的份数，向监理工程师提交进度付款申请单，并附相应的支持性证明文件。

（2）进度付款证书和支付时间

1）监理工程师在收到承包人进度付款申请单以及相应的支持性证明文件后的14d内完成核查，提出发包人到期应支付给承包人的金额以及相应的支持性材料，经发包人审查同意后，由监理工程师向承包人出具经发包人签认的进度付款证书。监理工程师有权扣发承包人未能按照合同要求履行任何工作或义务的相应金额。

2）发包人应在监理工程师收到进度付款申请单且承包人提交了合格的增值税专用发票后的28d内，将进度应付款支付给承包人。

3）监理工程师出具进度付款证书，不应视为监理工程师已同意、批准或接受了承包人完成的该部分工作。

10. 工程价款价差调整的主要方法【重要考点】

工程价款价差调整的主要方法：

（1）工程造价指数调整法；

（2）实际价格调整法；

（3）调价文件计算法；

（4）调值公式法。

11. 工程拖期的价款调整【重要考点】

如果承包人未能在投标书附录中写明的工期内完成本合同工程，则在该交工日期以后施工的工程，其价格调整计算应采用该交工日期所在年份的价格指数作为当期价格指数。如果延期符合合同规定的情况，则在该延长的交工日期到期以后施工的工程，其价格调整计算应采用该延长的交工日期所在年份的价格指数作为当期价格指数。

12. 公路工程合同价款支付种类【重要考点】

（1）按时间分类：可分为预先支付（即预付）、期中支付、交工结算、最终结清四种。

（2）按支付的内容分类：可分为工程量清单内的付款和工程量清单外的付款，即基本支付和附加支付。

（3）按工程内容分类：有土方工程、路基工程、路面工程、桥涵工程等。

（4）按合同执行情况分类：监理工程师要进行正常支付和合同终止的支付两类。

13. 拖期违约损失赔偿金（违约罚金）【一般考点】

一般规定，每逾期1d，赔偿合同价的0.01%～0.05%；同时也规定，赔偿总额不超过合同价的10%。这些规定在投标书附件中都应明确。

14. 逾期付款违约金【重要考点】

（1）监理工程师在收到承包人进度付款申请单以及相应的支持性证明文件后的14d内完成核查，提出发包人到期应支付给承包人的金额以及相应的支持性材料，经发包人审查同意后，由监理工程师向承包人出具经发包人签认的进度付款证书。

（2）发包人应在监理工程师收到进度付款申请单且承包人提交了合格的增值税专用发票后的28d内，将进度应付款支付给承包人。发包人不按期支付的，按专用合同条款的约定支付逾期付款违约金。

历 年 真 题

实务操作和案例分析题［2014年真题］

【背景资料】

某城市郊区新建一级公路长3km，路面设计宽度15m，含中型桥梁。路面面层结构为沥青混凝土，粗粒式下面层厚8cm，中粒式中面层厚6cm，细粒式上面层厚4cm。

经批准的路面施工方案为：沥青混凝土由工厂集中厂拌（不考虑沥青拌合厂设备安装拆除费、场地平整、碾压及地面垫层等费用），8t自卸汽车运输，平均运距3.8km，摊铺机分两幅摊铺，预算定额分项（直接工程费）见表6-1。

预算定额分项（直接工程费）　　　　　　　表6-1

序号	定额号	名称	单位	单价（元）
1	2-2-11-16	细粒式沥青混合料拌合（拌合设备生产能力160t/h）	m³	631.31
2	2-2-13-21	15t内自卸汽车运沥青混合料第1km	m³	5.743
3	2-2-13-22	15t内自卸汽车每增运0.5km	m³	0.5
4	2-2-14-44	8.5m内摊铺机摊铺沥青混合料	m³	13.84
5	2-2-15-4	沥青混合料拌合设备安拆	座	405453

合同中路基回填土方量为11000m³，综合单价为20元/m³，且规定实际工程量增加或减少超过（或等于）10%时可调整单价，单价调整为18元/m³或22元/m³。

在工程开工前，施工单位向监理单位提交了桥梁施工进度计划，如图6-1所示（单位：d），监理工程师批准了该计划。

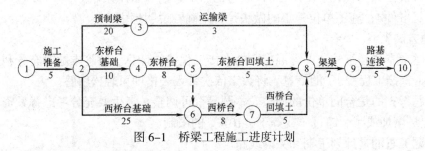

图6-1　桥梁工程施工进度计划

施工过程中发生了如下事件：

事件1：经监理工程师计量，施工单位实际完成的路基回填土方量为10000m³。

事件2：工地附近无电源，为此施工单位准备了一台发电机组，西桥台基础第一个桩从7月16日7：00开始灌注混凝土，12：00因发电机组故障，灌注作业被迫停工，施工单位立即组织人员抢修，于3h后修复，导管拔出就位到原灌注顶部后继续灌注。

事件3：东桥台施工过程中，基础出现裂缝，裂缝产生的原因是设计方案不完善，监理工程师立即下达了该工作暂停令，5d后设计单位提交了裂缝处理方案，监理工程师审核同意并下达了复工令，经监理工程师审核，裂缝处理费用增加20万元，工期增加10d，停工期间窝工费用补偿1万元。

事件4：基础施工完成后，业主要求增加一小型圆管涵，施工单位接到监理指令后立即安排施工。由于原合同中无可参考价格，施工单位按照定额计价并及时向监理工程师提交了圆管涵的报价单。监理工程师审核后认为报价太高，多次与施工单位协商未能达成一致，最后总监理工程师做出价格确定。施工单位不接受监理审批的价格，立即停止了圆管涵施工，并书面通知监理工程师，明确提出只有在圆管涵价格被接受后才能继续施工。

【问题】

1. 按表6-2计算细粒式沥青混凝土的直接工程费（下标序号与题干中序号一致，计算结果保留小数点后一位）。

2. 针对事件1，根据合同规定是否可以调整单价？说明理由，路基回填土石方的结算工程款为多少万元？

细粒式沥青混凝土的直接工程费计算表　　　　　　表6-2

序号	单价（元）	工程量	合计（元）
1			
2			
3			
4			
5			
直接工程费总计			

3. 按照施工单位提交的桥梁施工进度计划，计算桥梁的计划工期，并写出关键线路。
4. 针对事件2，施工单位在桩基施工准备方面存在的主要问题是什么？
5. 针对事件2，判断桩基质量是否合格？说明理由。
6. 针对事件3，计算施工单位可以获得的工期索赔和费用索赔。
7. 针对事件4，施工单位停工的做法是否正确？说明理由。

【解题方略】

1. 本题考查的是细粒式沥青混凝土的直接工程费的计算。解答本题要充分利用"预算定额分项（直接工程费）"的信息。将数字依次带入表格即可轻松解答。

2. 本题考查的是合同单价的调整。本题是否可调整，考生要充分考虑背景资料中提到"实际工程量增加或减少超过（或等于）10%"的限制。

3. 本题考查的是计划工期和关键线路。

（1）计划工期是根据要求工期和计算工期所确定的作为实施目标的工期，用T_p表示。未规定要求工期时，计划工期等于计算工期。计算工期等于其终点节点所代表的工作的最早完成时间。

（2）在双代号网络计划和单代号网络计划中，关键线路是总的工作持续时间最长的线路。

4. 本题考查的是桩基施工机械的配备要求。此处应着重考虑设备的准备情况，应能保证桩基施工的正常进行。

5. 本题考查的是桩基施工工艺。本题需要考生对桩基施工工艺进行充分的掌握。

6. 本题考查的是工期索赔和费用索赔。关于本题考生要注意关键线路及总时差的问题。

7. 本题考查的是价格结算及争议的处理。本题的观点较容易明确，施工单位停工的做法明显不当。

【参考答案】

1. 细粒式沥青混凝土的直接工程费见表6-3。

细粒式沥青混凝土的直接工程费　　　　　　表6-3

序号	单价（元）	工程量	合计（元）
1	631.31	15×3000×0.04＝1800	1136358.0
2	5.743	15×3000×0.04＝1800	10337.4

续表

序号	单价（元）	工程量	合计（元）
3	0.5×6＝3	15×3000×0.04＝1800	5400
4	13.84	15×3000×0.04＝1800	24912
5			0
直接工程费总计			1177007.4

注：（3.8－1）/0.5＝5.6；3000×15×0.04×6×0.5＝5400m³。

2. 针对事件1，根据合同规定不调整单价。

理由：（11000－10000）/11000×100%＝9.09%，不超过10%。

路基回填土石方的结算工程款为：10000×20＝200000元。

3. 按照施工单位提交的桥梁施工进度计划，关键线路为：①→②→⑥→⑦→⑧→⑨→⑩。

桥梁的计划工期 $T＝5+25+8+5+7+5＝55d$。

4. 针对事件2，施工单位在桩基施工准备方面存在的主要问题是：关键设备（发电机组）没有备用，不符合施工规范要求。

5. 针对事件2，判断桩基质量不合格。

理由：因为停电3h后，导管拔出再就位到原灌注顶部后继续灌注，中间就形成夹泥层，该桩已成为断桩。

6. 针对事件3，施工单位可以获得的工期索赔和费用索赔如下：

东桥台施工不在关键线路，该工作的总时差7d。

施工单位工期索赔：5＋10－7＝8d。

费用索赔：20＋1＝21万元。

7. 针对事件4，施工单位停工的做法不正确。

理由：施工单位应当继续施工，双方应暂按总监理工程师确定的价格进行中间结算。如果双方在竣工结算时仍不能达成一致意见，按照争议的解决约定处理。

典 型 习 题

实务操作和案例分析题一

【背景资料】

2016年3月，某二级公路工程实行公开招标，招标项目估算价为7000万元人民币。资金由项目所在地省交通运输厅筹集，招标人为该省公路建设投资集团公司。招标文件参照《公路工程标准施工招标文件》编制，投标报价方式为工程量清单报价，工程数量由招标人给出，由投标人填写单价和总价。在招标投标和施工过程中，发生了如下事件：

事件1：为防止投标人围标、串标或提供虚假资料，保证工程招标顺利进行，招标人在招标文件中规定：投标人需缴纳80万元投标保证金和120万元信用保证金，以现金或支票形式提交的投标保证金应当从其基本账户转出，一旦发现投标人出现违法、违规行为，一律没收所有保证金。

事件2：投标人甲的总报价为6800.022万元，其中第200章部分报价单见表6-4。在评标过程中，评标委员会发现，清单中细目209-3-c的单价与数量的乘积与合价不一致，细目210-3-b中，招标人给定了锚杆的工程量是256m，投标人甲没有填写单价和合价。锚杆的市场综合单价为55.06元/m。其他部分的计算均正确。评标委员会按照偏差修正的有关原则对偏差进行了修正，并征得投标人甲的同意。最终投标人甲以修正后的报价中标并签订合同。

第200章部分报价单　　　　　　　表6-4

第200章　路基

细目号	细目名称	单位	数量	单价（元）	合价（元）
……	……		……	……	……
209-3	挡土墙				
209-3-a	C15片石混凝土	m³	13745	374.18	5143104.1
209-3-c	砂砾垫层	m³	530	86	455800
210-3	框格锚杆防护（不含喷播草籽）				
210-3-a	C20混凝土	m³	500	603.41	301705
210-3-b	锚杆	m	256		
210-3-c	光圆钢筋（HPB235）	kg	5311	4.73	25121.03
210-3-d	带肋钢筋（HRB335）	kg	2901	4.87	14127.87
216-1	冲击碾压	m²	42384	3.98	168688.32

第200章　合计　人民币　10775184元

事件3：工程开工后，为协调当地关系，在业主的推荐下，甲公司项目部同驻地所在村委会签订了劳务分包合同，但合同价格已超出甲公司与业主合同中该部分的人工费，甲公司项目部向业主提出了调整人工费的申请。

【问题】

1. 事件1中，根据《公路工程建设项目招标投标管理办法》（2016版），招标人的规定有何不妥？说明理由。

2. 事件2中，针对细目209-3-c和210-3-b分别应该如何处理？说明理由。

3. 事件2中，按照《中华人民共和国招标投标法实施条例》，计算招标人可以收取投标人甲的最高履约保证金（保留小数点后两位）。

4. 事件3中，甲公司项目部与驻地所在村委会签订劳务分包合同的做法是否正确？甲公司项目部的调价申请能否获得支持？分别说明理由。

【参考答案】

1. 不妥之处：招标文件中规定：投标人需缴纳120万元信用保证金。

理由：投标人只需缴纳投标保证金，而不需缴纳信用保证金。

不妥之处：一旦发现投标人出现违法、违规行为，一律没收所有保证金。

理由：只有出现投标人在规定的投标有效期内撤销或修改其投标文件以及其他违反约定的行为时，才能没收该投标人的投标保证金。否则招标人不得随意没收保证金。

2.（1）出现209-3-c中合价明显错误的情况，应当以单价为准，调整合价应为530×86＝45580元。

（2）出现210-3-b中对于投标报价中已经列出的工程量清单，只是没有填写价格的，表明此部分工程量投标人已经考虑到，因为其未填写价格，可以视为其价格已经包含在其他项目中。该项属于投标人漏项，不予调整。

3. 投标人甲的最终修正报价为6800.022－41.022＝6759万元。

因此，本项目投标保证金最高为6759×10%＝675.9万元。

4.（1）甲公司项目部与驻地所在村委会签订劳务分包合同的做法不正确。

理由：由于村委会不是企业法人单位，也没有劳务资质，不能签订劳务合同。甲公司项目部不是法人单位，未获授权不能代表公司签订合同。

（2）甲公司项目部的调价申请不能获得支持。

理由：因为签订劳务合同是承包商与村委会签订的，根据工程分包合同示范文本的相关规定，分包合同价款与总包合同相应部分价款无任何连带关系，且未发生施工劳务合同价格调整的情形，故无法获得支持。

实务操作和案例分析题二

【背景资料】

某高速公路N合同段路基工程施工，工期18个月，其中K23＋200～K32＋200路段以填方为主，合同段附近地表土主要是高液限黏土（液限值在38～49之间），在较远地带分布有膨胀土、沼泽土、盐渍土、有机土、粉土、砂性土等。出于控制造价的考虑，业主要求就地取材。为此，施工单位针对高液限土填筑路堤做了试验路段，以确定其最大干密度和松铺厚度等指标。

场地清理完毕后，对路基横断面进行测量放样，动土触探，并绘制出横断面图，提交监理工程师复测，确认后开始填筑路基。

施工单位严格按照试验路段提供的数据指导施工，经过2个月的填筑，发现按试验路段数据控制施工，施工周期K（每层的填筑周期超过5d，在雨期，填筑周期达到15d以上），无法满足工期要求。业主在了解情况后，书面要求监理工程师指示施工单位在半个月后变更路堤填料。经过现场考查并征得监理工程师同意和设计单位确认后，选择了粉土与砂性土两种路堤填料，施工单位随即组织施工。在路堤施工，采用一层粉土，一层砂性土，交错分层水平填筑，每层压实厚度22cm左右；碾压时，采用纵向分行进行，直线段由中间向两边，曲线段由外侧向内侧的方式进行碾压。

由于变更后取用的路堤填料需增加较长运距，而在合同中没有该变更的价格，整个工程完工后，施工单位向业主提出了变更工程价款的报告。

【问题】

1. 根据背景资料中所列土壤类型，哪些不得用于填筑路堤？哪些须经处理后才能用于填筑路堤？

2. 指出施工单位在路堤施工中的错误，并给出正确做法。

3. 根据公路工程施工变更合同价款的确定方法，结合背景资料，填料变更的变更价款应如何确定？

4. 施工单位提出变更工程价款的时间是否符合相关规定？说明理由。

【参考答案】

1. 不得用于填筑路堤的土壤类型：沼泽土、有机土。经处理后才能用于填筑路堤的土壤类型：膨胀土、盐渍土。

2. 施工单位在路堤施工中的错误及改正：

（1）错误：场地清理完毕后对路基横断面进行测量放样。

正确做法：先施工放样与断面测量，然后清理场地。

（2）错误：横断面图提交监理工程师复测确认后开始填筑路基。

正确做法：开始填筑路基需进行填前处理，要对路基原地面处理合格后方能进行路基填筑。

（3）错误：粉土与砂性土交错分层水平填筑。

正确做法：由于砂土、粉土没有塑性，受水流冲刷和风蚀易损坏，在使用时可掺入黏性大的土，同时采用不同性质的土应分别填筑，不得混填，每种填料层累计总厚度不宜小于0.5m。

（4）错误：碾压时，直线段由中间向两边，曲线段由外侧向内侧的方式进行碾压。

正确做法：应该直线段由两边向中间，曲线段由内侧向外侧进行碾压。

3. 公路工程施工变更合同价款的确定方法：合同中已有适用于变更工程的价格，按合同已有的价格计算变更合同价款；合同中有类似于变更工程的价格，可以参照此价格确定变更价格，变更合同价款；合同中没有适用或类似于变更工程的价格，由承包人提出适当的变更价格，经工程师确认后执行。

结合背景资料，填料变更的变更价款应按类似变更工程的价格变更合同价款，或由承包人提出适当的变更价格，经工程师确认后执行。

4. 施工单位提出变更工程价款的时间不符合相关规定。

理由：工程变更发生后，承包人在工程变更确定后14d内，提出变更工程价款的报告，经工程师确认后调整合同价款。承包人在确定变更后14d内不向工程师提出变更工程价款报告时，视为该项设计变更不涉及合同价款的变更。工程师收到变更工程价款报告之日起7d内，予以确认。工程师无正当理由不确认时，自变更报告送达之日起14d后变更工程价款报告自行生效。

实务操作和案例分析题三

【背景资料】

某二级公路的主要工序见表6-5。

施工单位编制的网络计划如图6-2所示。

施工中发生了如下事件：

事件1：由于施工单位设备故障，导致C工作中断4d。

事件2：由于百年一遇的冰雪灾害，导致D工作晚开工15d。

事件3：由于图纸晚到，导致E工作停工10d。针对上述事件中的暂停施工，施工单位在合同规定时间内向监理提出了延期申请和费用索赔的要求。合同约定，成本损失费为人民币1.5万元/d，利润损失费为人民币0.2万元/d。

某二级公路的主要工序　　　　　　　　　　　　　表6-5

工作代号	工作名称	备注
A	施工准备	
B	路基土石方开挖	其中部分石方需爆破施工
C	挡墙基坑开挖	
D	涵洞施工	
E	桥梁基础施工	钻孔灌注桩基础
F	上边坡防护工程施工	分5级，平均高40m
…	…	…

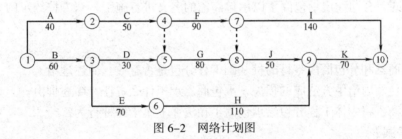

图6-2　网络计划图

【问题】
1. 计算图示网络工期，并指出关键线路。
2. 针对背景资料中的网络计划，分别分析C、D、E工作工期索赔和费用索赔的合理性。
3. 计算可索赔的费用。
4. 结合背景资料，分析施工单位应编制哪些安全生产专项施工方案？

【参考答案】
1. 图示网络工期为320d，关键线为：A—C—F—I。
2. 针对背景资料中的网络计划，C、D、E工作工期索赔和费用索赔的合理性分析如下：

C工作：工期索赔和费用索赔不合理。因为导致C工作中断的原因是施工单位设备故障，应由施工单位承担责任。

D工作：工期索赔和费用索赔不合理。虽然百年一遇的冰雪灾害属于不可抗力，施工单位应可以索赔工期，但是D工作的总时差为30d，晚开工15d没有超过其总时差，所以不可提出工期索赔的申请。不可抗力发生后的停工损失的责任应由施工单位承担，所以也不可提出费用索赔的申请。

E工作：工期索赔不合理，费用索赔合理。图纸晚到造成的停工责任应由建设单位承担，因此可提出费用索赔的申请。但由于E工作有10d的总时差，停工时间没有超过总时差,因此不可提出工期索赔的申请。

3. 可索赔的费用 = 10×(1.5 + 0.2) = 17万元。

4. 结合背景资料,施工单位应编制路基土石方开挖、挡墙基坑开挖、桥梁基础施工、上边坡防护工程施工安全生产专项施工方案。

实务操作和案例分析题四

【背景资料】

某大型桥梁工程,发包方(简称甲方)通过邀请招标的方式确定本工程由承包商乙中标,双方签订了施工总承包合同。在征得甲方书面同意的情况下,承包商乙将桩基础工程分包给具有相应资质的专业分包商丙,并签订了专业分包合同。在桩基础施工期间,由于分包商丙自身管理不善,造成甲方现场周围的建筑物受损,给甲方造成了一定的经济损失,甲方就此事向承包商乙提出了赔偿要求。

另外,考虑到桥梁主体工程施工难度高,自身技术力量和经验不足等情况,在甲方不知情的情况下,承包商乙又与一家具有施工总承包一级资质的某知名承包商丁签订了主体工程分包合同,合同约定承包商丁以承包商乙的名义进行施工,双方按约定的方式进行了结算。

【问题】

1. 承包商乙和分包商丙签订的桩基础工程分包是否有效?简述理由。
2. 对分包商丙给甲方造成的损失,承包商乙承担什么责任?简述理由。
3. 承包商乙将主体工程分包给承包商丁在法律上属于何种行为?

【参考答案】

1. 有效。

理由:根据《公路工程标准施工招标文件》(2018年版)的规定,允许分包的工程范围仅限于非关键性工程或者适合专业化队伍施工的专业工程,桩基工程属于适合专业化队伍施工的专业工程。

2. 对分包商丙给甲方造成的损失,承包商乙承担连带责任。

理由:根据《建筑法》第29条规定,建筑工程总承包单位按照总承包合同约定对建设单位负责,分包单位按照分包合同的约定对总承包单位负责。总承包单位和分包单位就分包工程对建设单位承担连带责任。

3. 承包商乙将主体工程分包给承包商丁在法律上属于违法分包行为。

第七章　公路工程施工现场管理

2011—2020年度实务操作和案例分析题考点分布

年份 考点	2011年	2012年	2013年	2014年	2015年	2016年	2017年	2018年	2019年	2020年
机械设备配置的计算			●							
滑模摊铺机生产率的计算						●				
施工单位填筑前的地面处理工作内容					●					
现场施工机械的配置	●		●	●	●	●	●	●		
悬臂端托架布置示意图					●					
底基层水泥稳定碎石的水泥需用量的计算					●					
弃土场的选择							●			
路基土石方计算与调配							●	●		
弃土场的弃土数量的计算							●			
项目驻地建设的硬件设施							●			
混凝土灌注施工中涉及的计算							●			
现场预制梁场的布置、审批程序及标识标牌标准		●					●			
预制场平面布置及拌合站标识、标牌设置							●			●
施工平面布置	●						●			
挖运施工机械的适用					●					
平均运距的计算	●				●					
墩身混凝土浇筑时模板侧压力的最大值的计算		●								
T梁预制梁场的选址		●								
隧道开挖横断面示意图								●		
沥青混凝土路面结构图								●		

【专家指导】
　　施工现场管理的内容主要包括现场临时工程管理和施工机械设备的使用管理的相关内容。该部分内容考核的力度较大，几乎为历年必考知识点。其中，施工机械设备的使用管理为高频考点。各种示意图的考核力度也有所增加，考生应对此进行熟练地掌握。

要 点 归 纳

1. 项目部驻地建设【重要考点】

（1）场地建设

自建房屋最低标准为活动板房，建设宜选用阻燃材料，搭建不宜超过两层，每组最多不超过10栋，组与组之间的距离不小于8m，栋与栋之间的距离不小于4m，房间净高不低于2.6m。驻地办公区、生活区应采用集中供暖设施，严禁电力取暖。宜为独立式庭院，四周设有围墙，有固定出入口。

（2）硬件实施

项目部一般设项目经理室（书记办公室）、项目总工程师办公室、项目副经理室办公室、各职能部门办公室、档案室、试验室、会议室等。

2. 公路工程施工现场预制梁场地建设【高频考点】

（1）场地建设前施工单位应将梁场布置方案报监理工程师审批，方案内容应包含各类型梁板的台座数量、模板数量、生产能力、存梁区布置及最大存梁能力等。

（2）宜采用封闭式管理，场地内应按办公区、生活区、构件加工区、制梁区和存梁区、废料处理区等科学合理设置，功能明确，标识清晰。

（3）各项目预制场应统筹设置，建设规模和设备配备应结合预制梁板的数量和预制工期相适应。

（4）场内路面宜做硬化处理，主要运输道路应采用不小于20cm厚的C20混凝土硬化，基础不好的道路应增设碎石掺石屑垫层。场内不允许积水。

（5）预制梁场应尽量按照"工厂化、集约化、专业化"的要求规划、建设，每个预制梁场预制的梁板数量不宜少于300片。

（6）预制梁场钢筋加工、混凝土拌合应尽量使用合同段既有的钢筋加工场、拌合站。

（7）预制梁板钢筋骨架应统一采用定位胎膜进行加工，并设置高强度砂浆垫块确保钢筋保护层。

（8）设置自动喷淋养护设备，预制梁板采用土工布包裹喷淋养护（北方地区应根据气候情况采用蒸汽保湿养护），养护水应循环使用。

3. 公路工程施工现场预制梁板台座布设【重要考点】

（1）预制梁板的台座强度应满足张拉要求，台座尽量设置于地质较好的地基上，在不良地基路段，应先进行地基处理。为防止发生张拉台座不均匀沉降、开裂事故，影响预制梁板的质量，先张法施工的张拉台座不得采用重力式台座，应采用钢筋混凝土框架式台座。

（2）底模宜采用通长钢板，不得采用混凝土底模。推荐使用不锈钢底模板，钢板厚度不小于6mm，并确保钢板平整、光滑，防止粘结造成底模"蜂窝""麻面"，底模钢板应采取防止变形措施。

（3）存梁区台座混凝土强度等级不低于C20，台座尺寸应满足使用要求。用于存梁的枕梁应设在离梁两端面各50~80m处，且不影响梁片吊装，支垫材质应采用承载力足够的非刚性材料，且不污染梁底。

（4）梁板预制完成后，移梁前应对梁板喷涂统一标识和编号，标识内容包括预制时间、张拉时间、施工单位、梁体编号、部位名称等。

（5）空心板、箱梁最多存放层数应符合设计文件和相关技术规范要求。设计文件无规定时，空心板叠层不得超过3层，小箱梁和T梁堆叠存放不超过2层。

4. 公路工程施工现场拌合设备要求【重要考点】

（1）混凝土拌合应采用强制式拌合机，单机生产能力不宜低于90m³/h。拌合设备应采用质量法自动计量，水、外掺剂计量应采用全自动电子称量法计量，禁止采用流量或人工计量方式，保证工作的连续性、自动性，且具备电脑控制及打印功能。减水剂罐体应加设循环搅拌水泵。

（2）水稳拌合应采用强制式拌合机，设备具备自动计量功能，一般设自动计量补水器加水。

（3）沥青混合料采用间歇式拌合机，配备计算机及打印设备。

（4）拌合站计量设备应通过当地有关部门标定后方可投入生产，使用过程中应不定期进行复检，确保计量准确。

（5）拌合站应根据拌合机的功率配备相应的备用发电机，确保拌合站有可靠的电源使用。

5. 公路工程施工现场拌合站设置的其他要求【重要考点】

（1）作业平台、储料仓、集料仓、水泥罐等涉及人身安全的部位均应设置安全防护装置，传动系统裸露的部位应有防护装置和安全检修保护装置。

（2）砂石料场底部、上料台、上料输送带下部废料应经常性清理并保持清洁，严禁装载机铲料时铲底。地面应定期洒水，对粉尘源进行覆盖遮挡。

（3）水泥、粉煤灰等材料进料时，应保证材料罐顶的密封性能，预留通气孔应设有降尘措施；当粉尘较大时，应暂时停止上料，待处理完后方可继续。

（4）沥青混合料拌合站推荐设置碎石加工除尘与石灰水循环水洗，确保细集料洁净无杂质。

（5）纤维材料、抗车辙剂、抗剥落剂等外加剂必须采用仓库存放，地面设置架空垫层，高度为离地面30cm，以免受潮。

（6）拌合站标识、标牌设置符合相关规定。

6. 便道建设标准【重要考点】

（1）根据地形条件，确定便道平纵线形及横断面宽度：

1）便道单车道路基宽度不小于4.5m，路面宽度不小于3.0m，原则上每300m范围内应设置一个长度不小于20m、路面宽度不小于5.5m的错车道。

2）便道在急弯、陡坡处应视地形情况适当加宽，并进行硬化处理。

（2）便道路面最低标准应采用泥结碎石或级配碎石。在条件允许的情况下，便道路面可采用隧道洞渣或矿渣铺筑。特大桥、隧道洞口、拌合站和预制场等大型作业区进出便道200m范围路面宜采用不小于20cm厚的C20混凝土硬化。

（3）便道两侧设置排水系统，在汇水面积较大的低凹处设置涵洞，以满足排水泄洪要求。

7. 施工现场土方机械的适用【高频考点】

（1）推土机。推土机装有推土铲刀，主要对土石方或散状物料进行切削或短距离搬运。

（2）铲运机。铲运机广泛用于公路与铁路建设，铲运机应在Ⅰ、Ⅱ级土中施工，如遇Ⅲ、Ⅳ级土应预先疏松。在土的湿度方面，最适宜湿度较小（含水量在25%以下）松散砂土和黏土中施工，但不适宜于在干燥的粉砂土和潮湿的黏土中作业，更不宜在地下水位高的潮湿地区和沼泽地带以及岩石类地区作业。

（3）装载机。在公路、特别是高等级公路施工中，装载机主要用于工程的填挖，沥青和水泥混凝土料场的集料、装料等作业。

（4）挖掘机。挖掘机械主要用于土石方的挖掘装载，包括单斗挖掘机和多斗（轮斗式）挖掘机，各种挖掘机械都安装挖斗。

（5）平地机。平地机主要用于路基、砂砾路面的整平及土方工程中场地整形和平地作业，还可用于修整路基的横断面、修刮路堤和路堑的边坡、开挖边沟和路槽等。此外还可用来在路基上拌合稳定土或其他路面材料、摊铺材料，修整和养护土路、松土、回填、清除杂草和积雪等。

8. 施工现场压实机械的分类【重要考点】

压实机械分类和生产能力：按压实作用原理分为静作用碾压机械、振动碾压机械和夯实机械三种类型。

9. 施工现场压实机械的适用范围【重要考点】

（1）光轮振动压路机最适用于压实非黏土壤、碎石、沥青混凝土及沥青混凝土铺层。

（2）羊足碾或凸块式振动压路机既可压实非黏土，又可压实含水量不大的黏性和细粒砂砾石混合料。

（3）YZ（单钢轮）系列振动压路机主要用于各种材料的基础层、次基础层及填方的压实作业。

（4）YZC（双钢轮）系列振动压路机主要用于高等级公路、机场、停车场及工业性场院等工程施工中的沥青混凝土、水泥混凝土等面层的压实，也适用于大型基础、次基础及路堤填方的压实。

（5）XP（轮胎）系列压路机主要适用于各种材料的基础层、次基础层、填方及沥青面层的压实作业。

（6）3Y、2Y（静碾）钢轮系列压路机主要适用于各种材料的基础层及面层的压实作业。

10. 沥青混凝土搅拌设备【高频考点】

沥青混凝土搅拌设备分类：间歇式和连续滚筒式。

沥青混合料拌合设备的生产能力按每小时拌合成品料的数量确定。主要有小型（40t/h以下）、中型（40~350t/h）和大型（400t/h以上）三种。间歇式搅拌设备的生产能力最高达700t/h，连续滚筒式搅拌设备的生产能力最高达1200t/h。沥青混合料拌合设备的生产率是按每小时拌制混合料的吨数计算。

（1）间歇式设备生产率计算公式：

$$Q_j = \frac{nG_jK_B}{1000} \text{（t/h）}$$

（2）连续式设备生产率计算公式：

$$Q_L = \frac{60nG_LK_B}{1000t} \text{（t/h）}$$

11. 沥青混凝土摊铺机【高频考点】

（1）种类

沥青混凝土摊铺机按行走方式可分为自行式和拖式两种，自行式摊铺机又可分为履带式、轮胎式及复合式三种。

（2）生产能力

沥青混合料摊铺机的生产能力是以其最大摊铺宽度确定，一般按摊铺宽度分为小型（3.6m）、中型（4~6m）、大型（6~10m）和超大型（10~12m）四类。生产能力计算：

沥青混合料摊铺机的生产率以每小时的吨数来计算，它按下列公式计算：

$$Q = hBv_0\rho K_B \text{（t/h）}$$

（3）适用范围

最大摊铺宽度小于3600mm的摊铺机主要用于路面养护和城市街道路面修筑工程；最大摊铺宽度在4000~6000mm的摊铺机主要用于一般公路路面的修筑和养护；最大摊铺宽度在7000~9000mm的摊铺机主要用于高等级公路路面工程；摊铺宽度大于9000mm的摊铺机，主要用于业主有要求的高速公路路面施工。

12. 桥梁基础施工机械【高频考点】

（1）钻孔设备：全套管钻机；旋转钻机；螺旋钻机、冲击钻机、回转斗钻机；液压旋挖钻孔机。

（2）桩工机械：桩工机械分为冲击式打桩机械和振动打桩机械两大类。常用的冲击式打桩机械有：蒸汽打桩机、柴油打桩机、液压打桩机、振动沉拔桩机、静压沉桩机等。生产能力由桩锤重量、冲击能量和桩的大小决定。

13. 隧道施工机械设备【重要考点】

隧道施工机械设备如下：

（1）凿岩台机、臂式隧道掘进机；

（2）喷锚机械、衬砌设备；

（3）全断面隧道掘进机、盾构机。

14. 施工机械的选择【重要考点】

根据工程量、计划时段内的台班数、机械的利用率和生产率来确定施工机械需要数量，可用公式计算：

$$N = \frac{P}{W_1 Q K_B}$$

15. 路基工程主要机械设备的配置【重要考点】

路基工程主要机械设备的种类主要包括：推土机、装载机、挖掘机、铲运机、平地机、压路机、凿岩机以及石料破碎和筛分设备，根据工程的作业要求，选择不同的机械设备。

16. 水泥混凝土路面施工主要机械设备的配置【重要考点】

水泥混凝土路面施工设备主要有混凝土搅拌楼、装载机、运输车、布料机、挖掘机、吊车、滑模摊铺机、整平梁、拉毛养护机、切缝机、洒水车等。

17. 隧道暗挖施工法机械配置【高频考点】

（1）钻孔机械：风动凿岩机、液压凿岩机、凿岩台车。

（2）装药台车。
（3）找顶及清底机械。
（4）初次支护机械：锚杆台车、混凝土喷射机。
（5）注浆机械（包括钻孔机、注浆泵）。
（6）装渣机械（包括轮胎式、履带式装载机，扒爪式、耙斗式、铲斗式装岩机）。
（7）运输机械（包括自卸汽车、矿车）。
（8）二次支护衬砌机械：模板衬砌台车（混凝土搅拌站、搅拌运输车、混凝土输送泵）。

历 年 真 题

实务操作和案例分析题一［2017年真题］

【背景资料】

某施工单位在北方平原地区承建了一段长22km的双向四车道高速公路的路基、路面工程，该工程路面结构设计示意图如图7-1所示。

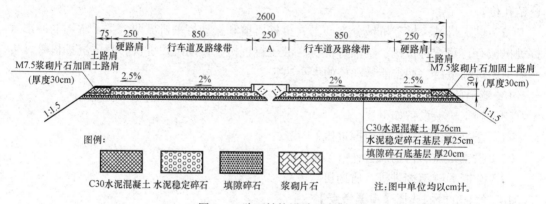

图7-1 路面结构设计示意图

施工中发生如下事件：

事件1：施工单位进场后采用活动板房自建驻地项目部，驻地生活用房建设时充分考虑以人为本的理念，驻地办公用房面积考虑了下列各个部（或室）的要求：项目经理室、书记办公室。项目副经理办公室、各职能部门办公室（质检部、合同部、技术部、财务部、安全部等）、综合办公室、医务室、保安室、档案资料室、打印复印室。

事件2：施工单位在基层施工前，进行了各项标准试验，包括标准击实试验、B试验、混合料的配合比试验、结构强度试验等，其中路面基层无机结合料稳定材料配合比设计流程图如图7-2所示。

事件3：施工单位进行无机结合料稳定材料的配合比设计后，将试验报告及试验材料提交监理工程师中心试验室审查批准。监理工程师审查试验报告后，即肯定并签认了施工单位的标准试验参数。

事件4：施工单位为加强对工地试验室的管理，制订了《试验、检测记录管理办法》

及相关试验管理制度，现部分摘录如下：

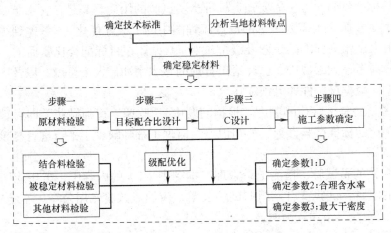

图7-2 无机结合料稳定材料配合比设计流程图

（1）工地试验室对试验、检测的原始记录和报告应印成一定格式的表格，原始记录和报告要实事求是，字迹清楚，数据可靠，结论明确。同时应有试验、计算、复核、负责人签字及试验日期，并加盖项目公章。

（2）工程试验、检测记录应使用签字笔填写，内容应填写完整，没有填写的地方应划"—"不能留空。

（3）原始记录如果需要更改，作废数据应采用涂改液涂改，并将正确数据填在上方，同时加盖更改人印章。

【问题】
1. 写出图7-1中A的名称及图7-2中检测参数3可采用的试验方法。
2. 补充事件1中驻地办公用房面积考虑时缺少的部（或室）。
3. 写出事件2中B试验的名称以及图7-2步骤3中C设计、步骤4中D参数的名称。
4. 判断事件3中监理工程师做法是否正确？如果正确，说明理由；如果错误，改正错误之处。
5. 逐条判断事件4中《试验、检测记录管理办法》摘录内容是否正确？并改正错误。

【解题方略】
1. 本题考核的是工程路面结构设计示意图和最大干密度的检测试验方法。A的名称较容易判断，属于最基本的常识，这个位置考核的是考生对路面结构中路面基层、路面面层及附属设施的掌握，通过示意图可以清楚地得知其在最中间的位置。检测参数3可采用的试验方法，可以直接翻译为最大干密度的检测试验方法，考生不要被整个流程图所迷惑。确定无机结合料稳定材料最大干密度指标时宜采用重型击实方法，也可采用振动压实方法。

2. 本题考核的是项目部驻地建设的硬件设施。本题需要结合背景资料的信息进行作答。通过背景资料中的项目经理室、项目副经理办公室，我们首先要想到的是项目总工程师办公室是必不可少的。该问应充分利用事件2中所给出的各种试验，从而提炼出试验室。项目总工程师办公室和试验室是本问的主要采分点。

3. 本题考核的是无机结合料稳定材料的配合比设计流程。考生需要结合事件2中的材料，即确定各标准试验。考生需要知道标准击实试验的用途。其是在含水量及最大干密度时需要进行的试验。考生需要考虑的设计流程图中的"级配优化"，考虑到级配优先的原则。从而得知B试验为标准的试验及级配试验。C设计在目标配合比紧后的，一定是生产配合比设计。应考虑到参数中，已经给出合理的含水率和最大干密度，以及图中提出的级配优化的因素。根据该条件即可锁定D。

4. 本题考核的是试验检测制度。根据问题中，"监理工程师做法"即可锁定"肯定并签认了施工单位的标准试验参数"的知识点。监理工程师缺少了平行进行复核（对比）试验的过程。

5. 本题考核的是试验、检测记录管理。本题中（1）的内容中，考生应明辨出"加盖项目公章"的陷阱，试验室有专门的试验公章，应加盖试验专用公章。本题中（3）的内容中，"涂改液涂改"错误较为明显。

【参考答案】
1. A为中央分隔带。检测参数3（最大干密度）用重型击实方法或振动压实方法。
2. 项目总工程师办公室、工地试验室、会议室。
3. B为集料的级配试验；C为生产配合比设计；D为无机结合料剂量。
4. 不正确。错误之处：监理工程师审查试验报告后，即肯定并签认了施工单位的标准试验参数。

正确做法：监理工程师中心试验室应在承包人进行标准试验的同时或以后，平行进行复核（对比）试验，以肯定、否定或调整承包人标准试验的参数或指标。

5. 事件4中的正误判断及错误改正：
（1）错误，正确说法：应该加盖试验专用公章。
（2）正确。
（3）错误。正确说法：原始记录如果需要更改，作废数据应划两条水平线；并将正确数据填在上方，同时加盖更改人印章。

实务操作和案例分析题二 [2016年真题]

【背景资料】

某施工单位承建了一座高架桥，该桥上部结构为30m跨径的预应力小箱梁结构，共120片预制箱梁。

施工合同签订后，施工单位根据构件预制场的布设要求，立即进行了箱梁预制场的选址和规划，并编制了《梁场布置方案》，在报经企业技术负责人审批后实施。方案要求在梁板预制完成后，移梁前应对梁板喷涂统一标识，包括预制时间、梁体编号等内容。预制场平面布置示意图如图7-3所示。

预制场设5个制梁台座（编号1～5），采用一套外模、两套内模。每片梁的生产周期为10d，其中A工序（钢筋工程）2d，B工序（模板安装、混凝土浇筑、模板拆除）2d，C工序（混凝土养护、预应力张拉与移梁）6d。5个制梁台座的制梁横道图如图7-4所示。

箱梁预制前，施工单位对底模板设置了预拱。在进行第25号箱梁预制时，为选择预应力筋张拉时机，在箱梁混凝土浇筑时，试验人员甲在现场同步取样，并对取样试块按试验室标准条件养护,严格按测定的试块强度作为预应力筋的张拉强度。但张拉完成后发现该梁预拱度出现较大偏差。

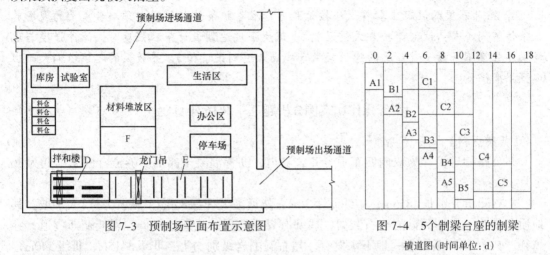

图 7-3 预制场平面布置示意图

图 7-4 5个制梁台座的制梁横道图(时间单位:d)

【问题】

1. 完善《梁场布置方案》的审批程序,并补充梁板还应喷涂的标识。

2. 分别写出预制场平面布置示意图中D、E、F区域代表的名称。在拌合楼旁通常需设置哪些标识或标牌?

3. 列式计算120片箱梁按图7-4的形式组织流水施工的最短预制工期。

4. 分析25号箱梁预拱度出现较大偏差的原因。

【解题方略】

1. 本题考查的是现场预制梁场的审批程序及标识标牌标准。

(1)场地建设前施工单位应将梁场布置方案报监理工程师审批,方案内容应包含各类型梁板的台座数量、模板数量、生产能力、存梁区布置及最大存梁能力等。

(2)梁板预制完成后,移梁前应对梁板喷涂统一标识和编号,标识内容包括预制时间、张拉时间、施工单位、梁体编号、部位名称等。用排除法即可作答。

2. 本题考查的是预制场平面布置及拌合楼旁的标识设置。拌合楼旁首先必须设置混凝土配合比牌,安全警告警示牌应在各作业点设置,机械设备旁应设置操作规程标志牌。故本题变得简单许多。

3. 本题考查的是片箱梁预制总工期的计算。此处首先应落实流水步距与每个流水步距K的值。其次,必须考虑到每片梁的生产周期。

4. 本题考查的是箱梁预拱度出现较大偏差的原因。看到预拱度出现较大偏差,应从梁板养护条件与其弹性模量考虑。

【参考答案】

1. 梁场布置方案还应报监理工程师审批后才能实施。

梁板预制完成后,还应喷涂的标识有:张拉时间、施工单位、部位名称。

2. D:制梁区;E:存梁区;F:材料(钢筋)加工区。

在拌合楼旁应设置混凝土配合比牌、安全警告警示牌、操作规程标志牌。

3. 每片梁为一个流水段落,共120片,所以有120-1=119个流水步距。

每个流水步距$K=2d$。

所以预制总工期$=119\times2+(2+2+6)=248d$。

4. 25号箱梁的混凝土取样试块按试验室标准养护条件与箱梁在预制台座上的现场养护条件不同（或：试件养护方式错误），当试块强度达到设计张拉强度时，试件强度与现场梁体强度不一致（或：梁的弹性模量可能尚未达到设计值），导致梁的起拱值偏大而出现预拱度偏差。

实务操作和案例分析题三 [2016年真题]

【背景资料】

某公路隧道设计为双向四车道分离式隧道，沥青混凝土路面。隧道合同总工期为36个月。

左右隧道分别长4855m，中线间距30m，隧道最大埋深850m，纵坡为3%人字坡。其地质条件为：岩性为砂岩、石灰岩，局部有煤系地层；瓦斯含量低，属低瓦斯隧道；穿越F1、F2、F3三条断层；地下水发育。左右洞围岩级别均为：Ⅱ级3415m，Ⅲ级540m，Ⅳ级310m，Ⅴ级590m。在距进口2100m（对应里程K27+850）处设计了一座斜井，斜井长450m，向下纵坡5%~8%。隧道纵断面示意图及平面布置示意图分别如图7-5和图7-6所示。

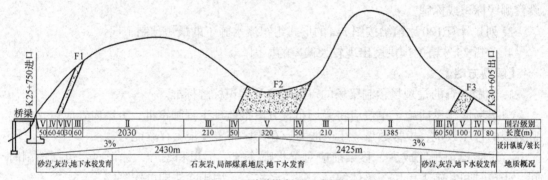

图7-5 隧道纵断面示意图

图7-6 平面布置示意图

施工中发生如下事件：

事件1：施工单位进场后，经现场调查发现，进口处为深沟，且跨沟桥台位于隧道洞口。经综合考虑，施工单位提出了设计变更方案，在距进口280m处增设一条长150m的横洞（如图7-6所示）。

事件2：施工单位根据地质条件和施工水平，采用钻爆法开挖施工、无轨运输。施工计划进度指标为：Ⅱ级围岩开挖支护130m/月，Ⅲ级围岩开挖支护90m/月，Ⅳ级围岩开挖支护70m/月，Ⅴ级围岩开挖支护30m/月，二次衬砌144m/月。施工准备3个月，二次衬砌及沟槽施工结束滞后于开挖支护1个月，路面铺筑及交通、机电工程施工2个月，横洞施工4个月，斜井施工6个月，不确定因素影响工期1个月。进出洞口所增加的时间已综合考虑，不再单独计算。

事件3：根据现场情况，相关单位拟保留横洞而取消斜井。

【问题】

1. 在有斜井和横洞的情况下，本隧道最多有几个开挖面同时施工？并在平面布置示意图上用箭头标明掘进方向（需在答题卡上复制平面布置示意图作答）。

2. 该隧道施工的每个工作面需要配备哪些主要开挖及初期支护机械设备（至少回答6种设备）？

3. 分析事件1中施工单位提出增设进口横洞的理由。

4. 根据事件2给出的条件，在事件3中保留横洞而取消斜井的情况下，计算隧道施工最短工期（计算结果以月为单位，保留一位小数）。

5. 根据提供的地质信息，本隧道由地质引起的主要施工安全危险源有哪些？

【解题方略】

1. 本题考查的是同时施工工作面的计算。

2. 本题考查的是隧道施工开挖及初期支护的机械设备。考生应熟记隧道施工暗挖施工法机械配置：

（1）钻孔机械：风动凿岩机、液压凿岩机、凿岩台车；

（2）装药台车；

（3）找顶及清底机械；

（4）初次支护机械：锚杆台车、混凝土喷射机；

扫码学习

（5）注浆机械（包括钻孔机、注浆泵）；

（6）装碴机械（包括轮胎式、履带式装载机、扒爪装岩机、耙斗式装岩机、铲斗式装岩机）；

（7）运输机械（包括自卸汽车、矿车）；

（8）二次支护衬砌机械：模板衬砌台车（混凝土搅拌站、搅拌运输车、混凝土输送泵）。

考生应根据开工及初期支护的限制条件进行明确区分，避免混淆或者多答。

3. 本题考查的是增设进口横洞的理由。此处主要应根据平面布置示意图及事件1中，给出的环境线索进行分析。

4. 本题考查的是隧道施工工期的计算。本题中，考生应充分考虑横洞工区和出口工区同时相向施工各级围岩长度，从而得出横洞工区和出口工区同时相向施工的工期，此处为易错点，考生应认真核算。

5. 本题考查的是地质引起的主要施工安全危险源。本题需要考生细心对背景资料中所述地质信息进行准确分析，并结合实际工作经验进行作答。

【参考答案】

1. 在有斜井和横洞的情况下，本工程最多可以有10个工作面。掘进方向如图7-7所示。

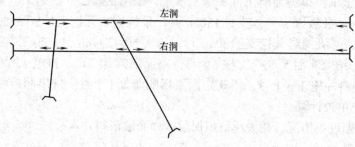

图7-7 掘进方向示意图

2. 每个开挖面配备的开挖和初期支护机械设备有：凿岩机、凿岩台车、装药台车、锚杆台车（锚杆安装机）、混凝土喷射机、钻孔机、注浆泵（压浆机）。

3. 增设进口横洞的理由：进口端为深沟，所以无施工场地，且与桥台施工相互干扰，因此增加横洞可以为进主洞施工提供进洞条件；同时还可以增加工作面，进一步保证了施工工期。

4. 根据事件2给出的条件，计算如下：

（1）横洞施工4个月期间，隧道出口开挖掘进长度 = 30×3 + 70×1 = 160m。

（2）横洞工区和出口工区同时相向施工的各级围岩长度：

Ⅱ级围岩长度 = 2030 - (280 - 50 - 60 - 40 - 30 - 60) + 1385 = 3375m。

Ⅲ级围岩长度 = 210 + 210 + 60 = 480m。

Ⅳ级围岩长度 = 50 + 50 + 50 = 150m。

Ⅴ级围岩长度 = 320 + [100 - (160 - 70 - 80)] = 410m。

（3）横洞工区和出口工区同时相向施工的工期
= (3375/130 + 480/90 + 150/70 + 410/30) / 2 = 23.6个月。

（4）总工期 = 3 + 4 + 23.6 + 2 + 1 + 1 = 34.6个月。

5. 本隧道由地质引起的主要施工安全危险源为：洞口段、浅埋段、断层破碎带、岩层接触带、岩溶、地下涌水、瓦斯地段。

实务操作和案例分析题四［2014年真题］

【背景资料】

某施工单位承接了某丘陵区一级公路路基施工任务。施工单位编制了路基施工组织设计，并对施工组织设计进行了优化，重点优化了施工方案，主要包括施工方法的优化、施工作业组织形式的优化、施工劳动组织的优化。技术人员根据路基横断面计算出土石方的"断面方数"，经复核后，进行土石方纵向调配。调配时考虑到技术经济条件，尽量在经济合理的范围内移挖作填，使路堑和路堤中土石方数量达到平衡，减少了弃方与借方。全标段路基挖方土质为普通土，平均运距50m的土方有150000m^3，平均运距200m的土方有100000m^3，平均运距3000m的土方有80000m^3。K5+630～K5+810的平均挖方深度7m左右，施工单位采用的某一开挖断面示意图如图7-8所示，要求上下错台同时掘进。

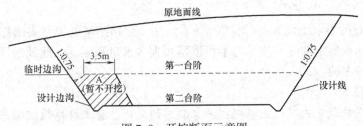

图 7-8 开挖断面示意图

施工准备中，施工单位对拟作为路基填料的土样按《公路土工试验规程》的要求送中心实验室进行标准试验，以计算最佳含水量和最大干密度，并通过其他相关试验确定了土的塑限、液限、塑性指数、最大粒径、有害物质含量，最后将试验结果以书面形式报告监理工程师备案。

【问题】
1. 补充施工方案的优化内容。
2. 针对平均运距3000m的土方，写出宜配置的挖运施工机械。
3. 计算全标段土方的平均运距（计算结果取整数）。
4. 根据开挖断面示意图，写出K5+630～K5+810路段的路堑开挖方法的名称，并简要说明图中第二台阶掘进中暂不开挖土体A在施工中的主要作用。
5. 取土试验还应确定土的哪些指标？资料中的"标准试验"具体是哪种试验？

【解题方略】
1. 本题考查的是施工方案的优化内容。该部分内容属于较为简单的考点，需要考生进行实记。

2. 本题考查的是挖运施工机械的适用。土方机械化开挖应根据基础形式、工程规模、开挖深度、地质、地下水情况、土方量、运距、现场和机具设备条件、工期要求以及土方机械的特点等合理选择挖土机械，以充分发挥机械效率，节省机械费用，加速施工进度。土方机械化施工常用机械有：推土机、铲运机、挖掘机（包括正铲、反铲、拉铲、抓铲等）、装载机等。考生应了解其特性、作业特点及适用条件，才能进行配置。

3. 本题考查的是土方平均运距的计算。根据背景资料给出的条件"全标段路基挖方土质为普通土，平均运距50m的土方有150000m³，平均运距200m的土方有100000m³，平均运距3000m的土方有80000m³。"全标段土方的平均运距＝（50×150000＋200×100000＋3000×80000）÷（150000＋100000＋80000）＝811m。此类题的解答一定要结合背景资料，并注意数值的正确使用。

4. 本题考查的是挖方路基施工。土质路堑作业有横向挖掘法、纵向挖掘法、混合式挖掘法。其中，横向挖掘可采用单层横向全宽挖掘法和多层横向全宽挖掘法。单层横向全宽挖掘法是从开挖路堑的一端或两端按断面全宽一次性挖到设计标高，逐渐向纵深挖掘，挖出的土方一般都是向两侧运送。适用于挖掘浅且短的路堑。多层横向全宽挖掘法是从开挖路堑的一端或两端按断面分层挖到设计标高，适用于挖掘深且短的路堑。根据背景资料给出的"K5+630～K5+810的平均挖方深度7m左右，上下错台同时掘进"并结合开挖断面示意图，可以看出该路段的路堑开挖宜采用多层横向全宽挖掘法。

第二台阶掘进中暂不开挖土体A，主要是为了预留运输施工便道。考生可联系工程实际进行解答。

5. 本题考查的是取土试验与"标准试验"。用于公路路基的填料要求挖取方便，压实容易，强度高，水稳定性好。故，考生可以落实到含水量和强度。此处的标准试验亦是从含水量和强度考虑的。

【参考答案】
1. 施工方案的优化内容还应补充：施工顺序的优化、施工机械组织优化等。
2. 宜配置的挖运施工机械有：推土机、挖掘机、装载机和自卸汽车等。
3. 全标段土方的平均运距＝（50×150000＋200×100000＋3000×80000）÷（150000＋100000＋80000）＝811m。
4. K5＋630～K5＋810路段的路堑开挖方法的名称为多层横向全宽挖掘法。
第二台阶掘进中暂不开挖土体A在施工中的主要作用是作为第一台阶出土的通道。
5. 取土试验还应确定土的最佳含水量、最小强度等。
资料中的"标准试验"是标准击实试验。

实务操作和案例分析题五［2013年真题］

【背景资料】
施工单位承建了一座独塔双索面斜拉桥，主桥布置为246m＋126m，设计车速120km/h，桥面宽26.5m。采用方尖碑式索塔，塔尖为四棱锥形，索塔的塔身为7.4m（顺桥向）×6.4m（横桥向），向下渐变为7.8m×8m，空心断面。桥面以上塔高124m，中塔柱壁厚为1.2m，下塔柱壁厚为1.5m。

编制索塔施工方案时，施工单位根据本桥索塔特点，对滑模和爬模两种施工方法进行了比选，最终选择了适合本桥特点的施工方案，索塔示意图如图7-9所示。

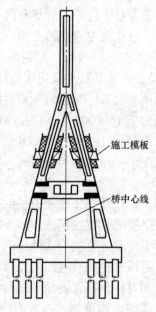

图7-9 索塔施工示意图

施工单位还按照以下要求对索塔施工安全专项方案进行了论证：

（1）工程施工前，索塔施工安全专项方案由施工单位的A编制，B审核，C审批。

（2）监理单位专业监理工程师对方案审核合格后，D签字审批。

（3）论证专家组对方案审查后，提出书面论证审查报告。

施工单位在索塔施工中进行的主要测量工作有：

（1）塔底高程测量、塔底轴线与塔根模板轮廓点放样、上下塔柱及横梁模板各接高轮廓点的放样与标高测量。

（2）劲性骨架、锚索管与模板安置的调整测量。

（3）考虑张拉引起的收缩偏位以及浇筑混凝土时产生下降等原因，放样时在设计基础上加入预偏、沉降等。

……

【问题】

1. 滑模和爬模两种施工方法相比，哪种更适合本桥索塔施工？简要说明理由。
2. 写出安全专项方案论证中A、B、C、D分别对应的相关人员或部门。
3. 针对索塔施工应配置哪些主要大型机械设备？
4. 补充完善索塔施工主要测量工序。

【解题方略】

1. 本题考查的是索塔施工方法及主要设备。考生须对滑模和爬模两种施工方法的特点进行熟练区分。

2. 本题考查的是安全专项方案论证。建筑工程实行施工总承包的，专项方案应当由施工总承包单位组织编制。其中，起重机械安装拆卸工程、深基坑工程、附着式升降脚手架等专业工程实行分包的，其专项方案可由专业承包单位组织编制。专项方案应当由施工单位技术部门组织本单位施工技术、安全、质量等部门的专业技术人员进行审核。经审核合格的，由施工单位技术负责人签字。实行施工总承包的，专项方案应当由总承包单位技术负责人及相关专业承包单位技术负责人签字。不需专家论证的专项方案，经施工单位审核合格后报监理单位，由项目总监理工程师审核签字后执行。

3. 本题考查的是索塔施工主要机械设备。索塔施工主要机械设备一般安装一台塔吊，一台施工电梯。塔吊可安装在两柱中间。混凝土的垂直运输一般采用泵送。泵管一般设在施工电梯旁。塔式起重机更是不可或缺的设备。

4. 本题考查的是索塔的施工测量。此处又是一道查漏补缺型题目，该内容需要考生对教材内容进行实记，并结合背景资料中所给的信息进行作答。

【参考答案】

1. 爬模更合适本桥索塔施工。

理由：滑模施工速度快，劳动强度小，但技术要求高，施工控制复杂，外观质量较差，且易污染，一般倾斜度较大，预留孔道及埋件多的索塔不宜用此法。爬模兼有滑模和翻模的优势，施工安全，质量可靠，修补方便，国内外大多采用此法。

2. 安全专项施工方案论证中，A对应"施工单位专业技术人员"，B对应"施工单位技术和安全管理部门"，C对应"施工单位技术负责人"，D对应"监理单位的总监理工程师"。

3. 针对索塔施工应配置的大型机械设备包括：塔式起重机、施工电梯、输送泵。

4. 索塔施工主要测量工作还应补充：

（1）建立平面控制网点，对常用点采取加固、防风防晒措施。
（2）塔柱基础沉降观测。

实务操作和案例分析题六［2012年真题］

【背景资料】

某施工单位承建了一端山区高速公路，其中有一座21×40m先简支后连续T型预应力混凝土梁桥，北岸桥头距隧道出口30m，南岸桥头连接浅挖方路堑，挖方段长约2km。大桥采用双柱式圆形截面实心墩，墩身高度10～40m，大桥立面布置示意图如图7-10所示。

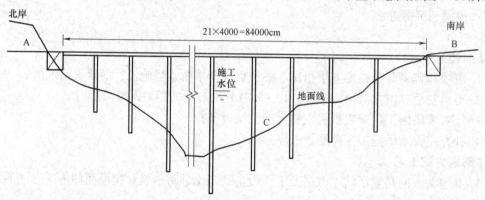

图7-10 大桥立面布置示意图

事件1：施工单位对高度在20m以内的墩身采用定制钢模板连续浇筑，根据《公路桥涵施工技术规范》JTG/TF 50-2011，新浇混凝土作用于模板的最大侧压力有两种计算方法，计算结果如下：

方法一：$F = 0.22\gamma t_0 K_1 K_2 v^{1/2} = 76.03 \text{kPa}$

方法二：$F = \gamma h = 57.6 \text{kPa}$

上面两式K_1、K_2为针对某些因素的影响修正系数，h为有效压头高度。

墩身浇筑时，由于混凝土落差大，故采用串筒输送入模。根据《公路桥涵施工技术规范》JTG/T F50-2011，倾倒混凝土对垂直面模板产生的水平荷载为2.0kPa。

事件2：施工单位考虑到水源、电力状况、进出场道路和成品梁运输等情况，需在大桥附近设置T梁预制梁场，T梁预制梁场平面布置示意图如图7-11所示。

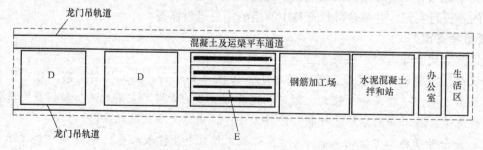

图7-11 T梁预制梁场平面布置示意图

事件3：施工单位拟采用双导梁架桥机架设40mT梁。架设方法如下：
（1）将轨道上拼装的架桥机前端推移到后跨，固定好架桥机；

（2）将预制梁由运梁车运至架桥机安装跨，两端同时起吊，横移桁车置于梁跨正中并固定；

（3）将梁纵移到后跨，固定纵移桁车，用横移桁车将梁横移到设计位置，下落就位；

（4）待一跨梁全部架设完，前移架桥机，重复上述程序进行下一跨梁的安装。

事件4：为保证架设安全，施工单位对施工现场进行了重大安全风险辨识和评估，制订了双导梁架桥机架设T梁的安全专项施工方案，随即安排人员进行了T梁架设。

【问题】

1. 针对事件1，计算墩身混凝土浇筑时模板侧压力的最大值，并指出计算公式中的K_1、K_2分别是针对哪个因素的影响进行的修正？

2. 根据大桥的地形条件，针对图7-10的A、B、C位置，T梁预制梁场应设置在哪里合适？说明理由。

3. 写出图7-11T梁预制梁场示意图中区域D和E的名称。

4. 在事件3中，施工单位拟采用的双导梁架桥机架设方法中下划线处描述的位置是否正确？如错误，请写出正确的位置。

5. 在事件4中，施工单位对双导梁架桥机架设T梁前，在安全管理方面还缺少哪些主要工作？

【解题方略】

1. 本题考查的是墩身混凝土浇筑时模板侧压力的最大值的计算。本题需要对事件1所给信息进行充分的运用。

2. 本题考查的是T梁预制梁场的选址。预制梁场的选址以方便、合理、安全、经济及满足工期为原则，结合施工合同段所属预制梁板的尺寸、数量、架设要求以及运输条件等情况进行综合选址。预制梁场的选址应满足用地合法，周围无塌方、滑坡、落石、泥石流、洪涝等地质灾害。

3. 本题考查的是梁预制场的布置。预制场的布置取决于现场的面积、地形、工程规模、安装方法、工期及机械设备情况等，条件不同，布置方法差异较大。路基外预制场该类型预制场比较普遍，制梁区使用大型龙门吊，在路基一侧设置预制场；如一般工程量不大，则不采用龙门吊，但要有足够存放全部梁片的场地，必要时可在路基两侧制梁。

4. 本题考查的是双导梁架桥机架设的方法。将轨道上拼装的架桥机推移到安装孔，固定好架桥机后，将预制梁由平车运至架桥机后跨，两端同时起吊，横移小桁车置于梁跨正中并固定，用纵移桁车将梁纵移到安装跨，固定纵移桁车，用横移小桁车将梁横移到设计位置下落就位，待一跨梁全部吊完，横移小桁车置于梁跨正中并固定。将纵移平车退到后端，拆除前支架与墩顶联结螺栓，把前支架挂在鼻架上，前移架桥机。重复上述程序进行下一跨梁的安装。

5. 本题考查的是双导梁架桥机架设T梁前的安全管理。本题查漏补缺型题目，需要考生具备对背景资料的信息进行查漏补缺的能力。

【参考答案】

1. 新浇混凝土对模板的最大侧压力应取方法一计算的值（或取两种方法中的大值），$F=76.03\text{kPa}$，所以$P_{max}=F+2.0=78.03\text{kPa}$。

K_1为外加剂（缓凝剂）影响修正系数，K_2为坍落度影响修正系数（K_1、K_2含义可交换）。

2. T梁预制场应设置在B处（南岸路基上）合适。因为A离隧道出口过近，不能建设预制场地；C为桥下位置，且位于施工水位以下；B在浅挖方路堑地段，是设置T梁预制场的合适位置。

3. D和E的名称分别是存梁区、制梁区（或预制台座）。

4. 事件3中正确与否的判断及改正。
（1）不正确，应是安装跨。
（2）不正确，应是后跨。
（3）不正确，应是安装跨。
（4）正确。

5. 缺少的主要工作有：
（1）将专项方案报施工单位技术负责人、监理审查同意签字；
（2）组织施工技术、指挥、作业人员进行培训；
（3）在施工前进行技术和安全交底。

实务操作和案例分析题七［2011年真题］

【背景资料】

某施工单位承接了一级公路M合同段路面施工任务，起点桩号K16＋000，终点桩号K37＋300，路面面层为26cm厚C30水泥混凝土，采用滑模机械摊铺施工，施工单位根据施工现场的具体条件，通过方案比较后绘制了施工平面布置示意图，如图7-12所示。

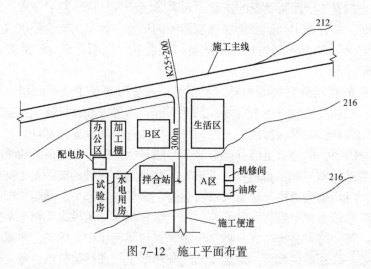

图7-12 施工平面布置

图7-12中拌合站由物料储存系统、搅拌主机和电气控制系统以及其他附属设施等组成。由于路面较宽，面层在纵向分两次铺筑，施工单位按要求设置纵向施工缝，施工缝采用平缝加拉杆型。施工中，监理工程师发现个别拉杆松脱，个别拉杆漏插。根据面层施工特点，施工单位配置了间歇式拌合楼、装运机械、滑模摊铺机、挖掘机、拉毛养护机械。

【问题】

1. 列式计算水泥混凝土拌合料的平均运距（单位以"m"计，保留一位小数）。

2. 写出施工平面布置示意图7-12中A区、B区的名称，补充水泥混凝土拌合站的基本组成系统。

3. 结合该路面施工方法，指出应在何时采用何种手段插入拉杆？

4. 针对监理工程师发现的问题，施工单位应如何处理？

5. 补充至少两种面层施工机械。

扫码学习

【解题方略】

1. 本题考查的是水泥混凝土拌合料平均运距的计算。根据背景资料给出的条件"起点桩号K16＋000，终点桩号K37＋300，路面面层为26cm厚C30水泥混凝土"，判断出起点K16＋000，终点K37＋300，拌合站K25＋200，距路边300m。

$$\text{平均运距} = \left[\frac{\left(\text{左距}\times\frac{\text{左距}}{2}\right)+\left(\text{右距}\times\frac{\text{右距}}{2}\right)}{\text{总运距}}\right]+\text{拌合站到线路的距离}。$$

2. 本题考查的是施工平面布置。本题考核的难度不大，考生结合A、B区周边的环境布置，即可轻松推断出A、B区的名称。

3. 本题考查的是纵缝设置与施工。纵缝位置应按车道宽度设置，并在摊铺过程中用专用的拉杆插入装置插入拉杆。

4. 本题考查的是纵缝设置与施工。插入的侧向拉杆应牢固，不得松动、碰撞或拔出。若发生拉杆松脱或漏插，应在横向相邻路面摊铺前，钻孔重新植入。当发现拉杆可能被拔出时，宜进行拉杆拔出力（握裹力）检验。

5. 本题考查的是水泥混凝土路面施工主要机械设备的配置。本题又是一道查漏补缺形式的题目，水泥混凝土路面施工设备主要有混凝土搅拌楼、装载机、运输车、布料机、挖掘机、吊车、滑模摊铺机、整平梁、拉毛养护机、切缝机、洒水车等。考生需要结合背景资料作答，补充两种即可得分，仅本题而言得分较为容易。

【参考答案】

1. K16＋000～K25＋200段距离：25200－16000＝9200m。

K25＋200～K37＋300段距离：37300－25200＝12100m。

平均运距＝[(9200×9200/2)＋(12100×12100/2)]/(9200＋12100)＋300＝5723.7m。

2. A是机械库，B是材料场；还应包括物料称重系统、物料输送系统。

3. 摊铺过程中用专用的拉杆插入装置插入拉杆。

4. 若发现拉杆松脱或漏插，应在横向相邻路面摊铺前，钻孔重新植入。

5. 切缝机、洒水车、吊车、整平梁、布料机。

典 型 习 题

实务操作和案例分析题一

【背景资料】

某施工单位承建了一段二级公路的路基工程，路基宽度12m。其中K1＋600～K3＋050为填方路堤，路段填方需从取土场借方；K1＋600～K2＋300填方平均高度为1.6m，设计填方数量16200m³；K2+300～K3+050填方平均高度为2.1m，设计填方数量24000m³。

施工单位在工程项目开工前，对施工图设计文件进行了复查和现场核对，补充了必要的现场调查资料，发现该路段原地面下有50cm厚淤泥，设计文件中未进行处理，施工单位在施工图会审中提出处理意见后，经监理工程师和设计代表同意，按路堤坡脚每侧扩宽1m采用抛石挤淤的方法进行处理，抛石方量14193 m³，要求采用粒径较大的未风化石料进行抛填。施工单位根据现场情况，确定了取土场位置，并拟定了新建施工便道A、B两个方案，施工便道A方案长度1420m，施工便道B方案长度1310m，最终确定采用A方案，取土场位置平面示意图如图7-13所示。施工过程中，路堤填筑两侧均加宽超填30cm。

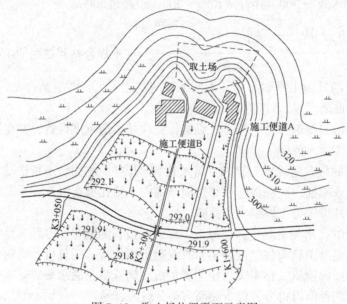

图7-13 取土场位置平面示意图

【问题】

1. 计算K1+600～K3+050路段设计填方量的平均运距（单位：m，计算结果保留到小数点后2位）。

2. 根据《公路路基施工技术规范》，K1+600～K3+050路段是否需要进行路堤试验路段施工？说明理由。

3. 说明施工单位确定采用施工便道A方案的理由。

4. 路堤填筑时，两侧加宽超填30cm的主要作用有哪些？对抛石挤淤的材料还有什么要求？该路段软基处理还可以采用什么方法？

5. 计算K1+600～K3+050路段加宽超填土方量，并按《公路工程标准施工招标文件》中工程量清单计量规则，计算该路段业主需计量支付的路堤填土方量。（单位：m³，计算结果保留整数）

【参考答案】

1. K1+600～K3+050路段设计填方量的平均运距 $= 1420 + \dfrac{16200 \times 350 + 24000 \times 1075}{16200 + 24000}$

$= 1420 + 782.84$

＝2202.84m。

2．K1＋600～K3＋050路段需要进行路堤试验路段施工。因为该路段公路为二级公路，同时也属于特殊（或软土）地段路基。

3．施工单位确定采用施工便道A方案的理由：

（1）便道A方案占田少；

（2）便道A方案靠近山脚，稳定性好；

（3）便道A方案对居民点的影响小。

4．路堤填筑时，两侧加宽超填作用：（1）保证路堤边缘压实度；（2）保证刷坡工作面（或保证边坡整修）。

对抛石挤淤的材料还要求其中0.3m粒径以下的石料含量不宜大于20%。该路段软基处理还可以采用换填垫层或掺水泥、石灰等稳定剂处理的方法。

5．K1＋600～K3＋050路段的加宽超填工程量：（0.3×1.6×700＋0.3×2.1×750）×2＝1617m³。

K1＋600～K3＋050路段业主需计量支付的工程量：16200＋24000＝40200m³。

实务操作和案例分析题二

【背景资料】

某施工单位承接了某公路B合同段K8＋000～K9＋800的路基、路面、1座3×20m的简支梁桥和8道涵洞施工，合同工期为200d。该段土质以松散砂土和黏土为主，路基主要工程量见表7-1。

路基主要工程量　　　　　　　表7-1

桩号	挖方（m³）		填方（m³）	备注
	土	石		
K8＋000～K8＋800	15000	5000	0	挖方中含有机土1000m³
K8＋800～K9＋100	2000	0	2000	道路左侧20～80m范围内为一滑坡体
K9＋100～K9＋800	0	0	24000	

注：表中挖方为天然密实方，填方为压实方。天然密实方与压实方的换算系数为：土方1.16，石方0.92。假设换算系数不因土石混填而改变，调运方在经济运距内。

施工单位进场后，积极组织施工，将路面分成三个段落组织流水作业，并绘制了施工平面布置示意图和网络计划，分别如图7-14和图7-15所示。

路基施工中，石方开挖采用爆破，土方开挖采用挖掘机配自卸汽车作业。经实测，挖掘机的台班平均生产率为560m³/台班，机械利用率为0.85。填筑施工采用土石混合倾填，并进行纵向分幅，用振动压路机碾压。

桥梁墩台基础施工完毕后，为确保工程质量，监理工程师要求施工单位挖开再次检查坑底承载力和基础混凝土质量，施工单位对此提出开挖费用索赔。

该路段投入使用1年后，在K9＋200～K9＋600段出现了路基的纵向裂缝。

【问题】

1．列式计算路基施工中的利用方（天然密实方）和借土方（压实方）数量。

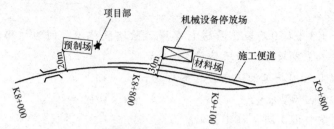

图 7-14 施工平面示意图

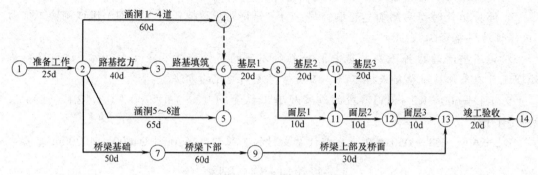

图 7-15 网络计划图

2. 指出平面布置示意图（图7-14）中临时设施和临时工程布置的不妥之处，并说明理由。

3. 为满足合同工期要求，路基填筑施工最多不能超过多少天？若以桥梁施工为关键线路，路基填筑施工最多不能超过多少天？

4. 按进度计划要求，若挖掘机每天只安排一个班制，施工单位每天应投入多少台挖掘机（不考虑备用）？

5. 分析说明施工单位是否应该获得桥梁基坑开挖检查的索赔费用？

6. 根据背景资料，指出产生路基纵向裂缝的可能原因。

【参考答案】

1. 利用方数量：$15000 - 1000 + 5000 + 2000 = 21000 m^3$。

借方：$24000 + 2000 - (15000 - 1000)/1.16 - 5000/0.92 - 2000/1.16 = 6772 m^3$。

2. 平面布置示意图中临时设施和临时工程布置的不妥之处：将临时场地（机械设备停放场和材料场）和施工便道布置在滑坡体内。

理由：这种布置会增加滑坡上的荷载，可能诱发滑坡。

3. 为满足合同工期要求，路基填筑施工的最长时间是：$200 - (25 + 40 + 20 + 20 + 20 + 10 + 20) = 45d$。

若以桥梁施工为关键线路，路基填筑施工的最长时间是：$50 + 60 + 30 - (40 + 20 + 20 + 20 + 10) = 30d$。

4. 根据公式 $N = \dfrac{P}{W_1 Q K_B}$，施工单位每天应投入的挖掘机台班：$(15000 + 5000 + 2000)/[(40/1) \times 560 \times 0.85] = 1.16$ 台班，取2台班。

5. 对于已覆盖的隐蔽工程，监理要求再行开孔检查，若检查后符合图纸和规范要求，一切费用应由业主承担，施工单位应该获得索赔费用；若开孔检查后不符合合同及规范的要求，由承包商承担一切费用，施工单位不应该获得索赔费用。

6. 产生路基纵向裂缝的可能原因：①土石混填且未分层碾压；②纵向分幅填筑。

实务操作和案例分析题三

【背景资料】

某大型施工单位承接53km四车道高速公路路面及交通工程施工，路面单幅宽10.5m，自下而上路面结构层为：底基层为18cm厚4%水泥稳定碎石；基层为36cm厚6%水泥稳定碎石（分两层摊铺）；面层为7cm厚AC-20、6cm厚AC-16、5cm厚SBS改性SMA沥青混合料。

全线有4个互通式立交连接地方道路，其中设有4个匝道收费站、一个监控、收费及通信分中心，该分中心集中管理本路段监控系统、收费系统和通信系统，施工单位承担了包括安全设施、监控系统、收费系统、通信系统等施工。

施工单位将路段中间K25+000右侧的弃土场硬化后，作为沥青混凝土拌合站场地，并配置了一套4000型间歇式沥青混凝土拌合设备。该设备主要指标如下：每拌制一份料的重量$G_j=4000kg$，每份料的加料时间$t_1=15s$，每份料的拌料时间$t_2=220s$，每份成品料的卸料时间$t_3=13s$，时间利用系数$K_B=0.85$。施工单位同时配置了两台11m宽的超大型摊铺机，4台YZC双钢轮振动压路机及两台16t的XP胶轮压路机。

路面施工过程中，施工单位对上面层的压实十分重视，确定了质量控制关键点，并就压实工序做出如下书面要求：

（1）初压采用双钢轮振动压路机静压1~2遍，初压开始温度不低于140℃；

（2）复压采用双钢轮振动压路机振压4遍，复压开始温度不低于130℃；

（3）终压采用胶轮压路机静压1~2遍，终压结束温度不低于120℃；

（4）相邻碾压重叠宽度应大于30cm；

（5）为保证沥青混合料碾压过程中不粘轮，应采用洒水车及时向混合料洒水。

改性SMA路面试验路段施工中，发现大量油斑。施工单位技术员分析后认为产生油斑的原因可能是：运输距离较远，SMA混合料中骨料与沥青产生离析；拌合时间太短，导致拌合不够充分；拌合料（特别是纤维掺加剂）及路表含有一定的水分等，经采取措施处理后，路面施工正常进行。

路面工程全部完工并验收后，施工单位进行了交通工程收费系统的施工，两周后，收费站出口车道的自动栏杆、通行信号灯等单机（体）设备安装及配线施工完毕。

收费系统全部施工完毕交付使用后，某收费站发生如下事件：

事件1：收费亭内收费员由于要核对某车辆信息，需与收费站监控值班员直接通话。

事件2：某日深夜，有歹徒袭击收费亭，收费员遭遇人身威胁。

【问题】

1. 计算沥青混凝土拌合设备的生产率（Q_j）（列出计算过程）。
2. 逐条判断施工单位对压实工序书面要求的正确性，并改正错误之处。
3. 补充3条产生油斑的可能原因。
4. 对摊铺及碾压中出现的油斑分别提出处理措施。
5. 在通电试验前，收费站出口车道设备应重点检查哪些配线的正确性？

6. 事件1中，收费员和监控值班员的直接通话应使用哪个收费子系统？事件2中，收费员应使用哪个收费子系统向收费站内的值班员报告情况？

【参考答案】

1. 每小时拌制的份数 $n = \dfrac{60}{t_1+t_2+t_3} = \dfrac{60}{15/60+220/60+13/60} = 14.52$ 份/h。

设备的生产率 $Q_j = \dfrac{nG_jK_a}{1000} = \dfrac{14.52 \times 4000 \times 0.85}{1000} = 49.37$ t/h。

2. 第（1）条正确。

第（2）条正确。

第（3）条不正确。

正确做法：终压采用钢轮振动压路机静压1遍。

第（4）条正确。

第（5）不正确。

正确做法：采用雾状喷水法，以保证沥青混合料碾压过程中不粘轮。

3. 产生油斑的可能原因还有：SMA混合料温度过高，改性沥青发生老化；纤维掺加剂拌合不均匀；用油量过高；压路机碾压遍数过多，使路面超压。

4. 摊铺中出现的油斑应及时铲除并用热料填补；碾压中出现的油斑，应及时在油斑区域洒机制砂。

5. 在通电试验前，收费站出口车道设备应重点检查电源线、地线等配线的正确性。

6. 事件1中，收费员和监控值班员的直接通话应使用内部对讲系统。事件2中，收费员应使用安全报警系统向收费站内的值班员报告情况。

实务操作和案例分析题四

【背景资料】

某施工企业承包了一段36.8km的四车道高速公路沥青混凝土路面工程，路面单幅宽11.25m。路面结构形式为：基层为两层18cm的石灰粉煤灰稳定碎石；底基层为一层18cm的石灰粉煤灰稳定碎石；沥青混凝土面层为7cm的下面层、6cm的中面层和5cm的SMA表面层，桥上只铺5cm的SMA表面层，隧道内为水泥混凝土路面。

项目经理部人员进场后，完成了经理部的建设和设备的进场工作。施工平面布置示意图如图7-16所示。

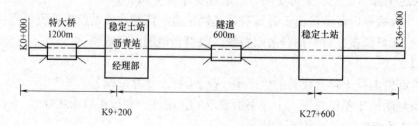

图7-16 施工平面布置示意图

合同规定沥青材料由业主提供，地方材料由施工单位自采。材料管理人员在查看过料场、进行了价格比选后，就开始进料。

项目经理部按照各项要求，在完成了一系列的准备工作后，开始施工石灰粉煤灰稳定碎石底基层。施工中，施工人员发现其中一段800m长的底基层出现了大量裂缝和破损，经检查是由于路基质量差所致，路面施工单位拟向路基施工单位提出索赔。

【问题】

1. 项目部需要采购哪几大类地材？项目部材料采购程序存在什么问题？
2. 指出石灰类材料质量检验中的两大主要指标。
3. 上述平面布置方式对稳定料的场内运输费有什么影响？说明理由。
4. 施工中，工地实验室对石灰粉煤灰稳定碎石应检测哪两项指标？并说明其合格值。
5. 由于路基交工推迟，给沥青混凝土路面施工的时间仅有140d，请通过计算（要求列出计算过程），从生产能力为160t/h、240t/h和320t/h的沥青搅拌站中选择出满足工期要求的合理设备（已知：沥青混凝土的容重取为$2.4t/m^3$，搅拌站每天有效工作时间按8h计算）。
6. 路面施工单位的索赔对象是否恰当？说明理由。

【参考答案】

1. 需采购：石灰、粉煤灰、碎石、砂和矿粉五种。材料采购中应取样试验，产品合格后才能采购。
2. 石灰类材料主要需检验：有效钙和氧化镁的含量。
3. 这种平面布置，可以节约场内运输费。从稳定土搅拌站到施工铺筑现场的平均运距为最小。
4. 应检测7d无侧限抗压强度和压实度。强度指标大于0.8MPa，压实度应大于98%。
5. 需要搅拌铺筑的沥青混凝土数量为：

   $[(36.8×1000－1200－600)×(7+6+5)/100+1200×5/100]×11.25×2=143100m^3$。

   搅拌机每小时至少需要拌合沥青混凝土数量143100×2.4/（140×8）=306.6t，所以选择320t/h的拌合站。

6. 索赔对象不恰当。路面施工单位不应该向路基施工单位索赔，因为他们之间没有合同关系，路面施工单位应向业主索赔。

实务操作和案例分析题五

【背景资料】

某施工单位承接了某二级公路预应力混凝土连续箱梁跨河大桥，桥跨布置为4联，每联3跨，大桥纵断面示意图如图7-17所示。基础为钻孔灌注桩，桩长48~64m；桥墩采用双柱墩，墩身高度25~30m，桥台为桩柱式桥台，施工设计图中标明箱梁施工采用满堂支架现浇方案。桥位处平均水深5m，该河段不通航，河床地质为粉质沙土。

施工单位无大型施工船只，用于本桥大型临时设施的材料有φ560mm钢管、工字钢等型钢、贝雷架。

根据地质条件，施工单位采用正循环回转钻孔法施工灌注桩，在施工方案中对正循环回转钻孔施工方法描述如下：利用钻具旋转切削土体钻进，泥浆输入钻孔内，从钻头的钻杆下口吸进，泥浆挟带钻渣通过钻杆中心上升，从钻杆顶部连接管道排出至沉淀池内，钻渣在此沉淀而泥浆回流入泥浆池不再使用。

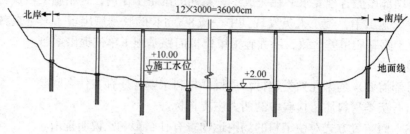

图7-17 大桥纵断面示意图

施工单位设置的钻孔灌注桩质量控制点有：①桩位坐标；②垂直度；③孔径；④A；⑤钢筋笼接头质量；⑥B。

根据现场实际情况，施工单位建议采用预应力混凝土箱梁预制安装方案。通过监理单位向建设单位提出变更设计申请，经建设单位和设计单位同意后，进行预应力混凝土箱梁施工。

【问题】

1. 根据背景资料，施工单位进行钻孔灌注桩施工应采用哪些主要大型临时设施？说明理由。

2. 施工单位关于正循环回转钻孔施工方法中的描述是否正确？如不正确，写出正确描述。

3. 写出钻孔灌注桩质量控制点A和B的内容。

4. 施工单位提出设计变更申请的理由是否正确？设计变更程序是否完善？并分别说明理由。

【参考答案】

1. 根据背景资料，施工单位进行钻孔灌注桩施工应采用的主要大型临时设施及理由：

应采用的主要大型临时设施有施工临时栈桥；钻孔桩施工平台。

理由：水位较深，但该河段不通航，且施工单位无大型船只；且施工单位备有钢管、型钢、贝雷架等材料，故可搭设栈桥和平台。

2. 施工单位关于正循环回转钻孔施工方法中的描述不正确。

正确描述：利用钻具旋转切削土体钻进，泥浆泵将泥浆压进泥浆笼头，通过钻杆中心从钻头喷入钻孔内，泥浆挟带钻渣沿钻孔上升，从护筒顶部排浆孔排出至沉淀池，钻渣在此沉淀而泥浆流入泥浆池循环使用。

3. 钻孔灌注桩质量控制点A的内容：清孔质量。

钻孔灌注桩质量控制点B的内容：水下混凝土的灌注质量。

4. 施工单位提出设计变更申请的理由正确。

理由：因为施工图与现场实际情况不符。

设计变更程序不完善。

理由：监理单位应该先审核技术是否可行，还需要核算造价影响，然后报建设单位。建设单位通知设计单位，经设计单位同意后，进行设计变更，变更后由建设单位将设计变更发监理单位，监理单位再发给施工单位进行施工。

实务操作和案例分析题六

【背景资料】

某施工单位承建了二级公路施工项目,设计车速60km/h,路基宽度10m。桩号K15+000~K18+000为石方开挖地段,石方含量达80%。桩号K18+000~K19+000为填方路堤,平均填方厚度15m,采用分层压实法,自下而上水平分层,逐层填筑,逐层压实。填方路段划分为4级施工平台、4个作业区段。在路床顶面以下0.5m为第一级台阶,0.5~1.5m为第二级台阶,1.5~3m为第三级台阶,3m以下为第四级台阶。4个作业区段是填石区段、平整区段、碾压区段和检验区段。填石作业自最低处开始,逐层水平填筑。每一层均采用机械摊铺、平整,铺撒嵌缝料,将填石空隙以小石和石屑填满铺平,采用重型振动压实设备碾压。施工单位为充分发挥机械设备的效率,强化了施工机械设备的现场管理。

施工单位在施工中对填石路基质量检验实测项目有:压实度、纵断面高程、中线偏位、宽度、边坡坡度和平顺度。

【问题】

1. 针对背景资料中的4个施工平台和4个作业区段,采用哪种施工组织形式最合理?
2. 写出填石路基的施工工艺流程。
3. 补充填石路基质量检验还缺漏的实测项目。
4. 简述填石路基施工中的装运机械设备配置、摊铺平整机械设备配置和压实机械设备配置。
5. 施工机械现场管理包含哪三方面工作?

【参考答案】

1. 针对背景资料中的四个施工平台和四个作业区段,采用流水施工组织形式最合理。
2. 填石路基的施工工艺流程:施工准备、填料装运、分层填筑、摊铺平整、振动碾压、检测签认、路基成型、路基整修。
3. 填石路堤质量检验还缺漏的实测项目:平整度、横坡。
4. 装运机械设备配置:装载机(挖掘机)和自卸车。

摊铺整平机械设备配置:推土机。

压实机械设备配置:自重不小于18t的振动压路机。

5. 施工机械现场管理包含的工作:
（1）做好施工前的准备工作;
（2）合理安排施工任务;
（3）建立机械使用责任制。

实务操作和案例分析题七

【背景资料】

某高速公路穿越某旅游景区,其中K49+020~K49+530段原设计为填高10~20m的路堤,并需借土填方。建设单位要求施工单位加强环境保护,做到文明施工。因该地区申报4A级旅游景区,为保护该区域环境地貌,决定取消取土场。经相关各方协商,决定将该段路堤变更为20×25m预应力钢筋混凝土简支T形梁桥。由于该设计变更引起的工期延误，造成施工单位误工和机械设备闲置经济损失40万元，施工单位向建设单位提出索赔40万元。在梁段预制施工中，建设单位考虑到工期延误了40d，为加快进度召开了专门会议，决定简化材料采购程序，规定由建设单位指定钢绞线、普通钢筋、水泥等主材供应商。在建设单位口头担保的情况下，材料采购部门填写《材料试验检验通知单》，交由试验室主任指派试验人员到货源处取样进行性能试验，检验合格后，施工单位与供货厂家签订了材料供货合同。

当第一批钢筋运送至工地时，施工单位认为是建设单位指定使用的钢筋，在认真检查了产品合格证、质量保证书后即用于工程施工。后经监理抽检，发现该批次钢筋质量存在问题，要求相关部位暂停施工，已完成的相关部分全部返工，由此造成经济损失60万元，项目部据此向建设单位索赔60万元。

由于25m T形梁数量较多，施工单位设置了专门的预制场和存梁区，采用龙门吊机移运预制的梁段。施工中由于龙门吊机钢丝绳断裂导致预制梁坠落，两片T梁损毁，一人受伤，直接经济损失20万元。

【问题】

1. 根据《公路工程设计变更管理办法》，指出背景资料中所述的变更属于哪一级设计变更？简述该设计变更的程序。
2. 指出施工单位在材料采购和进场检验中的错误做法，并写出正确做法。
3. 分别指出施工单位就工程变更提出的索赔和工程返工提出的索赔是否合理？说明理由。
4. 根据《生产安全事故报告和调查处理条例》，指出预制场梁段坠落事故的等级。
5. 写出T梁预制施工中应做好的主要环境保护工作。

【参考答案】

1. 背景资料中所述的变更属于较大设计变更。

设计变更程序包括：意向通知、资料收集、费用评估、协商价格、签发变更令。

2. 错误有：（1）由建设单位口头担保，与主材料供货厂家签订材料供货合同；（2）钢筋到场后，未经检验即直接用于施工。

正确做法：（1）应通过公开招标方式确定供货商；（2）钢筋到场后，应由试验室在监理工程师监督下按规范规定的批量和项目进行检测试验，合格后方可使用。

3. 因工程变更进行的索赔合理，因为是由于建设单位的原因引起的变更。因工程返工引起的索赔不合理，因为造成该损失的原因是施工项目部未把好材料进场关，是施工单位的责任。

4. 一般事故。

5. 围挡隔离，场地道路硬化，清运车辆覆盖、封闭并清洗，洒水降尘，降低噪声。

实务操作和案例分析题八

【背景资料】

某施工单位承接了农村公路的5×16m简支板桥施工项目，桥梁上部结构为先张法预应力空心板，下部结构为双柱式桥墩，基础为桩基础，桥面面层为5cm厚沥青混凝土，采用租赁摊铺机摊铺。桥头附近为砂性黏土，地势平坦，施工单位拟在此布置预制梁场，所需普通工人主要在当地雇用。当桩基础施工完毕后按规定进行了完整性检测。

在施工中发生了如下事件：

事件1：施工单位购买了3套千斤顶，为使用方便，千斤顶、油泵随机组合起来张拉预应力钢绞线。由于工期紧，新设备购买后立即投入使用。

事件2：在桥面施工过程中，施工单位安装伸缩缝后即进行5cm厚沥青混凝土施工，要求摊铺机匀速行驶，技术员随时检查高程及摊铺厚度。

【问题】

1. 结合背景资料，写出施工单位需要签订哪些合同？
2. 现场预制梁场布置一般应考虑哪些因素？
3. 针对事件1，改正错误之处。
4. 针对事件2，改正错误之处。若按背景资料所述方法施工，可能产生哪些质量病害？

【参考答案】

1. 施工单位需要签订的合同：承包合同、采购合同、租赁合同、检测合同、保险合同、劳动合同、安全合同和廉政合同。
2. 现场预制梁场布置一般应考虑的因素：现场的面积、地形、工程规模、安装方法、工期及机械设备情况等。
3. 针对事件1，改正错误如下：在进行张拉作业前，必须对千斤顶、油泵进行配套标定，并每隔一段时间进行一次校验。有几套张拉设备时，要进行编组，不同组号的设备不得混合。
4. 针对事件2，改正错误如下：为改进构造物伸缩缝与沥青路面衔接部位的牢固及平顺，先摊铺沥青混凝土面层，再做构造物伸缩缝。

若按背景资料所述方法施工，可能产生路面不平整病害接缝处压实度不足造成跳车明显，还可能导致伸缩缝早期破坏。

实务操作和案例分析题九

【背景资料】

某施工单位承接了某山区二级公路4.5km的路基路面施工任务。合同段有一段长450m的两车道隧道和一座长20m的简支梁桥。隧道位于软弱围岩地段，桥梁采用重力式u形桥台，整个合同段均为沥青混凝土路面。

在隧道施工方案中有如下要求：

（1）在隧道施工期间，由专职安全员作为安全生产的第一责任人，对隧道施工安全生产全面负责；

（2）隧道的钻爆作业，必须由具有经过专业培训且持有钻孔操作合格证的专业人员作业；

（3）在隧道施工中，坚持"长进尺、强爆破、早喷锚、勤量测"的原则；

（4）采用干式凿岩机凿岩。

桥台基础采用明挖基础，开挖深度为2.5m，地下水位位于基底以下，土质为黏性土，为了方便开挖出的土方回填原处，民工队在开挖后的基坑南边距坑顶边缘1m内堆土（堆土高度1.0m），在北边基坑顶边缘1.0～3.0m范围内堆土（堆土高度2.0m）。由于天气炎热，为防止太阳辐射，民工戴草帽在坑内作业。

为了满足施工需要，招聘了一批工人。在进行体检时，发现：2人患有轻度脂肪肝、2人患有皮肤病、3人患有乙肝、1人患有心脏病、1人患有高血压。

【问题】

1. 指出隧道施工方案中存在的错误，并予以改正。
2. 背景资料中的桥梁基础施工宜采用哪种排水方法排除基坑内的积水？说明理由。
3. 指出并改正基坑施工过程中民工队的错误做法。背景资料中的桥台基础开挖是否属于高处作业？说明理由。
4. 在招聘的工人中，患哪些病的人不宜从事沥青作业？患哪些病的人不得从事高处作业？

【参考答案】

1. 隧道施工方案中存在的错误及改正。
（1）错误，应由项目经理全面负责。
（2）错误，应由具有爆破证的人作业。
（3）错误，坚持"短进尺""弱爆破"的原则。
（4）错误，应采用湿式凿岩机（或带有捕尘器的干式凿岩机）。
2. 宜采用集水坑排水（或采用水泵排除坑外）。因为地下水位位于基底以下，土质为黏性土，基坑深度不大。
3. 离坑边1m范围内不得堆土，离坑边1.0～3.0m范围内堆土高度过高（不得超过1.5m），民工在坑内作业必须戴安全帽。

属于高处作业，开挖深度超过2m时，即应按高处作业做好相关安全工作。

4. 患有皮肤病的人不宜从事沥青作业，患心脏病和高血压的人不得从事高处作业。

实务操作和案例分析题十

【背景资料】

某施工单位承接了一段长30km的沥青混凝土路面施工，其中基层采用厂拌二灰稳定碎石，施工前选择了相应的施工机械并经计算确定了机械台数，施工工艺如图7-18所示。

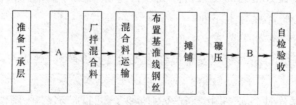

图7-18 施工工艺

其中部分路段采用两幅施工，纵缝采用斜缝连接。同日施工的两个工作段接缝处，要求前一段拌合整修后，留5～8m不进行碾压，作为后一段摊铺部分的高程基准面，后段摊铺完成后立即碾压以消除缝迹。

二灰基层施工完毕后，且在面层施工前，检测了如下项目：弯沉、压实度、平整度、纵断面高程、宽度、横坡、回弹模量，以评定该分项工程质量。

【问题】

1. 二灰基层施工准备中，计算机械台数需要考虑哪些因素？
2. 补充方框A、B内的工序。
3. 改正接缝处理中错误的做法。
4. 指出二灰基层质量检测评定实测项目中的错项，并补充漏项。

【参考答案】

1. 二灰基层施工准备中，计算机械台数需要考虑的因素：计划时段内应完成的工程量、计划时段内的台班数、机械的利用率和机械台班生产率。

2. 方框A内的工序是施工放样（或放线，或测量），方框B内的工序是养护。

3. 改正接缝处理中错误的做法：

（1）纵缝必须采用垂直相接，不应采用斜缝连接；

（2）后一段施工时，前段留下未压部分，应再加部分生石灰结合料重新拌合，并与后一段一起碾压。

4. 二灰基层质量检测评定实测项目中的错项包括弯沉、回弹模量。补充的漏项包括厚度、强度。